beck'sche reihe

bsr

Im Warschauer Getto waren insgesamt knapp 500 000 Menschen eingepfercht, mehr als in jedem anderen Getto im deutsch besetzten Europa. Sie hungerten und wurden krank, sie litten und sie hatten Angst. Aber diese Menschen reagierten auf vielfältige Art und Weise auf Verfolgung und Erniedrigung. Einige stellten sich im Frühjahr 1943 ihren deutschen Peinigern mutig entgegen. Viele von ihnen kämpften ohne Waffen, aber ebenfalls einen heroischen Kampf. Sie kämpften gegen Hunger und Krankheiten, für die Bildung ihrer Kinder, für ihr kulturelles Leben und um ihre körperliche und geistige Selbstbehauptung. Ihre Bemühungen, sich ein Leben zu organisieren, in dem es Kultur und Musik, Hilfe für andere, Liebe und Freundschaft gab, stehen im Mittelpunkt dieses Buches. Dabei kommen die Verfolgten selbst durch Tagebücher und Erinnerungen ausführlich zu Wort. Erstmals erhalten die deutschen Leser so ein lebendiges Bild vom Alltag der Menschen im Getto.

Dr. Markus Roth ist wissenschaftlicher Mitarbeiter des Herder Instituts Marburg und stellvertretender Leiter der Arbeitsstelle Holocaustliteratur an der Universität Gießen.
Dr. Andrea Löw ist wissenschaftliche Mitarbeiterin im Institut für Zeitgeschichte in München.

Markus Roth / Andrea Löw

Das Warschauer Getto

Alltag und Widerstand im Angesicht der Vernichtung

Verlag C.H.Beck

Mit 9 Abbildungen

Originalausgabe

Satz, Druck und Bindung: Druckerei C.H.Beck, Nördlingen
Umschlagabbildung: Straße im Getto
(www.HolocaustResearchProject.org)
Umschlagentwurf: malsyteufel, Willich
Printed in Germany
ISBN 978 3 406 64533 4

www.beck.de

Inhalt

Einleitung

Vor dem Zweiten Weltkrieg lebten mindestens 350 000 Juden in Warschau, der damals größten jüdischen Gemeinde in Europa, der nach New York zweitgrößten der Welt. Nach dem Ende der deutschen Besatzungsherrschaft waren es nur mehr wenige tausend. Das noch wenige Jahre zuvor so vielfältige kulturelle, religiöse und politische Leben der Warschauer Juden war ausgelöscht; nachdem die Trümmer und Ruinen beseitigt worden waren, blieben in der Stadt keine sichtbaren Spuren vom Getto und von seinen Bewohnern mehr.

Dennoch entwickelte sich das Warschauer Getto nach dem Krieg schnell zu *dem* Erinnerungsort für die Verfolgung der polnischen Juden, vor allem für ihren Widerstand. So wie Auschwitz für den Massenmord an den europäischen Juden insgesamt steht, so ist Warschau sicherlich *das* Getto des Holocaust. Der Aufstand im Getto, der tragische bewaffnete Kampf gegen die militärische Übermacht ist weltweit zu einem Symbol geworden. In Palästina und nach dessen Gründung in Israel fügte er sich in ein zionistisches Narrativ ein und setzte ein Gegenbild zum Stereotyp des passiven Juden, der sich widerstandslos in seine Vernichtung fügte. Hier wurde bisweilen eine direkte Linie vom Widerstand in Warschau zum Kampf der jüdischen Siedler in Palästina gezogen. Zudem entwickelte sich der Aufstand zum positiven Gegenbild zu sämtlichen pauschal als Kollaboration diffamierten Handlungsweisen, allen voran denen der von den Nationalsozialisten eingesetzten Judenräte.

Die kommunistischen Machthaber in Polen vereinnahmten das Gedenken an den Aufstand bald schon in ihrem Sinne. Sie etablierten das Bild eines brüderlichen heroischen Kampfes «fortschrittlicher Kräfte» im Getto, unterstützt vom polnischen Untergrund. Sinnbild der Heroisierung wurde das schon 1948 eingeweihte «Denkmal der Helden des Gettos», das mit seiner fast schon martialischen Heldendarstellung eine bereits 1946 installierte unscheinbare Gedenkplatte in den Schatten stellte. Weltberühmt wurde das Denkmal durch den Kniefall Willy Brandts am 7. Dezember 1970, eine in der Bundesrepublik damals noch heiß umstrittene stille Geste. Auf diesem Platz ist inzwischen das Museum für die Geschichte der Juden in Polen erbaut worden.

Der Aufstand im Warschauer Getto ist eines der Themen dieses Buches. Es handelt von den Menschen in diesem größten Getto im deutsch besetzten Europa. Fast 500 000 Kinder, Frauen und Männer wurden hier auf engstem Raum unter katastrophalen Bedingungen eingesperrt. Sie hungerten und wurden krank, sie litten und sie hatten Angst. Aber diese Menschen reagierten auf vielfältige Art und Weise auf Verfolgung und Erniedrigung. Sie organisierten ihr Leben, viele von ihnen kämpften ohne Waffen ebenfalls einen heroischen Kampf, sie kämpften gegen Hunger und Krankheiten, für die Bildung ihrer Kinder, für ihr kulturelles Leben und um ihre körperliche und geistige Selbstbehauptung. Die Geschichte dieser verschiedenen Menschen und ihrer unterschiedlichen Reaktionen und Handlungen wird hier erzählt.

Ohne die vielfache Unterstützung, die Geduld und das Verständnis von Gisela Roth und Pascal Trees hätten wir auch dieses Buch nicht schreiben können. Ihnen danken wir dafür sehr herzlich. Ein besonderer Dank gebührt Renate Löw, die sich wieder einmal der Mühe unterzogen hat, das gesamte Manuskript als Erste zu lesen und zu dessen Verbesserung beizutragen.

Sebastian Ullrich, Carola Samlowsky und dem Verlag C. H. Beck danken wir für das entgegengebrachte Vertrauen und die überaus freundliche und unkomplizierte Zusammenarbeit bei der Entstehung des Buches.

I. Vor dem Getto

1. Jüdisches Leben vor dem Krieg

Seine Blütezeit erlebte das Warschauer Judentum in der Zwischenkriegszeit, auch wenn mit der Wiedererlangung der polnischen Unabhängigkeit 1918 zunächst große Probleme für die polnischen Juden verbunden waren. Eine Serie von Pogromen erschütterte das Land und der Antisemitismus nahm allgemein zu. Nachdem Polen 120 Jahre unter Fremdherrschaft gestanden und nun die Selbstständigkeit wiedererlangt hatte, sahen viele Polen in den Minderheiten ein Ärgernis oder gar eine Bedrohung. Sie wollten keine Einschränkungen mehr in ihrer nationalen Entfaltung hinnehmen, mussten aber auf Druck der alliierten Siegermächte einen Minderheitenschutzvertrag unterzeichnen, der den Minoritäten im Lande gewisse Mindestrechte garantierte.

Die Warschauer Jüdische Gemeinde war die größte in Europa, kurz vor dem Zweiten Weltkrieg lebten hier mindestens 350 000 Juden (ca. 30 Prozent der Warschauer Bevölkerung). Formell waren sie nun zwar gleichberechtigt, doch in der Praxis gab es zahlreiche Diskriminierungen. Vor allem im Staats- und Militärdienst blieben ihnen viele Stellen verschlossen. Weiterhin waren das Handwerk und der Handel die Domäne der Juden; meist waren es Kleinstbetriebe, nur von den Familienmitgliedern unter zahlreichen Entbehrungen getragen. Die Mehrheit der Warschauer Juden lebte in einfachen Verhältnissen vor allem im Nordwesten der Stadt, oft in heruntergekommenen Häusern.

Ein lebendiges Bild von dem Viertel und seinen Menschen, von dem Treiben in den Hinterhöfen und auf den Straßen zeichnet der Schriftsteller Alfred Döblin, der 1924 durch Polen reiste und auch die Hauptstadt besuchte. Mit einem gewissen Befremden beschreibt er das für ihn ungewohnte Bild in einem Hinterhof in der ul. Nalewki: «[E]r ist viereckig und wie ein Markt von lauten Menschen, Juden, meist in Kaftan, erfüllt. In den Quergebäuden Möbelgeschäfte, Fellgeschäfte. Und wie ich ein Quergebäude durchgehe, stehe ich wieder auf einem wimmelnden Hof, voller Kisten, mit Pferdegespannen; von jüdischen Lastenträgern wird auf- und abgeladen.»[1] Döblin spazierte durch das jüdische Viertel und sah überall ein emsiges Treiben, fliegende Buchhändler, kleine Geschäfte und Werkstätten, orthodoxe Juden ins Gespräch vertieft, Jungen, die jiddische Zeitungen ausriefen.[2]

Das Bild des jüdischen Viertels und des jüdischen Lebens, wie es sich Döblin in den zwanziger Jahren bot, war lange Zeit keine Selbstverständlichkeit. Zwar siedelten Juden seit dem 13. Jahrhundert in Warschau und nahm die jüdische Bevölkerung in den folgenden Jahrhunderten stetig zu – von 14 800 Menschen um 1810 (18 Prozent der Bevölkerung) innerhalb von 100 Jahren auf 301 000 Personen, die damit mehr als 37 Prozent der Stadtbevölkerung stellten. Über Jahrhunderte hinweg war der Status der Juden in Warschau äußerst unsicher, ihre Ansiedlung teilweise illegal gewesen. Immer wieder kam es zu antijüdischen Manifestationen und Pogromen; Berufsverbote und Handelsbeschränkungen bremsten ihre Entfaltungsmöglichkeiten.

Dennoch zog es im Laufe des 19. Jahrhunderts viele Juden nach Warschau, das infolge der Teilung Polens zwischen Preußen, Österreich-Ungarn und Russland unter russische Herrschaft gekommen war. Viele Juden waren Arbeiter oder führten kleine Handwerksbetriebe. In dieser Zeit entwickelte sich auch das politische Leben; eine zunächst noch illegale Arbeiterbewegung formierte sich. Ihre wichtigste Organisation, der *Bund*, hatte 1904 in Warschau 1200 Mitglieder. Der Zionismus betrat Ende des 19. Jahrhunderts die politische Bühne; 1901 wurde die *Poale Zion*, die wichtigste zionistische Organisation, gegründet.

Zu voller Blüte aber kam das vielfältige politische, soziale und kulturelle jüdische Leben in der Stadt erst nach 1918, als die Juden, zumindest auf dem Papier, gleichberechtigte Bürger wurden. Alle politischen Richtungen hatten ihre Parteien und Gewerkschaften, die auch in der Fürsorge-, Kultur- und Bildungsarbeit äußerst aktiv waren. Neben den öffentlichen gab es weltliche und religiöse jüdische Schulen und private Gymnasien. Täglich oder wöchentlich erschienen Dutzende Zeitungen der verschiedenen Parteien, der Jugendorganisationen und anderer Verbände. Es gab mehrere jüdische Bühnen, auf denen auch Stücke in Jiddisch dargeboten wurden; zahlreiche auch nichtreligiöse jiddischsprachige Bücher erschienen.

In den dreißiger Jahren erhielt der Antisemitismus in der polnischen Gesellschaft neuen Auftrieb und wurde, zumindest stillschweigend oder zwischen den Zeilen, auch von der rechtsautoritären Regierung und der katholischen Kirche goutiert, vor allem die immer stärker werdende Boykottbewegung gegen jüdische Händler. In zahlreichen Ortschaften kam es aber zu gewaltsamen antijüdischen Ausschreitungen, gegen die sich allerdings auch jüdischer Widerstand formierte. In Warschau organisierte zum Beispiel der *Bund*, wie das führende Mitglied Bernard Goldstein nach dem Krieg berichtet, Gruppen, die gegen den antisemitischen Mob handgreiflich vorgingen.[3] Viele Berufsverbände gingen in den dreißiger Jahren dazu über, Arierparagraphen in ihren Satzungen einzuführen und Juden damit auszuschließen. Auch an den Universitäten wurde die antisemitische Agitation immer lautstärker. Viele Studenten forderten eine Zulassungsbeschränkung und sogenannte Gettobänke für Juden, die ab Oktober 1937 in allen höheren Bildungsanstalten Warschaus entstanden.

Der polnische Antisemitismus hatte aber wenig mit dem rassisch motivierten und letztlich mörderischen Antisemitismus der deutschen Nationalsozialisten gemein. Dessen Entwicklung verfolgten viele Warschauer Juden über die Presse. Zu einer direkten Konfrontation mit den Folgen der NS-Judenpolitik kam es im Herbst 1938. Die polnische Regierung hatte im Frühjahr 1938 angekündigt, dass alle Pässe von Polen, die länger als fünf Jahre im Ausland lebten, überprüft werden müssten. Ende Oktober lief die Frist aus, daher sah NS-Deutschland Handlungsbedarf. Am 28. und 29. Oktober ließ Reinhard Heydrich, damals Chef der Sicherheitspolizei, zwischen 17 000 und 18 000 Juden mit polnischer Staatsangehörigkeit verhaften und in Zügen an die polnische Grenze bringen. Während manche problemlos nach Polen einreisen konnten, verbrachten viele erst mehrere Tage im Niemandsland zwischen Deutschland und Polen, bevor sie im Grenzort Zbąszyń längere Zeit zur Registrierung interniert wurden. Das betraf vor allem diejenigen, die keine Verwandten mehr in Polen hatten.

Marcel Reich-Ranicki, der einen polnischen Pass hatte, weil er 1920 in Polen geboren worden und sein Vater Pole war, wurde am 28. Oktober frühmorgens von einem Polizisten geweckt. Dieser übergab ihm den Ausweisungsbescheid und forderte ihn auf, sofort mitzukommen. Reich-Ranicki konnte nur seine Aktentasche und ein paar Mark einstecken. Am Sammelplatz warteten bereits Hunderte, die alle am Nachmittag mit dem Zug an die Grenze gebracht wurden. «Es war vollkommen dunkel», beschreibt Reich-Ranicki in seinen Erinnerungen die Lage an der Grenze, «man hörte laute Kommandos, zahlreiche Schüsse, gellende Schreie. Dann kam ein Zug an. Es war ein kurzer polnischer Zug, in den uns die deutschen Polizisten brutal hineinjagten. In den Waggons war es drängend voll.»[4]

Auf der polnischen Seite durften sie erst nach Stunden aussteigen. Reich-Ranicki hatte Glück, denn er musste nicht lange dort ausharren, sondern konnte zu seinen Eltern und seinem Bruder nach Warschau fahren. Die Familie lebte von den Einkünften der Zahnarztpraxis des Bruders. Er selbst sah für sich keine Perspektiven: «Ich war ein arbeitsloser, ein überflüssiger Mensch.»[5] Mit Nachhilfestunden und Deutschunterricht konnte er einen bescheidenen Beitrag zum Auskommen der Familie leisten.

Viele andere hatten weniger Glück und saßen erst einmal in Lagern an der Grenze fest. In Zbąszyń zum Beispiel waren es zeitweise 6000 Menschen. Für sie wurden landesweit bei der jüdischen Bevölkerung Sammlungen durchgeführt und das American Joint Distribution Committee (Joint) kümmerte sich vor Ort um die Vertriebenen. Die Hilfe organisierte unter anderen der Historiker Emanuel Ringelblum. Er war schon länger in jüdischen Fürsorgeorganisationen aktiv gewesen und hatte beispielsweise in Orten, in denen es zu Pogromen gegen die Juden gekommen war, Beistand für die Opfer organisiert. Im deutsch-polnischen Grenzland machte er nun erste Erfahrungen mit den Auswirkungen des nationalsozialistischen Rassenhasses. Er arbeitete ununterbrochen, organisierte Schulunterricht für die vertriebenen Kinder, kulturelle Initiativen für Jugendliche – und schon hier sammelte er, wie später im Getto auch, Dokumente, forderte die Menschen wieder und wieder auf, ihre Erlebnisse schriftlich niederzulegen. Diese Berichte sind nicht überliefert. Fassungslos zeigte sich Ringelblum in Briefen: «Eine so barbarische und erbarmungslose Vertreibung», schreibt er, «hat es in der jüdischen Geschichte noch nicht gegeben.»[6]

2. Krieg und Besatzung

Nach dem deutschen Überfall auf Polen am 1. September 1939 gehörten solche brutalen Vertreibungen wie die im Oktober 1938 und bald schon Schlimmeres zum Alltag jüdischen Lebens. Manchen stand die Bedrohung, die von einer deutschen Besatzungsherrschaft für die Juden ausging, zwar klar vor Augen. Dass die Verfolgungsmaßnahmen aber schließlich in eine umfassende Vernichtungspolitik münden würden, war im September 1939 und noch weit darüber hinaus selbst den Nationalsozialisten noch nicht ganz klar; dies lag zudem jenseits aller Vorstellungskraft. «Wohin Hitler auch kommt», notiert Chaim Kaplan, ein Hebräischlehrer und Publizist, aber klarsichtig schon am ersten September in seinem Tagebuch, «dort gibt es keine Hoffnung für die Juden.»[7] Wo viele noch Zuversicht aus der Erinnerung an die deutsche Besatzung während des Ersten Weltkriegs schöpften, die so schlimm nicht gewesen sei und die man doch auch heil überstanden habe, fand Kaplan keinen Trost, sondern nur weiteren Anlass zur Verzweiflung: «Das ist nicht das Deutschland aus dem Jahre 1914 – schlimm wie es war, besaß es doch einige Vorstellungen von moralischen Prinzipien und vom Völkerrecht.»[8]

Wie gering die Nationalsozialisten das Völkerrecht und rechtliche Grundsätze allgemein achteten, zeigten bereits die ersten Kriegstage mit den rücksichtslosen Bombardierungen von Wohnvierteln und Flüchtlingstrecks unmissverständlich. Schon nach wenigen Tagen zog sich die polnische Armee planlos und überstürzt zurück, die Regierung und viele andere Institutionen reihten sich bald schon in den Flüchtlingsstrom ein und verließen Warschau eine Woche nach Kriegsbeginn. Auch die Jüdische Gemeinde stand seit der Flucht ihres bisherigen Vorsitzenden Maurycy Mayzel am 6. September führungslos da. Frankreich und Großbritannien, auf die sich in den ersten Septembertagen alle Hoffnungen richteten, erklärten dem Deutschen Reich zwar den Krieg, was in Warschau und ganz Polen euphorisch gefeiert wurde. Der Enthusiasmus war aber verfrüht, denn praktische Konsequenzen hatten die Kriegserklärungen keine.

In Warschau mühte sich Stadtpräsident Stefan Starzyński auf aussichtslosem Posten, in großem Chaos die Verteidigung der Stadt zu organisieren. Für beide Seiten, die zivile Stadtverteidigung auf der einen und die deutsche Wehrmacht auf der anderen Seite, hatte Warschau von Anfang an eine mehr als nur militärische Bedeutung. Hitler hatte kurz vor dem Überfall vor den Spitzen der Wehrmacht bereits eine bislang nicht dagewesene brutale Kriegsführung gegen Polen und seine Eliten ausgerufen und später beschlossen, dass Warschau auf Provinzniveau herabgedrückt werden sollte. Nicht zuletzt deswegen wurde die alte Königsstadt Krakau Hauptstadt des Generalgouvernements. Viele Warschauer sahen in der Verteidigung ihrer Stadt, die unter deutscher Besatzung schließlich Zentrum des polnischen Untergrundstaats und Widerstands wurde, ein Symbol nationaler Selbsterhaltung.

In der belagerten Stadt waren die früher als unüberwindlich empfundenen politischen Gegensätze zumindest vorübergehend vergessen und auch der kurz zuvor noch virulente Antisemitismus schien für einen Moment der Vergangenheit anzugehören. Es kam zu sonst seltenen polnisch-jüdischen Verbrüderungen im Abwehrkampf. Auch in der organisierten sozialen Selbsthilfe arbeiteten polnische und jüdische Organisationen zeitweise Hand in Hand. Emanuel Ringelblum, der all dies 1943 im Versteck in einer Abhandlung über die polnisch-jüdischen Beziehungen im Krieg schildert, konnte aber nicht umhin zu bemerken, dass auch in dieser patriotisch aufgeladenen Atmosphäre antisemitische Vorfälle keinesfalls vollständig von der Bildfläche verschwunden waren: In manchen Häuserblocks wurde Juden bei Luftangriffen der Zutritt zu den Luftschutzräumen verwehrt, es kam zu Handgreiflichkeiten in den Schlangen vor den wenigen geöffneten Lebensmittelläden und zu Diskriminierungen und Gewalt bei der Ausgabe von Trinkwasser.[9]

Alle Anstrengungen, die Stadt zu verteidigen, konnten die deutsche Besatzung nur um wenige Tage verzögern, aufhalten konnten sie sie nicht. Am 29. September unterzeichnete General Juliusz Rómmel die Kapitulation und am 1. Oktober zogen die ersten deutschen Soldaten in Warschau ein. Ihr schlechter Ruf war ihnen bereits vorausgeeilt. Viele Flüchtlinge aus den westlichen Landesteilen waren in der Stadt oder durch sie hindurch weiter Richtung Osten geflohen und hatten von den Gewalttaten deutscher Soldaten, SS-Männer und Polizisten berichtet. In vielen Orten, die unter deutsche Herrschaft geraten waren, richtete sich die Gewalt bevorzugt gegen orthodoxe Juden und andere, die ebenfalls als Juden erkennbar waren.

In Warschau war das nicht anders. Kaum war die Wehrmacht einmarschiert, begann, wie Marcel Reich-Ranicki sich später erinnert, «das große Gaudium der Sieger, das unvergleichliche Vergnügen der Eroberer – die Jagd auf die Juden».[10] Hier trafen die deutschen Soldaten auf orthodoxe Juden, die auf manche von ihnen wegen deren fremdartiger Erscheinung und vor allem wegen deren großer Zahl bedrohlich, in der Regel aber abstoßend wirkten. Hier begegneten sie nun an jeder Straßenecke, so schien es vielen, den «Untermenschen», die sie aus den vulgärantisemitischen Karikaturen des «Stürmer» kannten. Hier konnten sie, anders als zu Hause, Juden überhaupt erst als solche identifizieren; hier bekam das abstrakte Feindbild erst ein Gesicht. Diese Erfahrung trug nicht unwesentlich zur alltäglichen Brutalität gegen die polnischen Juden bei.

Die Palette der antijüdischen Willkür und Gewalt seitens der Besatzer kannte kaum Grenzen. Sie schnitten orthodoxen Juden die Bärte ab oder zwangen sie gar, dies einander selbst zuzufügen; Frauen mussten mit ihrer Unterwäsche Bürgersteige, Büroräume, Wohnungen und Toiletten sauber wischen; Juden wurden auf offener Straße ausgeraubt, immer wieder auch Geschäfte und Wohnungen heimgesucht und geplündert. Selbst in ihren eigenen vier Wänden waren sie nicht mehr sicher, einige verloren diese gar innerhalb weniger Minuten wie etwa Chaim Kaplan.[11] Die Plünderungen, Demütigungen und Gewalttaten waren keine Übergangserscheinung einer «wilden» und noch ungeordneten Anfangsphase deutscher Besatzungsherrschaft; sie sollten fortan zum Alltag der Warschauer Juden gehören.

Eine derart ungehemmte Brutalität überstieg die Vorstellungskraft vieler. Marcel Reich-Ranicki erinnert sich daran, wie deutsche Soldaten in die Wohnung seiner Familie eindrangen und dort Gold stahlen, das sein Bruder als Zahnarzt benötigte. «[D]er Schreck ließ nach», schreibt er, «aber nicht nachlassen wollte der Glaube meiner Mutter an die deutsche Ordnung und die deutsche Gerechtigkeit.»[12] Sie sah hier einen Willkürakt hinter dem Rücken der Vorgesetzten. Am nächsten Tag ging sie mit ihrem Sohn zur deutschen Kommandantur, um sich zu beschweren. Der wahrscheinlich überraschte wachhabende Soldat aber wies sie brüsk zurück und riet ihnen, schleunigst zu verschwinden.

Der Judenrat

Neben solche Verbrechen trat nach wenigen Tagen die in antijüdische Verordnungen gegossene systematisierte Willkür. Die Perfidie kannte keine Grenzen – denn es waren Juden, die die Besatzer nun persönlich dafür haftbar machten, dass die Maßnahmen auch tatsächlich umgesetzt würden. Die Verfolgten selbst sollten in vielen Bereichen ihre eigene Diskriminierung organisieren und überwachen. Hierfür schufen die Nationalsozialisten ein neues Organ, den sogenannten Judenrat.

Judenräte wurden in den ersten Tagen und Wochen in fast allen Orten mit größerer jüdischer Bevölkerung von der Sicherheitspolizei und SS oder der deutschen Verwaltung eingesetzt. Initiiert hatte dies am 21. September 1939 Reinhard Heydrich, der wenige Tage später Chef des neu gegründeten Reichssicherheitshauptamts wurde, in einem Schnellbrief an die Führer der sogenannten Einsatzgruppen der Sicherheitspolizei und des SD.[13] Diese Verbände waren hinter der Wehrmacht einmarschiert und ermordeten vor allem Angehörige der polnischen Elite, aber auch viele Juden. Zwar griffen die Deutschen bei der Bildung der Judenräte oft auf angesehene Persönlichkeiten zurück, die schon vor dem Krieg in der Jüdischen Gemeinde eine wichtige Rolle gespielt hatten, doch unterschieden sie sich erheblich von den Gemeindevorständen der Vorkriegszeit. In größeren Gemeinden umfassten die Judenräte bis zu 24 Mitglieder, in kleineren zwölf. Die Aufgaben, für die sie zuständig sein sollten, waren weitaus umfassender als die der früheren Vorstände und ihre Handlungsspielräume sehr viel enger. Von Anfang an befanden sie sich in einer schwierigen, wenn nicht gar ausweglosen Lage: Die Besatzer erwarteten von ihnen den unbedingten Vollzug der Anordnungen, wofür sie persönlich mit ihrem Leben hafteten, während die jüdische Bevölkerung sich gerade von ihnen Schutz davor und Hilfe erhoffte. Nicht zuletzt aus diesem Grund gerieten die Judenräte in die Kritik, wurden sie doch häufig mit den von ihnen nur auf Be-

Adam Czerniaków in seinem Büro

fehl umgesetzten Maßnahmen identifiziert, was vonseiten der Besatzer durchaus intendiert war.

In Warschau trug der Ingenieur Adam Czerniaków, ein bürgerlicher Intellektueller und Kunstliebhaber, diese Last als Judenratsvorsitzender.[14] Der 1880 in Warschau geborene Czerniaków wuchs in einer assimilierten Familie auf. Nach seinem Chemiestudium lehrte er an verschiedenen Schulen, unter anderen auch an der Berufsschule der Jüdischen Gemeinde, nebenbei publizierte er mehrere wissenschaftliche Werke. Im unabhängigen Polen nach 1918 war er zunehmend politisch aktiv und engagierte sich auch in der Jüdischen Gemeinde; er war Mitinitiator des Jüdischen Handwerkerverbands, gehörte von 1927 bis 1934 dem Stadtrat an und wurde 1931 in den Senat gewählt. 1937 wurde Czerniaków Mitglied des vom polnischen Staat berufenen provisorischen jüdischen Gemeindevorstands. Im belagerten Warschau trat er de facto an die Stelle des geflohenen Vorsitzenden; die übrigen Vorstandsmitglieder hatten die Stadt entweder auch verlassen oder waren nicht bereit, die Verantwortung zu übernehmen. Am 22. September ernannte ihn schließlich Stadtpräsident Starzyński zum Vorsteher der Jüdischen Gemeinde. Zwar erkannte Czerniaków darin eine «historische Rolle im belagerten Warschau»[15], dass dies der entscheidende Wendepunkt seines Lebens und die Rolle letztlich gar nicht zu erfüllen sein sollte, konnte er freilich noch nicht ahnen.

Das sollte sich nach dem Einmarsch der Deutschen bald ändern. Am 4. Oktober fuhren deutsche Gestapobeamte bei der Gemeinde vor und ließen das Gebäude räumen. Den eilig herbeigerufenen Czerniaków verhafteten sie und brachten ihn, nachdem sie noch die Gemeindekasse geplündert hatten, in ihr Hauptquartier in der Szucha-Allee. Dort erteilten sie ihm den Befehl, innerhalb kürzester Zeit 24 Mitglieder für den Judenrat zu benennen, an dessen Spitze er fortan stehen sollte. Nach einigen Schwierigkeiten gelang es ihm, genügend Personen zu überzeugen, sich am 10. Oktober wählen zu lassen. Bei der Auswahl ließ sich Czerniaków vor allem von vier Kriterien leiten: Er wollte eine größtmögliche Kontinuität erreichen, suchte Leute mit Erfahrung, sie sollten ihm möglichst persönlich bekannt sein und schließlich sämtliche politische Richtungen repräsentieren. Mag ihm mit dem ersten Judenrat noch eine annähernde Repräsentativität gelungen sein, wurde diese später durch notwendige Neubesetzungen hinfällig.

In einer ersten Sitzung am 15. Oktober erläuterte Czerniaków den Mitgliedern ihre Aufgaben, soweit er selbst diese überhaupt schon konkret benennen konnte. Im Anschluss daran sprach Bernhard Baatz vom Stab der Einsatzgruppe IV und setzte den Judenrat offiziell ein. Die Hoffnung, die mancher damit verbunden haben mag, dass nun das Leben wieder in einigermaßen geregelten Bahnen verlaufen würde, erfüllte sich jedoch nicht. Am gleichen Tag etwa vermerkt Czerniaków in seinem Tagebuch: «Belustigung vor der Gemeinde – Bärte.»[16] Gewalt und Willkür, hier das Bärteabschneiden, gingen ungebrochen weiter.

Wenngleich Czerniaków Personen aller politischen Richtungen für den Judenrat gewinnen konnte, war das Gremium in anderer Hinsicht überhaupt nicht repräsentativ, wofür er zunehmend in die Kritik geriet. Mehrheitlich waren assimilierte Juden vertreten, die bereits vor dem Krieg Mitglieder des Gemeindevorstands gewesen waren. Vor allem waren dies wohlhabende Persönlichkeiten aus Wirtschaftsverbänden und dem Finanzwesen. Kaum einer von ihnen, auch nicht Czerniaków selbst, sprach Jiddisch oder repräsentierte die Masse der orthodoxen Juden, der Klein- und Kleinsthändler. Es dominierten Männer wie der 1876 geborene Marek Lichtenbaum, wie Czerniaków Ingenieur, der Bauunternehmer war und außerdem als Sachverständiger für die Handels- und Industriekammer sowie die Warschauer Kredit-Gesellschaft gearbeitet hatte. Oder Abraham Gepner, 1872 geboren und Inhaber eines Handelshauses und einer Metallhütte, überdies Vizepräsident der Handels- und Industriekammer und in verschiedenen Kommissionen für polnische Ministerien tätig. Weit überwiegend waren es solche in den siebziger und achtziger Jahren des 19. Jahrhunderts geborenen relativ wohlhabenden und einflussreichen Männer, die nun die größte jüdische Gemeinde unter deutscher Herrschaft repräsentierten und verwalteten.

Die Jüdische Gemeinde in Warschau hatte nun ein Leitungsgremium, dessen Aufgaben allerdings noch vollkommen unklar waren und das der Willkür der Besatzer absolut ausgeliefert war. Heydrich hatte in seinem Schnellbrief an die Einsatzgruppen zwar die Bildung von Judenräten angeordnet, ohne jedoch Genaueres festzulegen. Er ordnete nur an, dass die Judenräte eine Zählung der örtlichen Juden durchzuführen und ihre Konzentration in größeren Orten umzusetzen hätten.

Doch nicht nur die genauen Aufgaben des Judenrats waren anfangs unklar. Angesichts ungeregelter Zuständigkeiten und mancher Kompetenzstreitigkeiten im deutschen Apparat war für Czerniaków auch nicht zu ersehen, wer auf deutscher Seite sein Ansprechpartner war, wer für was zuständig war. In der Konsequenz wurde seine Lage noch unsicherer, zumal er bisweilen mit widersprüchlichen Anordnungen unterschiedlicher Institutionen umgehen musste.

Deutsche Verwaltung

Bis zum 25. Oktober 1939 stand Warschau noch unter Militärverwaltung, die auf Befehl Hitlers anschließend von der Zivilverwaltung des neu gegründeten Generalgouvernements abgelöst wurde. Die Besatzungsverwaltung gliederte sich nun in drei Ebenen – die Krakauer Regierung mit Hans Frank als Generalgouverneur an der Spitze, die vier Distrikte (ab Sommer 1941 erweitert um den Distrikt Galizien) unter Leitung der Distriktchefs bzw. Gouverneure und die Kreise bzw. kreisfreien Städte, geführt von den Kreis- und Stadthauptleuten. Anfangs plante die deutsche Verwaltung, in ihrem Apparat ganz ohne polnische Mitarbeiter auszukommen, wegen ständiger Personalengpässe jedoch ließ sie diese Idee schnell fallen. Eine Metropole wie Warschau zumal ließ sich nicht allein von Deutschen verwalten. Hier arbeiteten außer in den Führungspositionen überwiegend die alten polnischen Mitarbeiter weiter. Die polnische Verwaltung unterstand Bürgermeister Julian Kulski, der Ende Oktober 1939 berufen wurde, nachdem sein Vorgänger Stefan Starzyński verhaftet und vermutlich in ein Konzentrationslager gebracht worden war. Etwa 23 000 Polen, später noch mehr, arbeiteten in der Stadtverwaltung. Jede ihrer Abteilungen wurde von einer entsprechenden kleinen deutschen Abteilung beaufsichtigt und musste sich größere Entscheidungen dort bestätigen lassen.

Der deutsche Verwaltungsapparat war klein, seine Kontrollmöglichkeiten daher begrenzt. An der Spitze stand nach Gründung des Generalgouvernements formal der Distriktchef, der jedoch die Aufgabe auf den Beauftragten des Distriktchefs für die Stadt Warschau, später Stadthauptmann, übertrug. Diesen Posten besetzte Gouverneur Ludwig Fischer mit verdienten Nationalsozialisten; von Anfang November 1939 bis März 1940 war Oskar Dengel Stadthauptmann, der vorher in der Würzburger Verwaltung gearbeitet hatte und von dort eine Reihe Mitarbeiter mitbrachte, unter anderen Ludwig Leist, der ab März 1940 Dengels Nachfolge übernahm und bis zum Ende der Besatzung Stadthauptmann in Warschau blieb.

Ende November 1939 erließ Generalgouverneur Frank zwar eine «Verordnung über die Einrichtung der Judenräte», in der er Details festlegte und die Judenräte als Selbstverwaltungsorgane definierte, die die Anordnungen der deutschen Dienststellen ausführen mussten, so zum Beispiel die Registrierung von Arbeitskräften. Die Frage, welche deutsche Dienststelle den Judenrat beaufsichtigte und ihm Befehle erteilte, blieb aber weiter ungeregelt. Eine Durchführungsverordnung vom April 1940 und eine Anordnung der Krakauer Regierung im Juni 1940, mit denen alleine die Kreis- und Stadthauptleute zuständig werden sollten, schufen hier nur bedingt Klarheit, denn auch weiterhin wandte sich die Sicherheitspolizei unter Umgehung der Verwaltung direkt an die Judenräte.[17] Wilde Beschlagnahmungen und Plünderungen, kurzfristige Anforderungen von Möbeln und anderem gab es auch weiterhin von vielen Seiten.

In den ersten Wochen und Monaten nach dem Einmarsch oblagen «Judenangelegenheiten» aber in erster Linie dem SS- und Polizeiapparat, wenngleich es auch hier keine klaren Regelungen gab und es immer wieder zu Kompetenzstreitigkeiten zwischen SS, Verwaltung und Wehrmacht kam. Bernhard Baatz von der Einsatzgruppe IV, der in den ersten Wochen der Besatzung die «Judenpolitik» in Warschau lenkte, untersagte Czerniaków Kontakt zu anderen deutschen Dienststellen. Im Laufe des ersten Besatzungsjahres konnte die Zivilverwaltung jedoch immer mehr Kompetenzen in Judenfragen an sich ziehen, auch weil es Himmlers Apparat an dem notwendigen Personal hierfür fehlte. So gingen die Zuständigkeiten für die Konzentration, also die Gettoisierung der Juden, spätestens im Januar 1940 auf die Abteilung Umsiedlung unter Waldemar Schön in der Distriktverwaltung, die Aufsicht über den Judenrat im April auf den Stadthauptmann und die Organisation der jüdischen Zwangsarbeit im Juni auf das Arbeitsamt über. Gleichwohl war der Judenrat gerade in Warschau auch danach noch dem willkürlichen Zugriff verschiedener Stellen ausgesetzt.

SS und Polizei gliederten sich ähnlich wie die Zivilverwaltung, arbeiteten aber weitgehend unabhängig von dieser. An der Spitze stand der Höhere SS- und Polizeiführer (HSSPF) Friedrich-Wilhelm Krüger in Krakau, in den Distrikten vertreten durch den SS- und Polizeiführer. In Warschau ging das Personal von SS und Polizei aus der Einsatzgruppe IV hervor, die im Rücken der Front bereits die polnische Elite und auch Juden verfolgt und ermordet hatte. Diese Arbeit setzte sie nach Gründung des Generalgouvernements fort, nun institutionalisierter und weniger ungebunden. In der Dienststelle des Kommandeurs der Sicherheitspolizei in der Szucha Allee (später umbenannt in Straße der Polizei) war vor allem die Abteilung IV (Gestapo) unter Leitung von Karl Brandt und Gerhard Mende für Juden zuständig. Ihnen musste der Judenrat laufend berichten, sie erteilten dem Judenratsvorsitzenden Befehle und luden ihn ständig vor.

Die Arbeit des Judenrats

Der Aufbau des Judenrats vollzog sich in Phasen und folgte letztlich den Erfordernissen, die sich aus den deutschen Anordnungen ergaben: Am Anfang standen die Einrichtung von Kommissionen für Statistik, für Arbeit und für Finanzen. Später kamen das Gesundheitswesen, die soziale Fürsorge, eine Wirtschaftskommission, eine Evidenzabteilung und andere hinzu. Im Mai 1941 nahm Czerniaków eine Umstrukturierung vor. Die Verwaltung gliederte sich nunmehr in 26 Abteilungen, an deren Spitze jeweils ein Mitglied des Judenrats stand und deren Arbeit ein Direktor organisierte. Die Abteilungen wiederum waren gegliedert in verschiedene Referate sowie zeitlich begrenzte, ad hoc ins Leben gerufene Kommissionen. In der Folgezeit erfuhr diese Struktur leichte Veränderungen im Zuschnitt der Abteilungen oder ihren Bezeichnungen, blieb aber im Wesentlichen stabil. Im Vergleich zur Jüdischen Gemeinde vor dem Krieg war dieser Apparat sehr viel umfangreicher. Im Juni 1942 arbeiteten ungefähr 2000 Personen für den Judenrat, dreimal so viele wie vor dem Krieg für die Gemeinde.

Die erste Aufgabe bestand in der Durchführung einer «Judenzählung», die auf den 28. Oktober angesetzt wurde, so dass keine zwei Wochen für die Vorbereitungen blieben. Der Judenrat verfügte weder über einen funktionierenden Apparat noch über Geld, einen solchen zu finanzieren. Im Gegenteil: Rund eine Million Złoty alter Schulden lasteten auf ihm, denen keine gesicherten Einnahmen gegenüberstanden; erst später konnte er Steuern zur Finanzierung seiner Aufgaben erheben. Zur Durchführung der Zählung wurde eine Kommission ins Leben gerufen, die Personal rekrutieren, Erfassungsbögen entwerfen, Papier beschaffen und funktionierende Druckereien in der stark zerstörten Stadt ausfindig machen musste. Einer derjenigen, die auf diesem Wege Arbeit in der Verwaltung fanden, war Marcel Reich-Ranicki. Er wurde zunächst für nur zwei Wochen eingestellt. Seine guten Deutschkenntnisse aber verhalfen ihm danach zu einer dauerhaften Anstellung.

Die Bevölkerungserhebung sorgte für beträchtliche Unruhe und Spekulationen in der Bevölkerung. «Zu welchem Zweck?», fragt sich Chaim Kaplan, ohne eine Antwort darauf zu haben. In einem aber ist er sich sicher: «Aber sicherlich nicht zum Wohl der Juden. Eine innere Stimme sagt uns, daß sich hinter dieser Forderung eine Katastrophe für die Judenheit Polens verbirgt.»[18] Czerniaków, selbst im Unklaren über das Ziel der Zählung, wurde von allen Seiten nach ihrem Hintergrund gefragt und war pausenlos unterwegs, um sie zu organisieren und daneben noch die anderen drängenden Probleme zu lösen. Als die Zählung schließlich stattfand – 359 827 Menschen war das Ergebnis –, war sie fast schon wieder belanglos geworden, da sich neue Sorgen und Aufgaben in den Vordergrund gedrängt hatten, die den Judenratsvorsitzenden nicht zur Ruhe kommen lassen sollten.

Czerniaków's Alltag war vollkommen von der Arbeit eingenommen. Sein Tagebuch lässt bisweilen einen rastlosen gehetzten Mann erahnen, der vor lauter Aufgaben sowie Sorgen und Nöten, die von allen Seiten an ihn herangetragen wurden, nicht wusste, wo ihm der Kopf stand. In der Regel stand er zwischen fünf und sechs Uhr morgens auf und fuhr nach dem Frühstück um acht Uhr oder früher zur Gemeinde. Häufig empfing er vorher schon Bittsteller in seiner Wohnung. In den ersten Monaten musste er beinahe täglich bei der Sicherheitspolizei vorsprechen, wo er mitunter stundenlang wartete, manchmal stehend, bis er vorgelassen wurde oder unverrichteter Dinge wieder gehen musste. Unter Umständen wiederholte sich dies bei anderen deutschen Dienststellen. Anschließend standen Treffen mit den Vertretern jüdischer Organisationen, Besprechungen in der Gemeinde und erneut der Empfang von Menschen mit ihren persönlichen Anliegen an.

Für die laufende Büroarbeit, unter anderem waren ständig Berichte zu verfassen, und Korrespondenz blieb kaum Zeit; sie musste zwischendurch erledigt werden. Nachmittags fuhr der Vorsitzende nach Hause, suchte häufig später noch einmal das Büro auf oder arbeitete in seiner Wohnung. Wäre dies bereits unter normalen Verhältnissen eine enorme Belastung gewesen, muss Czerniaków unter den Bedingungen von Besatzung, Diskriminierung und Mangelversorgung wohl permanent am Rande seiner physischen und psychischen Kräfte gearbeitet haben.

Den Besatzungsbehörden war an einer weitgehenden Isolation der Juden vom Rest der Bevölkerung auch schon vor der abschließenden Einrichtung des Gettos gelegen, doch waren diese vielfältig mit dem Rest der Stadt verbunden, und das änderte sich auch nach der Gettobildung nicht völlig. Fast 400 000 Menschen ließen sich innerhalb einer Großstadt nicht ohne Weiteres vollständig vom Rest der Stadt abkapseln. Daher war ein ständiger Kontakt zwischen der jüdischen und der polnischen Verwaltung notwendig, um die Versorgung der Juden, die Abwicklung der Steuern sowie der Abgaben für Wasser, Strom und Gas und vieles mehr zu regeln. Hierfür unterhielt die polnische Administration später sogar eigene Büros im Getto, in denen diese gezahlt werden konnten. Polnische Verwaltungsmitarbeiter trafen sich immer wieder mit Czerniaków und anderen Judenratsmitarbeitern, um aktuelle Fragen zu regeln. Zwar traf dieser bei vielen polnischen Verantwortlichen, vor allem bei Bürgermeister Kulski selbst, auf sehr viel Verständnis, gleichwohl standen auch sie unter erheblichem Druck, was mitunter harte Verhandlungen zur Folge haben konnte. Überdies war der Spielraum auch dadurch begrenzt, dass Absprachen und Regelungen zwischen Polen und Juden von deutscher Seite bestätigt werden mussten.

Nach außen waren die Abhängigkeiten des Judenrats nicht immer sichtbar, manche wollten sie auch nicht sehen. Seine Arbeit und die führenden Personen im Judenrat, an vorderster Stelle Czerniaków selbst, waren daher, wie die meisten Judenräte im deutschen Herrschaftsbereich, fortgesetzt scharfer Kritik ausgesetzt. Letztlich sahen viele im Judenrat die entscheidende Instanz, später gar eine Art Regierung des Gettos, die autonom handelte. Mit der Bildung des Judenrats als Exekutivorgan für die Ausführung von Befehlen sparten die Besatzer nicht nur deutsches Personal ein, sondern verlagerten Auseinandersetzungen und Konflikte und machten sie zu einem augenscheinlich rein jüdischen Problem. Infolgedessen war der Judenrat die zentrale Anlaufstelle für alle Juden mit ihren Anträgen und Klagen. Immer wieder berichtet Czerniaków in seinem Tagebuch von der Flut der Bittsteller, von den Schwierigkeiten, deutsche Anordnungen umzusetzen, und von der Kritik, die ihm dies bei vielen Juden eintrug. Er schien den Menschen derjenige zu sein, der für Abhilfe sorgen könnte. Viele wollten oder konnten nicht sehen, dass Czerniaków selbst weitgehend die Hände gebunden waren.

Gerade in der Anfangszeit traten SS und andere Dienststellen an den Judenrat mit hohen Geldforderungen heran, die dieser innerhalb kürzester Zeit erfüllen musste. Im November 1939 zum Beispiel nahm die SS 53 Geiseln und forderte für deren Freilassung eine «Kontribution» von 300 000 Złoty, die in nur vier Tagen aufgebracht werden musste. Czerniaków setzte alle Hebel in Bewegung, das Geld zu beschaffen, die Geiseln aber wurden dennoch erschossen. Die Klagen der Angehörigen richteten sich nicht etwa gegen die Deutschen, sondern gegen Czerniaków selbst. «Was», schreibt er verzweifelt in seinem Tagebuch, «hätte ich denn für sie tun können?»[19]

Vorfälle und Klagen dieser Art rissen auch in der Folgezeit nicht ab. Selbst zu Hause wurden Czerniaków und seine Frau nach einem strapaziösen Arbeitstag noch von Bittstellern bedrängt. In einer Mischung aus Abfälligkeit und Resignation schreibt er darüber: «Dabei ständige Ansinnen der Juden. An die Gemeinde zahlen wollen sie nicht, verlangen aber Interventionen bei Privatangelegenheiten und Unglücksfällen. Und wenn die Intervention mißlingt oder sich hinzieht, Vorwürfe ohne Ende, als ob das von mir abhinge.»[20]

Emanuel Ringelblum und andere Kritiker warfen ihm überdies vor, er habe sich von der Bevölkerung entfernt, er bevorzuge assimilierte Juden und sei den Deutschen gegenüber zu konziliant. Ein Übriges zur Kritik trugen die Privilegien, die mit der Arbeit beim Judenrat verbunden waren, bei. Die Mitarbeiter waren bei vielen – nicht zuletzt wegen fehlender Jiddischkenntnisse – als arrogant, inkompetent und korrupt verschrien; manche, vor allem Angehörige des Untergrunds, verurteilten sie gar als Kollaborateure. Dennoch waren die Stellen in der Administration sehr begehrt, in der Regel gab es sehr viel mehr Bewerber als freie Posten. Eine Arbeit beim Judenrat bot unter anderem auch Schutz vor Rekrutierungen zur Zwangsarbeit.

Marcel Reich-Ranicki verfügte als Leiter des Übersetzungs- und Korrespondenzbüros des Judenrats über einen intimen Einblick in dessen Arbeit mit Czerniaków an der Spitze, da nahezu der gesamte Schriftverkehr mit den deutschen Dienststellen über seinen Tisch ging. In der Rückschau zeichnet er ein sehr viel differenzierteres Bild von Czerniaków, als es viele Zeitgenossen seinerzeit unter dem immensen Leidensdruck vermochten. Er hebt hervor, dass Czerniaków, trotz aller Demütigungen und Gewalt gegen ihn selbst, sich in der Verantwortung gesehen und sogar eine angebotene Fluchtmöglichkeit ins Ausland ausgeschlagen habe. Unermüdlich habe sich Czerniaków bei deutschen Dienststellen für die Belange der Juden eingesetzt. Gleichwohl charakterisiert Reich-Ranicki ihn auch als willensschwachen und eitlen Menschen, der manche Privilegien seiner Position durchaus genoss und bisweilen anfällig für Schmeicheleien gewesen sei. Unbeliebt habe er sich wohl bei vielen durch große Auftritte in eleganter Erscheinung gemacht, auch durch sinnlos erscheinende Ausgaben. So habe er zum Beispiel kunstvolle bunte Fenster für sein Büro in Auftrag gegeben. Dies hatte jedoch auch eine andere Seite, wie Reich-Ranicki zu berichten weiß, denn Czerniaków war daran gelegen, auf diese Weise notleidende Künstler zu unterstützen.[21]

Geradezu vernichtend fiel die Bewertung Czerniaków s nach rund einem Jahr deutscher Besatzung durch Chaim Kaplan aus. Anlässlich eines Gerüchts über einen Selbstmord des Judenratsvorsitzenden verurteilte Kaplan die jüdischen Funktionäre in Bausch und Bogen und stellte Czerniaków letztlich als eine Art Profiteur am Unglück des jüdischen Volkes dar: «Was Czerniaków selbst betrifft, so ist er ein mittelmäßiger Mensch, dessen Bildung und Intelligenz die eines Einfaltspinsels sind; er ist nur infolge des Unglücks seines Volkes zu solcher Bedeutung gelangt. Er war nie so erfolgreich wie in diesen schlimmen Tagen.»[22]

Der ohnehin schon belastende Alltag des Judenratsvorsitzenden wurde zusätzlich durch die enorme Verantwortung und die damit verbundene persönliche Gefährdung erschwert. Überdies hatte Czerniaków selbst ebenso unter den zahlreichen antijüdischen Maßnahmen der Besatzer zu leiden, hier half ihm seine Stellung keineswegs immer. Ständig lebte er in der Sorge, ob er am Abend noch in seine Wohnung zurückkehren könne oder ob diese von Deutschen beschlagnahmt oder geplündert sei. Am 29. Januar 1940 hatten zwei Uniformierte die Wohnung durchsucht, manche Sachen mitgenommen und ein Chaos hinterlassen. Rasch erkannte Czerniaków, wie hoffnungslos seine Lage tatsächlich war – doch konnte er sich ihr nun nicht mehr entziehen, es gab keinen Ausweg mehr: Ende Januar 1940, drei Tage vor der Durchsuchung seiner Wohnung, bat er erfolglos bei der SS um seine Abberufung.

Die ersten Monate

«Unabwendbare Zeichen weisen darauf hin», schreibt Chaim Kaplan nach nur drei Wochen deutscher Besatzungsherrschaft, «daß die Judenheit einer furchtbaren Katastrophe entgegengeht, die in der jüdischen Geschichte ihresgleichen noch nicht gehabt hat.»[23] Was er in dieser kurzen Zeit erlebt hatte, ging weit über frühere Verfolgungen und Diskriminierungen hinaus. Eine Woche später hält er in seinem Tagebuch fest: «Die schrecklichen Verfolgungen des Mittelalters sind nichts angesichts der furchtbaren Leiden, die die Nazis über uns bringen.»[24] Man musste kein Schwarzseher sein, um bald schon zu dieser Erkenntnis zu kommen. Neben die unorganisierte Gewalt und die Plünderungen trat eine Art geregelter Verfolgungs- und Raubpolitik, was das Leben der Juden immer weiter einschränkte und zur Qual machte. Hatte schon die Militärregierung in den ersten Oktoberwochen nicht mit solchen Maßnahmen gespart und beispielsweise mit einer Anordnung «Gegen jüdische Schieber von Textil- und Lederartikeln» Juden aus diesen für sie elementaren Branchen ausgeschlossen, erging nach Ausrufung des Generalgouvernements eine wahre Flut antijüdischer Verordnungen, die bald alle Lebensbereiche betrafen: Ab dem 26. Oktober unterlagen alle Juden von 14 bis 60 Jahren einem Arbeitszwang, Ausgangssperren wurden verhängt, jüdische Schulen wurden geschlossen, Juden mussten sich ab dem 1. Dezember gut sichtbar mit einer Armbinde kennzeichnen, ihr Vermögen anmelden und konnten fortan nur noch begrenzt darüber verfügen; zahlreiche jüdische Betriebe wurden von sogenannten Treuhändern übernommen, Radios mussten abgeliefert, Autos und Motorräder gemeldet werden, bis auch diese kurz darauf beschlagnahmt wurden; ab Ende März 1940 war die Beschäftigung von Juden in Restaurants und Kabaretts verboten, Mitte 1940 verloren jüdische Droschkenkutscher ihre Zulassung und Bibliotheken wurde die Ausleihe an Juden untersagt; im November schließlich mussten Krankenhäuser ihre jüdischen Patienten entlassen.[25] Manchmal konnte man dem nur noch mit Sarkasmus begegnen: «Ein Jude kann heute nur illegal leben», schreibt Emanuel Ringelblum Ende März 1940 bitter in sein Tagebuch.[26] An anderer Stelle zitiert er einen Kaufmann, der gesagt habe: «Legal können wir nur noch in die Weichsel gehen», und fügt hinzu: «Es ist unmöglich, alle Anordnungen einzuhalten, denn dann dürften wir gar nichts machen.»[27]

Fast jede dieser Anordnungen traf die Juden existenziell. Die Kennzeichnungspflicht etwa war nicht nur eine tiefgehende Demütigung. Durch die Armbinde waren nun alle Juden als solche erkennbar und der Willkür auf der Straße ausgesetzt. Manche versuchten, die von den Deutschen als Herabsetzung intendierte Kennzeichnung wie Chaim Kaplan als ein mit Stolz zu tragendes Ehrenzeichen umzudeuten. Er wollte in der Armbinde ein «Ehrengewand» sehen und schreibt weiter: «Man kann sagen, was man will, aber es gibt keine herrlicheren Farben als unsere Nationalfarben.»[28] Andere hingegen versuchten, die Binde mit einer Tasche zu verdecken. Innerhalb kürzester Zeit änderte sich das Stadtbild Warschaus, da nun zigtausend Menschen mit der blauweißen Armbinde durch die Straßen liefen. Manche verließen anfangs aus Scham nicht mehr ihre Wohnung, andere wiederum glaubten den kursierenden Gerüchten, dass die Kennzeichnungspflicht aufgeschoben würde. Diesen Gerüchten trat Czerniaków entgegen; er ließ in den Gebäuden der Gemeinde entsprechende Plakate aushängen. Überdies spazierte er demonstrativ zu Fuß mit angelegter Armbinde durch die Stadt.[29]

Im Dezember 1939 scheint die Kontrolle noch lasch gehandhabt worden zu sein, dies änderte sich aber im Januar. Ringelblum registrierte in seiner Chronik bereits in den ersten Januartagen, dass Juden geschlagen wurden, die keine Armbinde trugen.[30] Frederick Weinstein, ein junger Jude aus Łódź, der erst Ende November nach Warschau gekommen war, bemerkte ab Mitte Januar stärkere Kontrollen.[31] Auch Czerniaków hatte von da an verstärkt mit dieser Angelegenheit zu tun. Am 12. Januar zum Beispiel forderte die SS 2000 Złoty Lösegeld für den Freikauf von 20 Juden, die ohne Armbinde aufgegriffen worden waren; sie behielt sogar ein Mitglied des Judenrats als Geisel. Zwei Wochen später waren es 6100 Złoty für 61 verhaftete Juden.[32]

Das alles beherrschende Thema der ersten Monate unter deutscher Herrschaft war aber die Zwangsarbeit, bei der bis zur Abriegelung des Gettos drei einander überlappende Phasen zu beobachten sind: «wilde» Rekrutierungen von der Straße weg zu oft sinnlosen und nur demütigenden oder auszehrenden Arbeiten, vor allem in den ersten Wochen nach dem Einmarsch; ab Ende Oktober 1939 geregelte Zwangsarbeit in Produktions-, Werkstätten und bei deutschen Einrichtungen sowie Aufräumarbeiten und Schneeräumen; und schließlich die Deportation in vor allem in den Distrikten Warschau und Lublin gelegene Arbeitslager für Juden. Während es in der ersten Phase jeden treffen konnte, gab es in den anderen Perioden zum einen legale Möglichkeiten, sich dem zu entziehen, zum anderen auch mehr Spielräume, sich auf anderen Wegen zu drücken.

Gerade in den ersten Wochen der deutschen Besatzung schien es keinen sicheren Rückzugsort mehr zu geben. Die Verschleppung zur Zwangsarbeit konnte jedermann jederzeit und an jedem Ort treffen. Chaim Kaplan weiß schon am 5. Oktober 1939 in seinem Tagebuch davon zu berichten, dass eine Synagoge am Feiertag während des Gottesdienstes gestürmt und 150 Gläubige auf Lastwagen gezerrt und zur Zwangsarbeit verfrachtet wurden.[33] Marcel Reich-Ranicki wurde Ende November 1939 mit seinem Bruder aus der Wohnung zur Arbeit geholt. Gemeinsam mit anderen mussten sie in einer Kolonne marschieren und waren dabei den Schikanen der jungen Soldaten hilflos ausgesetzt. Diese, so erinnert er sich, «befahlen uns zu tun, was ihnen gerade einfiel: schnell zu rennen, plötzlich stehenzubleiben und dann wieder ein

Stück zurückzurennen».[34] Dabei mussten sie auch antisemitische Parolen brüllen. Am Ziel angekommen, wurde die Gruppe angehalten, ein Soldatenheim zu reinigen. Reich-Ranicki hatte Glück; er kam mit einem jungen Soldaten aus Berlin ins Gespräch, der ihn und seinen Bruder dann nach nur einer Stunde laufen ließ. Noch Jahrzehnte später wundert er sich über das Verhalten des Soldaten: «Derselbe junge Mann, der uns vor kaum einer halben Stunde sadistisch geschunden und uns gezwungen hatte zu brüllen, wir seien dreckige Judenschweine, er, der uns noch vor wenigen Minuten mit der Pistole in der Hand gedroht hatte, er würde uns gleich ins eiskalte Wasser des Schwimmbeckens jagen – dieser Kerl benahm sich jetzt ganz normal, ja nahezu freundlich.»[35]

Selbst Czerniaków war nicht sicher davor, zu Arbeiten herangezogen zu werden. Am 8. Dezember 1939 wurde er unterwegs angehalten und sollte auf einen Lastwagen zu den anderen Juden gezerrt werden. In diesem Fall konnte ihn sein Ausweis noch davor bewahren. Ein anderes Judenratsmitglied wurde zur Arbeit beordert und musste dann aus eigener Tasche einen Ersatzmann bezahlen.[36] Gut zwei Monate später versetzte ein erneuter Vorfall Czerniaków in Sorge. Am 24. Februar fuhr er nachmittags mit seinem Stellvertreter Marek Lichtenbaum in einer Droschke, als diese angehalten wurde und sie zur Arbeit gezwungen werden sollten. Lichtenbaum wurde gar mit einer Peitsche geprügelt. Zwar konnten beide noch entkommen, doch die Angst saß nun tief; in den nächsten Tagen vermerkt Czerniaków ein ums andere Mal erleichtert im Tagebuch, dass er heil nach Hause gekommen oder ungeschoren zur Gemeinde gelangt sei.[37]

Sehr früh schon, noch bevor er selbst diese Erfahrungen machen musste, war der Judenratsvorsitzende darum bemüht, dieser fatalen Praxis Einhalt zu gebieten. Er sicherte der Besatzungsmacht zu, täglich eine feste Zahl an Arbeitskräften zu stellen. Zu diesem Zweck richtete er am 19. Oktober 1939 im Judenrat das sogenannte Arbeitsbataillon unter Norbert Goldfeil ein; eine Arbeitsabteilung, die die Rekrutierung und Organisation in die Hand nehmen sollte. Dieses zunächst auf Freiwilligkeit basierende System sah vor, dass sich täglich bei einem der zentralen Sammelpunkte die Menschen einfinden und dort auf die einzelnen Firmen, Werkstätten und Dienststellen verteilt würden. Die Bezahlung übernahm der Judenrat, anfangs drei, später fünf Złoty täglich. Auch für die notwendigen Werkzeuge und Gerätschaften musste die jüdische Verwaltung sorgen. Durchschnittlich etwa 400 Menschen meldeten sich täglich im Oktober, im Monat darauf waren es 1000 und im Dezember bereits fast 1600. In den folgenden Monaten stieg die Zahl der Arbeitskräfte auf über 7000 an. Die Bezahlung überstieg angesichts solcher Dimensionen die Möglichkeiten des Judenrats. Schon am 2. November klagte Czerniaków über fehlende Mittel für die Entlohnung.[38] Der Judenrat geriet in Verzug und es kam immer wieder zu Streiks und Demonstrationen, bis schließlich im August 1940 das System der Entlohnung geändert wurde. Nun sollten die jüdischen Arbeiter ihren Lohn direkt von den Arbeitgebern erhalten, 80 Prozent der Bezahlung für Polen, doch diese Regelung wurde oft nicht eingehalten.

Die Arbeitsbedingungen variierten sehr stark; schwere Arbeiten, schlechte oder gar keine Versorgung und Peinigungen waren eher die Regel denn die Ausnahme. Dies und der stetig steigende Arbeitskräftebedarf machten eine Abkehr vom Prinzip der relativen Freiwilligkeit unabdingbar. Im Januar befahl der Höhere SS- und Polizeiführer den Judenräten im Generalgouvernement eine Registrierung aller männlichen Juden im Alter von 14 bis 60 Jahren. Erst mit dieser Zählung, die in den ersten Februartagen durchgeführt wurde, nahm die Verordnung des Generalgouverneurs über die Arbeitspflicht für Juden, die er bereits im Oktober 1939 erlassen hatte, Gestalt an. Bis zum 10. Februar registrierten sich rund 113 000 Personen, die nun eine Arbeitskarte erhielten, mit der sie sich an bestimmten Tagen im Monat zur Arbeit melden mussten.

Theoretisch hätten von nun an Juden aller Schichten einige Tage Arbeit im Monat leisten müssen, doch die Realität sah anders aus. Ein schon unter der Hand praktiziertes Verfahren wurde bald schon geregelte Praxis: Wer seiner Arbeitspflicht nicht nachkommen wollte oder verhindert war, konnte einen Vertreter schicken. Das hatte zur Folge, dass sich wohlhabendere Juden freikauften und die Arbeitspflicht de facto von den ärmeren Schichten getragen wurde. Frederick Weinstein, der nach seiner Übersiedlung von Łódź nach Warschau Ende November 1939 noch immer keine Arbeit gefunden hatte, war einer von diesen Stellvertretern. Ab Anfang April 1940 fand er zunächst nur unregelmäßig die Gelegenheit, als solcher ein wenig Geld zu verdienen. Schließlich kam er auf die Idee, sich einem Gemeindeboten anzuschließen, der die Arbeitsaufforderungen verteilte. Kaum war der Gestellungsbefehl zugestellt, konnte Weinstein seine Dienste anbieten. So fand er regelmäßig Arbeit und baute sich eine Art Stammkundschaft auf, wodurch er auch nicht mehr auf den Gemeindeboten angewiesen war, der für seine Gefälligkeit bezahlt werden wollte. Sein karges Einkommen reichte aber gerade einmal für etwas Brot und Rettich am Tag.[39]

Sehr unterschiedliche Arbeiten waren zu verrichten. Anfangs war Weinstein noch unerfahren und hatte Pech, da er häufig sehr schwere Arbeiten oder solche, bei denen die Juden gequält wurden, ergatterte. An seinem ersten Tag etwa kam er zu einer Gruppe, die auf dem Flughafen außerhalb der Stadt eingesetzt werden sollte. Das Marschtempo der zweihundertköpfigen Gruppe war enorm und außerhalb der Stadt trieben die Begleiter sie auch noch mit Schlägen an. Am Ziel angekommen, wurde Weinstein einer Abteilung zugewiesen, die unter der Aufsicht eines sadistischen Deutschen unablässig Kohlen schaufeln und schleppen musste, ohne durchatmen oder etwas trinken zu dürfen. Erst nach fünf Stunden gab der Aufseher den Arbeitern in einer Pause schimmeliges Brot. Dieses Erlebnis war Frederick eine Lehre. An den nächsten Tagen kam er sehr viel früher zur Sammelstelle und drängte sich in die begehrteren Arbeitsgruppen beziehungsweise konnte sich vor den Häschern der berüchtigten Arbeitskommandos verbergen. Mal musste er sich in der SS-Kaserne um die Pferde kümmern, ein anderes Mal Laub im Łazienki-Park kehren. Doch nicht immer fand er solche einfachen Arbeiten, manchmal musste er in hohem Tempo Waggons mit schweren Metallteilen beladen.[40]

Das Arbeitsbataillon und das System der regelmäßig abzuleistenden Arbeitspflicht beruhigte die Lage ein wenig, wenn es auch die «wilden» Rekrutierungen auf der Straße nie ganz abstellen konnte. Immer noch lauerten auf Schritt und Tritt Gefahren, so dass manche, so gut es ging, den Weg nach draußen mieden. Nicht allein die Gewalt der Deutschen und die Furcht vor ihnen setzten den Juden zu und beherrschten ihren Alltag. Auch polnische Antisemiten sahen ihre Stunde gekommen. Immer wieder wurden Juden verprügelt, beraubt und ihre Geschäfte geplündert. Ringelblum hielt in seiner Chronik im März 1940 fest, dass viele polnische Geschäfte sich jüdischer Kundschaft erwehren wollten, indem sie Schilder anbrachten «Juden Zutritt verboten».[41] In der zweiten Märzhälfte rund um Ostern kam es unter den Augen der Besatzer zu tagelangen antijüdischen Ausschreitungen, die Czerniaków als eine «Art Pogrom» bezeichnet.[42] Tagelang tobte der Mob, vor allem wohl Halbstarke und junge Männer, hinter dem Kaplan das organisatorische Wirken «einer unsichtbaren Hand» am Werk sah.[43] Doch ganz ohne Gegenwehr konnten die Banden nicht durch die Straßen ziehen. Ringelblum berichtet von Christen, die Juden entweder vor akut drohender Gefahr warnten oder die sich sogar dem Mob entgegenstellten.[44]

Die Lebensbedingungen der Warschauer Juden verschlechterten sich im Frühjahr und Sommer 1940 zusehends; weitere Verordnungen schränkten sie zusätzlich ein und entzogen vielen die Existenzgrundlage. Während die Preise stiegen, konnten die Menschen weiterhin nur begrenzt über ihr Geld verfügen. Überdies wurden die offiziellen Versorgungssätze reduziert, im Mai zum Beispiel die Brotration von 500 auf nur 250 Gramm am Tag; nichtjüdische Polen erhielten 750 Gramm. Zur gleichen Zeit hieß es, wie Ringelblum schreibt, dass noch eine Steuer auf die Brotkarten erhoben werden solle.[45]

Nicht nur bei der Zwangsarbeit bemühten sich die Besatzer um eine Systematisierung, sondern auch bei der Ausplünderung der jüdischen Bevölkerung, indem der Gouverneur eine Abteilung für Beschlagnahme und Beschaffungswesen einrichtete. Die privaten Raubzüge aber hörten nicht auf. Über die neue Abteilung wurden nun «Bestellungen» an den Judenrat gerichtet, zum Beispiel im März 1940 die Ausstattung von 120 Wohnungen mit Möbeln. Eine Rechnung wurde für solche Aufträge freilich nie ausgestellt.

Im Sommer 1940 trat die Zwangsarbeit der Juden in eine neue Phase, als die SS eine Reihe Arbeitslager, vor allem in den Distrikten Warschau und Lublin, einrichtete, für die auch aus Warschau jüdische Arbeitskräfte, Männer zwischen 18 und 25, später 35 Jahren, rekrutiert werden sollten. Zum ersten Transport mit insgesamt 504 Personen meldeten sich 388, beim zweiten waren es 212 von 370 und beim dritten schließlich nur noch 69 von 634.[46] Bald schon versiegte das kleine Rinnsal Freiwilliger völlig. In erster Linie waren es die Armen ohne jedes Einkommen, die in einer freiwilligen Meldung einen letzten Ausweg aus ihrer Notlage sahen. Doch so groß ihr Elend auch war, zu abschreckend waren die Nachrichten über die Zustände in den Lagern, die bald schon nach Warschau drangen. Die Arbeiter schliefen anfangs oft unter freiem Himmel, der Terror der Wachmannschaften kannte kaum Grenzen und die Versorgung spottete jeder Beschreibung. Zudem war die Arbeit hart und überstieg die Kräfte der jungen Männer. Vor allem waren es Flussregulierungsarbeiten, bei denen sie stundenlang im Wasser oder Schlamm stehen mussten, der Bau von Befestigungsanlagen an der Ostgrenze des Generalgouvernements oder Straßenbau.

Der Judenrat war bemüht, das Los der Lagerinsassen abzumildern; es wurde eine eigene Abteilung geschaffen, die sich um die Warschauer kümmern sollte. Er führte Sammlungen für ihre Ausstattung und Versorgung durch, schickte Ärzte und Medikamente in die Lager und versuchte, die daheimgebliebenen Familien zu unterstützen. Später hielten die Besatzer den Judenrat an, aus dem ohnehin begrenzten Kontingent der Volksküchen für eine bessere Versorgung der Zwangsarbeiter zu sorgen, was wiederum die Lage im Getto zuspitzte. Bereits unmittelbar nach Beginn der Transporte von Warschauer Juden in die Lager inspizierte Benjamin Zabłudowski vom Judenrat das Arbeitslager in Bełżec (nicht zu verwechseln mit dem späteren Vernichtungslager); und es folgten weitere solcher Reisen.

Auch die jüdischen Gemeinden in der Nähe der Lager wurden in die Hilfsanstrengungen eingespannt, indem der Warschauer Judenrat ihnen Geld hierfür anwies. Im August/September 1940 war Czerniaków unablässig in Sachen Lager aktiv. Kein Tag verging ohne Interventionen bei der SS, Besprechungen in der Gemeinde, die Organisation von Sammlungen und Inspektionsreisen, den Empfang von Angehörigen sowie das Bemühen, die geforderten Kontingente an Arbeitskräften zu erfüllen. Der Druck auf den Judenrat wuchs, zumal aus anderen Orten Schreckensnachrichten zu vernehmen waren. Aus Otwock zum Beispiel erfuhr Czerniaków, dass am 4. September einige Personen erschossen worden seien, weil sich niemand zur Arbeit in den Lagern gemeldet habe.[47]

Die Lage wurde zusehends brisanter. Der Judenrat geriet von allen Seiten mehr und mehr unter Druck. Zu Hause bedrängten ihn die Angehörigen der Lagerinsassen, die Deutschen drängten auf Erfüllung der Kontingente und die Arbeiter in den Lagern ließen ihrer Wut und Verzweiflung den angereisten Vertretern aus Warschau gegenüber freien Lauf. Mitte Oktober 1940 kam Judenrats-Mitglied Leon Kupczykier von einer Inspektionsfahrt zurück. «In einem der Lager», fasst Czerniaków dessen Bericht in seinem Tagebuch zusammen, «befahl der ‹Kommandant› den Mitgliedern des Judenrats, sich in der Mitte aufzustellen. Um sie herum postierte er die Arbeiter, die ein Schmählied auf den ‹Judenrat› und mich sangen.»[48] Einen Tag später berichtete Norbert Goldfeil Czerniaków aus dem Lager Dorohusk, das er besucht hatte: «Geschlagen und mißhandelt floh er [Goldfeil] 3 Mal vor ihn verfolgenden Arbeitern. Sie wollen keine Spenden annehmen – und fordern ihre Rückkehr nach Hause.»[49] Die Lage schien schier ausweglos. Dem Judenrat waren die Hände gebunden, und die wenige Hilfe, die aus den knappen Mitteln zu leisten war, musste den Arbeitern in ihrer Situation fast wie Hohn vorkommen.

Der lange Weg zur Gettobildung

Überschattet wurden die Horrormeldungen aus den Lagern von dem Thema, das schon seit den Anfängen der deutschen Besatzungsherrschaft in Warschau wie ein Damoklesschwert über der Jüdischen Gemeinde hing und nun, im Oktober 1940, neue Brisanz erhielt – die Einrichtung und Abriegelung eines Gettos. Innerhalb des deutschen Apparats gab es von Beginn an Bestrebungen, die Juden zu konzentrieren – mal unter der Bezeichnung «Seuchensperrgebiet», mal als «Jüdisches Wohnviertel» oder als «Jüdischer Wohnbezirk» verharmlost. Widerstreitende Interessen verschiedener Institutionen sowie Erwägungen des Augenblicks verzögerten die Bildung eines wie auch immer bezeichneten abgesperrten Gebiets jedoch im ersten Besatzungsjahr fortwährend.

Nach im Sande verlaufenen früheren Initiativen vollzogen die Nationalsozialisten unter dem Deckmantel der Seuchenbekämpfung bzw. -vorbeugung ab März 1940 eine schleichende Konzentration und Isolation der Warschauer Juden. Der Judenrat musste auf Befehl der Besatzer einzelne Straßen zunächst mit Stacheldraht absperren. Ab Anfang April begannen schließlich jüdische Arbeiter mit dem Bau von Mauern. Czerniaków intervenierte vergeblich dagegen. Bei der deutschen Verwaltung speiste ihn der Adjutant von Stadthauptmann Leist mit dem Argument ab, die Mauern dienten auch dem Schutz der jüdischen Bevölkerung – der von den Deutschen tolerierte, wenn nicht gar initiierte Pogrom rund um Ostern musste als ein weiterer Vorwand herhalten.[50] Unermüdlich versuchte Czerniaków, die Errichtung der Mauern abzuwenden, doch sämtliche Vorsprachen bei Zivilverwaltung und Sicherheitspolizei waren vergeblich; lediglich kleine Erleichterungen konnte er erreichen.

Die Folgen für die Betroffenen waren fatal. Im günstigsten Fall waren unbequeme Umwege zur Arbeit oder anderswohin in Kauf zu nehmen. Ein Abschnitt der ul. Krochmalna zum Beispiel wurde wegen Typhusfällen mit Zäunen abgeriegelt; die etwa 18 000 eingeschlossenen Menschen blieben mehrere Tage ohne Versorgung.[51] Unterdessen vertrieben die Besatzer vornehmlich in demjenigen Stadtviertel, das deutsches Wohngebiet werden sollte, Juden aus ihren Wohnungen. Dies und der fortgesetzte Mauerbau gaben den Gerüchten über ein Getto immer wieder neue Nahrung. Für viele bestand, wie Ringelblum im Mai 1940 notiert, bald schon kein Zweifel mehr daran, dass dies Vorzeichen eines Gettos seien, das plötzlich einfach da sein würde.[52] Bis Mitte Juni war der Bau der Mauern an einzelnen Straßen abgeschlossen, doch Czerniaków hörte bereits Ende Juni wieder von Gerüchten, die ihm schließlich den Schlaf raubten.[53]

Im August spitzte die Lage sich wieder zu. Stadthauptmann Leist ergriff neue Maßnahmen, um eine avisierte strikte Trennung von Deutschen, Polen und Juden in Warschau umzusetzen. Anfang des Monats ordnete er an, dass Juden unverzüglich aus dem deutschen Wohnviertel auszuziehen hätten; neu in die Stadt kommende Juden dürften sich ausschließlich im jüdischen Viertel niederlassen, Nichtjuden hingegen war es fortan verboten, dort eine Wohnung zu mieten. Kurz darauf griff auch Waldemar Schön alte Überlegungen für ein Getto wieder auf. Dazu trug vor allem die Gesundheitsverwaltung bei, die Druck ausübte, um dem wachsenden Problem ansteckender Krankheiten wie Typhus oder Fleckfieber Herr zu werden. Dass diese Krankheiten, die in erster Linie mit Juden in Verbindung gebracht und propagandistisch genutzt wurden, vor allem durch die deutsche Verfolgungspolitik und Mangelversorgung verursacht worden waren und durch ein Zusammenpferchen der Juden in ein enges und unzureichend versorgtes Getto nur noch mehr zunehmen würden, nahm man in Kauf, wenn es nicht gar gewollt war. Da die Zeit drängte, ließ Schön den alten Plan, der zwei Gettos am Stadtrand vorsah, fallen und wählte das bereits als «Seuchensperrgebiet» ausgewiesene und teilweise mit Mauern begrenzte jüdische Viertel im Nordwesten der Stadt aus.

Generalgouverneur Frank gab Mitte September grünes Licht für die Gettobildung und flankierte dies mit einer Verordnung, die den unteren Instanzen der Zivilverwaltung auch anderswo eine «legale» Grundlage verschaffte, Aufenthaltsbeschränkungen für Juden zu verhängen, also Gettos einzurichten – damit legalisierte er im Nachhinein ein teilweise ohnehin schon praktiziertes Verfahren.[54] Wenige Wochen später schränkte Stadthauptmann Leist die Bewegungsfreiheit der Juden in Warschau ein: Bestimmte Straßen und Plätze sowie alle Parkanlagen waren Juden nun verwehrt, überdies mussten sie deutschen Uniformträgern «in deutlich sichtbarer Weise», wie es hieß, Platz machen und hätten «erforderlichenfalls den Gehsteig zu verlassen».[55]

Unterdessen sorgten die Vorbereitungen für die Errichtung des Gettos für große Unruhe, immer mehr Menschen waren direkt davon betroffen. Schon ab August, intensiviert ab September vertrieben die Besatzer Juden aus ihren Wohnungen und «entjudeten», wie es in ihrem Jargon hieß, ganze Straßenzüge. Meist blieben den Bewohnern nur wenige Minuten, wenige Habseligkeiten zu packen und die Wohnung zu räumen.

Dem Judenratsvorsitzenden Czerniaków war in dieser Zeit vor allem daran gelegen zu erreichen, dass möglichst viele Häuser und Straßen von diesen Ausweisungen ausgenommen und dem jüdischen Viertel zugeschlagen wurden. In der zweiten Septemberhälfte gab es geradezu ein Gezerre um jeden Meter Raum; Czerniaków konnte sich des an einem Tag Erreichten nie wirklich sicher sein, da es bisweilen am nächsten Tag bereits von der gleichen oder einer anderen Dienststelle widerrufen wurde. Über allem stand nach wie vor die Ungewissheit, ob es wirklich ein Getto in Warschau geben solle.

Während Czerniaków weiterhin im Unklaren belassen wurde und von verschiedenen Funktionären jeweils andere Informationen erhielt, schuf Gouverneur Fischer Tatsachen. Am 2. Oktober unterzeichnete er eine Verordnung zur Errichtung eines «Jüdischen Wohnbezirks» in Warschau mit genauer Festlegung der dazugehörigen Straßen.[56] Einen Tag später inspizierte die Verwaltung das Gebiet. Wohl nicht ohne Bedacht sollten die betroffenen Menschen erst am 12. Oktober davon erfahren, an Jom Kippur, dem höchsten jüdischen Feiertag; viele antijüdische Maßnahmen und Aktionen begannen die Nationalsozialisten an solchen Tagen. Czerniaków wurde zum Magistrat gerufen, wo ihm Schön eröffnete, «daß im Namen der Menschheit, auf Anordnung des Gouverneurs, des Generalgouverneurs und auf höheres Geheiß ein Getto geschaffen werde».[57] Noch am gleichen Tag wurde die Anordnung in der Stadt per Megaphon bekannt gegeben. Bis Ende des Monats, so hieß es, müssten alle Juden umgezogen sein; Möbel dürften nicht mitgenommen werden.

An das Bild der darauffolgenden Wochen erinnert sich Bernard Goldstein unmittelbar nach dem Krieg noch lebhaft: «Überall herrschte wilde Panik. Leute rannten besessen durch die Straßen, tödliche Angst in ihren verweinten Gesichtern. Verzweifelt suchten sie nach irgendeiner Art von Transportmittel, um ihre Habe zu befördern.»[58] Die brennendste Frage war, welche Straßen denn nun tatsächlich Teil des Gettos werden sollten. Am Tag nach Verkündung der Anordnung belagerten Hunderte Menschen das Judenratsgebäude, um dies zu erfahren. Der Judenrat stand dem hilflos gegenüber. Überdies stifteten widersprüchliche Veröffentlichungen der Besatzer zusätzliche Verwirrung, so dass diese quälende Unsicherheit längere Zeit anhielt.

Laufend kam es zu Änderungen, sei es, weil die polnische Verwaltung erfolgreich Straßen für sich beansprucht hatte, weil die Deutschen die Pläne änderten oder weil Czerniaków in Einzelfällen erfolgreich war. Einige traf das Schicksal daher doppelt hart; kaum dass sie umgezogen waren, wurde auch ihre neue Bleibe aus dem Getto ausgenommen, so dass sie erneut vor dem Nichts standen. «Die Leute haben den Kopf verloren», beschreibt Ringelblum das Chaos, «man weiß nicht, wohin man ziehen soll. Keine Straße ist sicher, denn überall gibt es etwas, was diese Straße als eine Gefahr erscheinen lassen kann.»[59]

Helena Gutman-Staszewska, eine ehemalige Lehrerin, wohnte in einem relativ neuen modernen Haus, überwiegend mit jüdischen Mietern. Als endlich feststand, dass es außerhalb des Gettos liegen würde, war der Andrang von Polen groß: «Von Tagesanbruch an gab es eine Anfrage für einen Wohnungstausch nach der anderen. Unten im Hof war es schrecklich: Die Leute schrien und weinten; einer betrog den anderen, alle Arten zwielichtiger Charaktere kamen, schlichen herum und versuchten, aus der Situation einen Vorteil zu ziehen.»[60] Ihre Wohnung wollte sich ein polnischer Polizist sichern, obwohl sie bereits mit anderen den Tausch vereinbart hatte. Noch bevor der Polizist zurückkehrte, um die Wohnungsübernahme abzuschließen, machte sie den bereits abgesprochenen Tausch offiziell und zog um.

Das Straßenbild dieser Wochen prägten schwer beladene Menschen, wackelige Karren, vollgepackt mit Bündeln und Möbeln. «Die Menschenmenge füllte die Straßen», schreibt Bernard Goldstein, «es war eine Nation auf dem Marsch. Endlos lange Reihen von Karren und selbstgefertigten Fahrgestellen aller Art, angehäuft mit Hausgeräten, wimmernden Kindern, alten Leuten, Kranken und Halbtoten, bewegten sich von allen Seiten auf das Getto zu, gezogen oder geführt von den stärkeren und gesunderen Personen, die verzweifelt und verbittert dahintrabten.»[61] Es fanden sich einige Polen, die diese Menschen noch in ihrer ärgsten Not um ihr letztes Geld erleichterten, ihnen Schmiergelder für armselige Kammern abnahmen, sie erpressten oder verprügelten.[62]

Ende Oktober gelang es dem Judenratsvorsitzenden, eine Fristverlängerung bis Mitte November herauszuhandeln, da trotz aller Anstrengungen noch über 50 000 Menschen ohne Dach über dem Kopf waren. Wie wenig Czerniaków aber ausrichten konnte und wie sehr er der Willkür der Besatzer ausgeliefert war, sollte sich einige Tage später erweisen. Am 4. November drangen zwei Deutsche prügelnd ins Judenratsgebäude ein. Sie schlugen Czerniaków und verhafteten ihn und einige andere. Erst am nächsten Tag kam er nach einer Intervention der Gestapo wieder frei.

Überdies musste auch er selbst mit seiner Frau umziehen, erst wenige Tage vor Fristablauf, am 11. November, bezogen sie ihre neue Wohnung.

Unterdessen errichteten jüdische Arbeiter mit Hochdruck die Grenzmauern; nur Straßen mit Schienen blieben vorläufig davon ausgenommen. «Vor unseren Augen», schreibt Chaim Kaplan in seinem Tagebuch, «wird ein Kerker gebaut, in dem eine halbe Million Männer, Frauen und Kinder schmachten wird, und niemand weiß wie lange.»[63] Am 15. November lief die letzte Frist ab und das Getto wurde abgeriegelt. Über 380 000 Menschen lebten nun eingeschlossen auf engstem Raum und durften diesen nur noch mit ausdrücklicher Genehmigung verlassen, in der Regel nur zur Arbeit. Am Tag darauf suchten Polizei und SS in den anderen Stadtteilen nach Juden und machten dort noch etwa 11 000 Personen ausfindig, die sie in das Getto zwangen. In den folgenden Wochen mussten jüdische Einrichtungen in das Gettogebiet ziehen, zum Beispiel das Krankenhaus «Czyste» oder die Waisenhäuser. «Wir sind von der Welt und ihrer Vielfalt abgesondert und abgeschnitten», schreibt Kaplan verbittert, «wir sind aus der Gesellschaft des Menschengeschlechts ausgestoßen worden.»[64]

II. Im Getto

1. Die Verwaltung des Gettos

Trotz der rigiden Trennungspolitik der vergangenen Monate waren die Juden und das jüdische Viertel vielfältig verwoben mit den anderen Teilen der Stadt, mit dem Arbeits- und Wirtschaftsleben. Viele hatten ihre Geschäfte und Werkstätten außerhalb des Gettogebiets, arbeiteten dort in Betrieben oder trieben Handel mit dort ansässigen Unternehmen und Personen. Auch die Infrastruktur der Metropole ließ sich nicht über Nacht künstlich trennen; Straßenbahnlinien führten durch den nunmehr abgeriegelten Stadtteil, die Arbeit der städtischen Versorgungsbetriebe betraf ganz Warschau. Kaum ein Bereich, der nicht von der gewaltsam betriebenen Teilung der Stadt betroffen gewesen wäre. Daher sahen sich nicht nur die einzelnen Gettobewohner vor schier unglaubliche Herausforderungen gestellt, auch die jüdische Verwaltung musste sich über Nacht den neuen Gegebenheiten anpassen und unter erheblich erschwerten Bedingungen ihre Aufgaben bewältigen.

Eines der drängendsten Probleme, dem sich der Judenrat unverzüglich widmen musste, war die Wohnungsnot. Schon während der Wochen, die der Gettobildung vorangegangen waren, hatte er sein Quartieramt erweitert. Der nur unzureichend vorhandene Wohnraum musste irgendwie unter den Menschen aufgeteilt werden. Damit verbunden war die Organisation der Versorgung, des Warenaustauschs mit dem «arischen»[1] Teil der Stadt und der Gesundheitsfürsorge, denn die drückende Enge bei gleichzeitigem Hunger ließ die Gefahr von Epidemien sprunghaft ansteigen. Der Judenrat rief daher neue Kommissionen ins Leben, etwa für Handel und Industrie mit einer angeschlossenen Lebensmittel-Versorgungsanstalt oder eine Abteilung Gesundheitswesen. Später folgten Abteilungen für Sozialversicherung, Post, Stadtreinigung, Produktion und anderes. Zudem mussten die Ausgabe und Kontrolle der Passierscheine für die zahlreichen Arbeiter von Betrieben in den anderen Stadtteilen organisiert werden.

Zahlreiche Details, die sich aus der Abriegelung ergaben, waren mit der polnischen Verwaltung zu klären, vor allem Finanzfragen und weiterhin immer wieder Grenzfragen. Viele Bereiche, die bislang der polnischen Stadtverwaltung oblegen hatten, gingen Schritt für Schritt auf den Judenrat über. Dieser musste nun für die Postzustellung oder die Stadtreinigung sorgen, ohne auf solche Aufgaben vorbereitet zu sein oder auch nur annähernd über die dafür notwendigen Mittel zu verfügen. Eine der wenigen Einnahmequellen waren Mieten; die Häuser im Getto kamen unter die Verwaltung des Judenrats, der hierfür eine Liegenschaftsverwaltung einrichtete, die wiederum Hausverwalter bestellte. Zehn Prozent der Mieteinnahmen konnte der Judenrat für seine Arbeit einbehalten.

Auch auf deutscher Seite änderte sich die Organisation der zuständigen Verwaltung. Im Dezember 1940 wurde innerhalb des Amts für Umsiedlung die sogenannte Transferstelle ins Leben gerufen, die unter Leitung von Alexander Palfinger für wirtschaftliche Fragen und den Warenaustausch sowie die Aufsicht über den Judenrat zuständig war. Palfinger konnte einschlägige Erfahrungen in der deutschen Gettoverwaltung in Litzmannstadt vorweisen. Die Transferstelle war in den ersten Monaten des Gettos die entscheidende Instanz, von deren Wohlwollen und Entscheidungen das Schicksal der Eingeschlossenen existenziell abhing. Ohne ihre Genehmigung sollte nichts in das Getto hinein- oder aus ihm herausgelangen können. Sie vermittelte von nun an die Lieferung von Waren und Rohstoffen und führte diese durch, über sie wurden die Verträge mit den Handelspartnern außerhalb der Mauern abgeschlossen. Die Bezahlung der Einfuhren, die über den sogenannten Umschlagplatz abgewickelt wurden, sollte durch die im Getto hergestellten Produkte abgegolten werden. Allerdings setzte die Transferstelle deren Wert nach eigenem Gutdünken fest, so dass es in ihrer Hand lag, wie das Getto sich entwickelte. Schön und Palfinger waren radikale Antisemiten, deren Bestreben es war, die jüdische Bevölkerung auszuhungern, aus ihr das Letzte herauszupressen, zumal sie im Getto Massen gehorteter Waren und Devisen vermuteten. Diese Linie war im deutschen Apparat nicht unumstritten, manche warnten vor den fatalen Folgen und Gefahren einer solchen Hungerpolitik, die in erster Linie nur einen Effekt habe, nämlich eine erheblich größere Seuchengefahr.

In den ersten Monaten 1941 entspann sich eine längere Auseinandersetzung zwischen den Anhängern einer Hungerpolitik und solchen, die das Getto und seine Bewohner, gestützt auf ein Gutachten des Reichskuratoriums für Wirtschaftlichkeit über dessen Wirtschaftsbilanz, produktiv in die Kriegswirtschaft einspannen wollten, ähnlich den Erfahrungen in Litzmannstadt. Im April 1941 setzten sich schließlich die Befürworter eines gemäßigteren Kurses durch. Die Folge waren eine gewisse Reorganisation der deutschen Gettoverwaltung und ein Personalwechsel. Auf den Hardliner Palfinger folgte im Mai der Wiener Bankier Max Bischof als Leiter der Transferstelle. Zudem wurde Mitte Mai mit dem Kommissar für den jüdischen Wohnbezirk ein neues Amt geschaffen; der hierauf berufene Rechtsanwalt Heinz Auerswald löste damit de facto Waldemar Schön ab, der bislang für das Getto zuständig gewesen war und nun neue Aufgaben in der Distriktverwaltung zugewiesen bekam. Der Kommissar führte die Aufsicht über die Transferstelle, die jetzt weitaus mehr Aktivität entfaltete, um die Wirtschaftskraft des Gettos nutzbar zu machen. An den grundlegenden Problemen Hunger, Enge und Krankheiten änderte dieser Kurswechsel auf deutscher Seite allerdings kaum etwas.

Der Ordnungsdienst

Im Zuge der Gettobildung entstand eine der wohl umstrittensten Institutionen, der Jüdische Ordnungsdienst (OD), eine Polizeieinheit. Vor allem das spätere Verhalten vieler OD-Männer während der Deportationen ins Vernichtungslager im Sommer 1942 sollte heftige Kritik hervorrufen.

Zuvor hatte es Erfahrungen mit polizeiähnlichen jüdischen Einheiten gegeben. Das Arbeitsbataillon verfügte über eine eigene Wache von einigen Dutzend Männern, die die Menschen zu ihren Arbeitsplätzen eskortierten. Sie wurden auch zur Bewachung des Mauerbaus im Frühjahr 1940 eingesetzt. Manche der späteren OD-Männer kamen aus dieser Einheit. Dringlich wurde aus deutscher Sicht die Bildung des Ordnungsdienstes erst, als die Abriegelung des Gettos feststand und vorbereitet wurde. Am 20. September rief Stadthauptmann Leist Czerniaków zu sich und befahl ihm, einen jüdischen Ordnungsdienst mit zunächst 1000 Mann aufzustellen.[2]

Der Judenrat rief eine Kommission ins Leben, die sich der Aufstellung des Ordnungsdienstes widmen sollte, und ließ zugleich Bekanntmachungen aushängen, auf denen Männer zwischen 21 und 40 Jahren aufgerufen wurden, sich für die Arbeit im Ordnungsdienst zu melden. Weitere Voraussetzungen waren, dass die Kandidaten Mitglieder der Jüdischen Gemeinde waren, mindestens sechs Jahre Mittelschule absolviert und keine Vorstrafen hatten; nach Möglichkeit sollten sie eine militärische Ausbildung genossen haben und sie mussten überdies mindestens 1,70 Meter groß sein und zwei Referenzen vorweisen können. Alle Kandidaten durchliefen eine Prüfungskommission, bevor über ihre Aufnahme entschieden wurde. Trotz dieser relativ strengen Kriterien gelang es einigen, durch persönliche Kontakte oder Bestechung an einen Posten zu gelangen. Obwohl der Judenrat den zukünftigen OD-Männern keine Bezahlung in Aussicht stellen konnte, war die Anziehungskraft groß; höhere Rationen lockten viele ebenso wie eine Befreiung von der Arbeitspflicht.

Allerdings wurden damit auch zwielichtige Gestalten, die sich durch ihren Dienst andere Einnahmequellen zu erschließen hofften, auf den Plan gerufen. Dies trug außer der Zuspitzung der allgemeinen Lage erheblich dazu bei, dass bald schon die Korruption grassierte. In manchen politischen Kreisen löste die Aufstellung des Ordnungsdienstes Diskussionen aus. Die Führung des *Bunds* beispielsweise debattierte hitzig, ob sich Aktivisten melden sollten. Nicht zuletzt um zu vermeiden, in den Geruch der Kollaboration zu geraten, fiel die Entscheidung schließlich negativ aus.

Anfang Oktober wurde Józef Andrzej Szeryński, ein zum Katholizismus konvertierter Jude, der vor dem Krieg bereits bei der polnischen Polizei gewesen war, mit der Führung des Ordnungsdienstes beauftragt. Szeryński, ein enger Vertrauter Czerniaków s, war dem Judenrat direkt verantwortlich und unterstellt, ebenso dem Kommandeur der polnischen Polizei von Warschau, von dem er auch Befehle erhielt, sowie dem deutschen Kommissar für den Jüdischen Wohnbezirk. Anfang Mai 1942 wurde Szeryński verhaftet, da er Pelze verschoben haben sollte. Jakob Lejkin, sein bisheriger Stellvertreter, übernahm seinen Posten. Kurz vor den Deportationen im Juli 1942 kam Szeryński wieder frei.

Die Führungsriege des Ordnungsdienstes setzte sich in erster Linie aus assimilierten Juden zusammen. Bis Mitte November hatten etwa 600 Kandidaten die Prüfung erfolgreich durchlaufen. Sie und die später noch Hinzukommenden bewachten nun innerhalb des Gettos die Grenzen und Eingänge, regelten den Verkehr, überwachten die Sauberkeit auf den Straßen, sollten Massenansammlungen verhindern, die Kriminalität bekämpfen, die Anordnung zur Arbeitspflicht vollstrecken, Verstöße gegen Anordnungen ahnden sowie für Ruhe und Ordnung in den Verwaltungsgebäuden sorgen. Bei manchen dieser Aufgaben wie dem Eintreiben von Steuern und Abgaben, der Bekämpfung des Schmuggels oder dem Abführen zur Zwangsarbeit, aber auch der mitunter brutalen

Art, mit der manche OD-Männer agierten, zog der Ordnungsdienst bald schon harsche Kritik auf sich. Später kamen weitere Tätigkeitsfelder hinzu, die sein Ansehen bei der Bevölkerung noch verschlechterten, zum Beispiel die von einer eigens ins Leben gerufenen Sanitätspolizeieinheit durchgeführten Desinfektionen von Wohnungen. Ab Sommer 1941 verfügte der OD über ein eigenes Gefängnis in der ul. Gęsia, das 500 bis 600 Häftlingen Platz bot, meist aber überfüllt war. In der Mehrzahl saßen hier Leute ein, die beim Schmuggeln erwischt oder ohne Armbinde angetroffen worden waren.

Der OD war keineswegs eine homogene Einrichtung. Manche Männer waren mit den Zuständen höchst unzufrieden und quittierten deswegen den Dienst; andere blieben und versuchten, gegen Korruption und Amtsmissbrauch vorzugehen, oder kooperierten mit dem jüdischen Untergrund im Getto. An der Bestechlichkeit oder der regen Beteiligung von OD-Männern am Schmuggel konnten sie jedoch nur wenig ändern. Vor allem Leopold Kupczykier, das für den Ordnungsdienst zuständige Judenratsmitglied, wurde für diese Zustände verantwortlich gemacht, da er die Prüfungskommission leitete. Emanuel Ringelblum warf ihm vor, viele Polizisten gegen Bestechung aufgenommen zu haben und so erheblich zum negativen Erscheinungsbild des OD beigetragen zu haben.[3] Henryk Bryskier, der in der Sozialfürsorge aktiv war und sich zum Beispiel um Flüchtlinge und Vertriebene im Getto kümmerte, schreibt in seinen Erinnerungen 1943/44, dass viele OD-Männer anfangs durchaus ehrbar gewesen, später aber korrumpiert worden seien und den Deutschen dienstbar zur Seite gestanden hätten. In der Verantwortung sah er vor allem die Führung, in der es an positiven Beispielen gemangelt habe.[4] Die heftigste Kritik in den vor den Deportationen im Sommer 1942 entstandenen Berichten und Tagebüchern aber richtete sich gegen die mitunter brutale Beteiligung der OD-Männer an Straßenrazzien, bei denen Männer aufgegriffen wurden, um in Arbeitslager verschleppt zu werden – ein Thema, bei dem sich der Judenrat bereits vor der Gettobildung viel Kritik eingehandelt hatte.

Die «Dreizehn»

Neben dem Ordnungsdienst etablierte sich ab Herbst oder Dezember 1940 eine Einrichtung, die über einen direkten Draht zur deutschen Sicherheitspolizei verfügte und in Konkurrenz zum Judenrat und Ordnungsdienst stand. Die «Überwachungsstelle zur Bekämpfung des Schleichhandels und der Preistreiberei im Jüdischen Bezirk», allgemein wegen ihres Hauptquartiers in der ul. Leszno 13 nur die «Dreizehn» genannt, unterstand direkt der Sicherheitspolizei. Offiziell, das geht aus ihrem Namen hervor, diente sie der Bekämpfung der Preistreiberei und des Schwarzhandels, de facto aber ging es um Spitzeldienste für die Deutschen, um Denunziationen, das Eintreiben von Schmiergeldern und Ähnliches mehr. Mehrere hundert Mitarbeiter, darunter viele Flüchtlinge von außerhalb, arbeiteten bei der «Dreizehn» und trugen Informationen für die regelmäßigen Berichte an die Sicherheitspolizei zusammen, die ihr Chef Abraham Gancwajch verfasste.

Gancwajch war eine schillernde und einflussreiche Figur im Getto. 1904 in Tschenstochau geboren, hatte er eine traditionelle jüdische Bildung genossen, war Zionist und Hebräischlehrer. Später schrieb er für jüdische Zeitungen und lebte bis zum «Anschluss» Österreichs an das Deutsche Reich in Wien. Gancwajch wollte sich gut mit den Deutschen stellen, da er deren Sieg für unausweichlich hielt. Seine Hoffnung richtete sich auf einen jüdischen Staat in Übersee.

Um an Einfluss in der Gettogesellschaft zu gewinnen, organisierte und finanzierte er zahlreiche Fürsorge- und Kulturaktivitäten oder unterstützte mittellose Intellektuelle und Künstler. Zum Beispiel rief er mit dem Pädagogen Janusz Korczak eine Kommission zum Schutz des Kindes ins Leben. Seine Popularität erkaufte er sich mit Erlösen aus dem Schmuggel, Bestechungen und lukrativen Geschäften. Durch seine gute Verbindung zur Sicherheitspolizei konnte er manch einen aus dem Gefängnis holen, Dokumente beschaffen oder Menschen ins Getto oder heraus schleusen. Dies verschaffte ihm bei einem Teil der Gettobewohner hohes Ansehen, während andere ihn als Kollaborateur verachteten. Ringelblum charakterisiert ihn als einen begabten Redner, der es verstand, dadurch und durch seine Versprechungen neue Anhänger zu gewinnen.[5] Bernard Goldstein sah in der «Dreizehn» eine gefährliche Einrichtung, vor allem weil ihre Mitarbeiter auch nach politischem Material fahndeten und damit eine permanente Bedrohung für Goldsteins Aktivitäten und den *Bund* waren. «Sie hatten die Funktion der Gestapo im Getto übernommen», so Goldsteins hartes Urteil über die Männer der «Dreizehn» unmittelbar nach dem Krieg.[6]

Gancwajch war, so hieß es allgemein, erpicht auf Czerniaków's Posten. Seinen Einfluss und Wohlstand nutzte er daher unter anderem dafür, sich in Opposition zu diesem als starker Mann in Position zu bringen und all das, was der Judenratsvorsitzende nicht vermochte, in die Tat umzusetzen. Mit Hilfe einer eigenen Polizeieinheit versuchte Gancwajch, Einfluss im Judenrat und Ordnungsdienst zu gewinnen. Es entspann sich ein langer Machtkampf mit Czerniaków. Konsequent verweigerte dieser sich dem Drängen Gancwajchs, mit dessen Polizeieinheit zu kooperieren. Czerniaków wusste hier Gettokommissar Auerswald hinter sich, der wohl seine Kompetenzen durch das «Hineinregieren» der Sicherheitspolizei untergraben sah. Die beiden obsiegten schließlich; Anfang August 1941 wurde die «Dreizehn» offiziell aufgelöst, manche ihrer Mitarbeiter aber in den Ordnungsdienst übernommen. Emanuel Ringelblum befürchtete, dass damit nun auch noch die wenigen vernünftigen Leute im OD demoralisiert würden. Vor allem aber hegte er Befürchtungen im Hinblick auf die arbeitslos werdenden ehemaligen Mitarbeiter der «Dreizehn», die nun selbstständig mit den Deutschen kollaborieren würden, ohne, wie früher, an ihren grünen Kappen leicht identifizierbar zu sein.[7]

Gancwajch konzentrierte sich danach vor allem auf den Handel und seine Tätigkeit als Verwalter etlicher Häuser. Mitte April

1942, als im gesamten besetzten Polen führende jüdische Intellektuelle und politische Aktivisten ermordet wurden, sollte auch Gancwajch erschossen werden, er wurde jedoch rechtzeitig gewarnt und konnte mit gefälschten Papieren außerhalb des Gettos untertauchen. Die Berichte über diese Zeit sind widersprüchlich. Während die einen sagen, er habe versteckte Juden denunziert, heißt es bei anderen, er habe diesen geholfen. Anfang 1943 soll er wieder im Getto gesehen worden sein. Wahrscheinlich wurde Gancwajch im April 1943 im Pawiak-Gefängnis erschossen.[8]

2. Das Untergrundarchiv

Menschen im Getto wollten ihr Leben und Sterben dokumentieren, wollten die Erinnerung an sie und ihre Leiden mitbestimmen. Diese Motivation war der Hintergrund zahlreicher Tagebücher und Berichte, in manchen Gettos wurden eigens zu dem Zweck, für spätere Generationen die Geschichte der Gettos und ihrer Menschen zu berichten, Archive gegründet. Dies war im Getto Litzmannstadt (Łódź,) der Fall, dort gab es innerhalb der jüdischen Administration ein Archiv. Einen anderen Charakter hatte das Archiv in Białystok, vor allem aber das im Warschauer Getto: Es war ein Untergrundarchiv, das sich vom Judenrat möglichst fernhielt. Dieses Archiv, dem wir einzigartige Quellen verdanken, wurde am 22. November 1940 in Emanuel Ringelblums Wohnung im Getto gegründet. Die Arbeit war aber schon vorher vorbereitet worden, im Frühjahr 1940 hatte Ringelblum sich entschlossen, eine Gruppe zu organisieren, um seine bereits begonnene Dokumentationstätigkeit zu systematisieren und auszuweiten. Denn Notizen zur Lage der Juden in Warschau hatte er schon seit Kriegsbeginn gemacht. Von Beginn an war ihm klar, dass es seine Pflicht als Historiker sei, diese nie dagewesene Situation zu dokumentieren. Und nicht nur er dachte so: Als Ringelblum im Januar 1943 in seinem Tagebuch auf den Terror in der Anfangszeit der Besatzung zurückblickt, beschreibt er, wie wich-

Emanuel Ringelblum mit seinem Sohn Uri

tig es damals zahlreichen Juden erschien zu schreiben. Sie bemühten sich aufzuzeichnen, was geschah, und dies zu bewahren: «Alle schrieben: Journalisten, Literaten, Lehrer, die politisch Aktiven, die Jugend, sogar Kinder. Die Mehrheit schrieb Tagebücher, in denen sie die tragischen Ereignisse durch das Prisma des eigenen Überlebens ausleuchteten. Es wurde viel geschrieben, aber die überwältigende Mehrzahl [der Texte] wurde in der Zeit der Aussiedlung gemeinsam mit den Warschauer Juden vernichtet. Es blieb nur das Material, das im A[rchiv] des G[ettos] aufbewahrt wurde.»[9]

Wenn auch vieles verloren gegangen ist: Zahlreiche Tagebücher, Aufzeichnungen, Gedichte und andere Texte sind überliefert, zu großen Teilen verdanken wir dies den Bemühungen des Untergrundarchivs. Emanuel Ringelblum, der geistige Vater, die antreibende Kraft, nach dem das Archiv häufig benannt wird, stammte wie viele jüdische Historiker seiner Generation aus Ostgalizien. Er war im Jahre 1900 in Buczacz, einer in der Mehrheit von Juden bewohnten Stadt, die damals zum Habsburgerreich und nach dem Ersten Weltkrieg zu Polen gehörte, zur Welt gekommen. Bei Ausbruch des Ersten Weltkriegs zog seine Familie nach Nowy Sącz in Südpolen um, und 1919 kam er, zu dieser Zeit bereits überzeugtes Mitglied der Partei *Poale Zion*, nach Warschau. Als die Partei, die ihn stark geprägt hat, sich 1920 in einen linken und einen rechten Flügel aufspaltete, schloss Ringelblum sich dem linken an. In der Partei lernte er auch seine spätere Frau Yehudit (Judyta) Herman kennen, 1930 kam ihr Sohn Uri zur Welt.

Ringelblum interessierte sich leidenschaftlich für Geschichte, doch konnte er als Jude damals kaum auf eine Universitätskarriere hoffen. Den Familienunterhalt bestritt er vor allem als Lehrer und indem er Artikel für verschiedene Zeitschriften schrieb. So kam er häufig erst abends nach einem langen Arbeitstag noch für eine Stunde ins Archiv, um Quellen zu lesen. Der ungeheure Aktivismus, der ihn zur Zeit des Gettos auszeichnete, kennzeichnete ihn ganz offensichtlich schon vor dem Krieg: Bis zum September 1939 publizierte Ringelblum mehr als 100 Artikel, Studien und Monografien. Er studierte in Warschau Geschichte und erlangte dort 1927 seine Doktorwürde mit einer Arbeit über die Geschichte der Juden in Warschau bis 1527, die 1932 publiziert wurde. Ringelblum war also von Anfang an ein Historiker, der die Geschichte der Warschauer Juden erforschte – vom Beginn ihrer Geschichte in der Stadt bis zu ihrer Vernichtung. Er gehörte 1923 zu den Mitbegründern des «Yunger Historiker Krayz», in dem junge jüdische Historiker ein Diskussionsforum fanden. Die Akteure dieses Kreises waren mit dem 1925 neu gegründeten und in Wilna ansässigen Jüdischen Wissenschaftlichen Institut YIVO eng verbunden, 1926 ging Ringelblum für eine Weile nach Wilna.

Am YIVO wurden neuere Forschungsmethoden wie die Sozial- und Wirtschaftsgeschichte für die jüdische Geschichtsschreibung verwendet und beispielsweise Arbeitsmethoden für den Einsatz nicht professioneller Interviewer entwickelt, auch wurden Fragebögen eingesetzt, um das Alltagsleben der jüdischen Bevölkerung besser untersuchen zu können. Die Forscher im YIVO waren überzeugt, dass man, ohne die Geschichte des Individuums zu erforschen, nur wenig über das gesamte jüdische Kollektiv lernen könne. Unter Leitung von Isaac (Ignacy) Schiper, einem der wichtigsten jüdischen Intellektuellen im Zwischenkriegspolen, erkundete Ringelblum gemeinsam mit später bedeutenden jüdischen Historikern wie seinem Schwager Artur Eisenbach und Isaiah Trunk in der Warschauer Kommission des Instituts die Geschichte der Juden in Polen. Die Gruppe um Ringelblum wandte die hier ausgebildeten Methoden später bei ihrer Arbeit im Getto an und auch dort ging es ausdrücklich um die Geschichte einzelner Menschen. Was im YIVO auch entwickelt und dann im Getto praktiziert wurde, war «zamling»: das Sammeln verschiedenster Materialien, um auf deren Grundlage die Geschichte der polnischen Juden zu dokumentieren und zu erforschen.

Und noch ein zeitlicher Rückgriff ist nötig, um Ringelblums Wirken im Getto besser verstehen zu können. Er war neben seiner Tätigkeit als Historiker und Lehrer schon seit den frühen 1930er Jahren im sozialen Bereich tätig gewesen, arbeitete für das American Jewish Joint Distribution Committee, kurz Joint. Als er, wie bereits geschildert, für den Joint Ende 1938 nach Zbąszyń kam, sammelte er bereits dort Dokumente, forderte die Menschen wieder und wieder auf, ihre Erlebnisse schriftlich niederzulegen. Leider sind diese Quellen nicht überliefert.

Emanuel Ringelblums großes soziales Engagement wurde ihm zur Leitlinie im besetzten Warschau. Er hatte sich bewusst entschieden, zu bleiben und nicht wie zahlreiche andere jüdische Intellektuelle in Richtung Osten zu fliehen. Sein Schwager Artur Eisenbach und viele andere versuchten ihn zu überreden, Warschau zu verlassen. Er sah sich jedoch in der Verantwortung und wurde zur wichtigen Persönlichkeit innerhalb der jüdischen Selbsthilfe («Aleynhilf»), so leitete er die Sektion Sozialarbeit der

Jüdischen Sozialen Selbsthilfe (JSS). Seine mannigfachen Kontakte und sein Ansehen konnte er für den Aufbau des Untergrundarchivs nutzen. Die meisten Mitglieder des Archivs waren ebenfalls in der Selbsthilfe tätig, teilweise hatte Ringelblum sie durch seine Arbeit dort kennengelernt und rekrutiert. Dadurch waren sie in stetem Kontakt mit den Armen im Getto, mit der «einfachen» Bevölkerung, die auf Hilfe angewiesen war. Deren Lebenswelt konnten die Mitarbeiter des Untergrundarchivs daher eindrucksvoll und lebensnah dokumentieren.

Das Archiv wählte den Tarnnamen *Oneg Schabbat*, da seine Sitzungen meist samstags stattfanden. Die Aktivisten wollten sämtliche Aspekte der Geschichte der polnischen Juden während des Zweiten Weltkriegs zunächst dokumentieren und dann auch wissenschaftlich erforschen. Sie gingen interdisziplinär vor, ihre Arbeit war von zwei Prinzipien bestimmt, so Ringelblum: «Allseitigkeit» und «Objektivität». Sie waren der Ansicht, dass alle Eindrücke, alles, was sie erlebten, unmittelbar niedergeschrieben werden müsse, nicht erst später aus der Rückschau.[10] Bereits zur offiziellen Gründung in Emanuel Ringelblums Wohnung in der ul. Leszno 18 im November 1940 waren Konzept und Programm des Archivs ausgearbeitet. *Oneg Schabbat* war eine Gemeinschaft von Wissenschaftlern und auch verschiedener sozial und politisch tätiger Aktivisten. Ringelblum war der einzige ausgebildete Historiker, viele Lehrer, Journalisten und Volkswirte waren vertreten. Auffällig ist der große Anteil von Akteuren, die vor dem Krieg mit dem YIVO verbunden waren, doch bemühte sich Ringelblum von Anfang an, den Kreis zu erweitern, das Archiv gesellschaftlich breit zu verankern.

Die beiden zentralen Persönlichkeiten waren neben Ringelblum zwei Flüchtlinge aus Łódź, die als Sekretäre das Wirken des Archivs organisierten, Kontakte zu wichtigen Persönlichkeiten herstellten und die Leitlinien der Arbeit gemeinsam mit Ringelblum diskutierten und festlegten: der Lehrer und Schriftsteller Eliyahu Gutkowski und der Wirtschaftswissenschaftler Hersz Wasser, der ebenfalls Mitglied der *Poale Zion Links* war. Er war später eines der Bindeglieder zwischen dem Archiv und der jüdischen Widerstandsbewegung. Wassers Tagebücher aus der Zeit vom Dezember 1940 bis zum Mai 1942 sind überliefert, sie geben detaillierte Einblicke in das Gettoleben. Und sie weisen darauf hin, wie wichtig die Treffen des *Oneg Schabbat* und die dortigen Gespräche und Planungen für ihn waren, immer wieder vermerkt er samstags, dass sie eine interessante Sitzung am Nachmittag hatten.[11] Wasser leitete die Zentrale Flüchtlingskommission der Jüdischen Sozialen Selbsthilfe. Dadurch bekam das Archiv detaillierte Informationen über die Situation der Flüchtlinge und Zwangsumgesiedelten im Warschauer Getto, vor allem aber auch unzählige Berichte über die Geschichte und die Lage der jüdischen Bevölkerung in ihren jeweiligen Heimatorten. Seine Frau Bluma, eine Lehrerin, unterstützte die Arbeiten des Archivs ebenfalls, indem sie Interviews führte und Abschriften von Dokumenten anfertigte.

Der Jurist Menachem Linder, der in Lemberg studiert hatte und gleichfalls am YIVO aktiv gewesen war, gehörte auch zu den ständigen Archivmitarbeitern. Er hatte vor dem Krieg über die wirtschaftlichen Verhältnisse der Juden in Polen geschrieben und leitete im Getto die Statistische Abteilung der Jüdischen Sozialen Selbsthilfe. Linder erstellte für das Untergrundarchiv statistische Arbeiten über die Gettobevölkerung. Der Rabbiner Szymon Huberband zählte zu den engsten Mitarbeitern Ringelblums. Huberbands Frau und seine Kinder waren bereits in den ersten Kriegstagen bei einem deutschen Bombenangriff in Piotrków ums Leben gekommen, 1940 kam er nach Warschau. Ringelblum kannte den Rabbiner aus der Warschauer Abteilung des YIVO. Über seine Vermittlung fand Huberband eine Stelle in der Selbsthilfe, er wurde Leiter der Abteilung für religiöse Angelegenheiten. Für das Archiv verfasste er umfangreiche Texte über verschiedenste Themen, vor allem aber über Aspekte religiösen Lebens unter deutscher Besatzung.[12]

Einer der Mitarbeiter und Mitbegründer des Archivs, der Ringelblum schon gut von früher kannte, war Abraham Lewin. Der

1893 in Warschau geborene Lehrer entstammte einer chassidischen Familie und arbeitete eine Zeit lang gemeinsam mit Ringelblum am Yehudia, einem privaten Gymnasium für jüdische Mädchen. Dort lernte er auch seine spätere Frau Luba kennen. Zwar waren Ringelblum und er Anhänger unterschiedlicher politischer Richtungen – Lewin gehörte den *Allgemeinen Zionisten* an –, doch hatte ihre Leidenschaft für jüdische Geschichte sie schon vor dem Krieg verbunden. Unter deutscher Besatzung war auch Lewin für die Jüdische Soziale Selbsthilfe tätig, er leitete die Jugendabteilung, verband seine Dokumentationstätigkeit mit sozialem Engagement. Unter den später aufgefundenen Dokumenten des Untergrundarchivs fand sich auch sein zunächst auf Jiddisch, seit Juli 1942 in hebräischer Sprache verfasstes Tagebuch vom März 1942 bis zum 16. Januar 1943. Aus anderen Aufzeichnungen wissen wir, dass Lewin über einen längeren Zeitraum geschrieben hat, diese wertvolle Quelle, die Emanuel Ringelblum für eines der wichtigsten Dokumente des Untergrundarchivs hielt, ist also nicht vollständig überliefert.[13]

Aus dem YIVO kannte Ringelblum auch Shmuel Winter, eines der Gründungsmitglieder des Forschungsinstituts in Wilna, der nun im Getto als Wirtschaftsexperte in der jüdischen Verwaltung, namentlich der Versorgungsabteilung, tätig war, zugleich die IKOR, die jüdische Kulturorganisation, aber auch das Untergrundarchiv in mannigfacher Weise unterstützte: finanziell, mit Lebensmitteln und mit wichtigen Informationen. Später, nach der großen Deportation aus Warschau, wurde seine Hilfe noch wichtiger: Er deckte seit September 1942 überlebende Mitglieder des Archivs und verschaffte ihnen bei Bedarf Zugang zu einem Telefonanschluss, damit sie Kontakte zur «arischen» Seite herstellen konnten. Über diesen Kanal konnten Ringelblum und andere Mitglieder von *Oneg Schabbat* ihre Flucht aus dem Getto organisieren. Winter adoptierte im Getto den späteren israelischen Historiker Israel Gutman, nachdem dieser seine Familie verloren hatte.

Zahlreiche Persönlichkeiten gehörten nicht im engeren Sinne zu den Mitarbeitern, unterstützten das Archiv aber, indem sie ihm ihre Schriften oder andere Dokumente überließen, so etwa der bekannte Pädagoge Janusz Korczak und der Dichter Jizchak Katzenelson. Menschen im Getto halfen dem Archiv, da sie sich dessen Bestreben, ihre Geschichte unter deutscher Besatzung zu dokumentieren, ihre Sicht der Dinge zu überliefern, zu eigen machten. Menschen aus verschiedensten Schichten fanden sich hier zusammen, manche verfassten selbst Texte, andere sammelten, wieder andere schrieben Dokumente ab. Viele der späteren Untergrundkämpfer betätigten sich als Informanten. Daneben gab es Förderer, die die Arbeiten finanziell oder durch sonstige Erleichterungen unterstützten.

Das gesamte Spektrum der Aktivitäten kannte nur ein begrenzter Kreis, der sogenannte Exekutivausschuss des Archivs. Ihm gehörten über einen längeren Zeitraum hinweg neben Ringelblum etwa Wasser, Gutkowski, Winter, Lewin, der Ingenieur Alexander Landau, der im Getto weiterhin seinen Zimmereibetrieb leitete, Yitzhak Giterman vom Joint sowie Menachem Mendel Kon, der Schatzmeister und wichtigste Sammler von Spenden für das Archiv, an. Die übrigen Mitarbeiter wussten, dass sie mit niemandem über ihre Arbeit sprechen sollten, dass das gemeinsame Projekt gefährdet war, wenn es entdeckt würde. Daher zog das Archiv auch manche potenziell wichtigen Autoren mit Verbindungen zur jüdischen Verwaltung gar nicht erst in Erwägung, eben weil sie diese Kontakte hatten. Und viele der Mitarbeiter wussten vermutlich nichts voneinander. Trotz der Vielzahl an Unterstützern und Autoren gelang offenbar das Kunststück, die Aktivität sowohl vor Gestapospitzeln als auch vor den deutschen Besatzern geheim zu halten.

Aufgrund ihres Anspruchs, das Leben der Juden in Polen unter deutscher Besatzung «allseitig» und «objektiv» zu dokumentieren und zu analysieren, sammelten Ringelblum und seine Mitstreiter Dokumente unterschiedlichster Herkunft, sie archivierten in der Tat alles, was mit dem Leben im Getto zu tun hatte: Plakate, Arztrezepte, Einladungen zu kulturellen Veranstaltungen, Zeitungsberichte, Lebensmittelkarten, Passierscheine, Arbeitsbestätigungen,

Rechnungen, religiöse und kulturelle Dokumente sowie solche der Jüdischen Kampforganisation. Einer der Schwerpunkte lag in der Sammlung von Untergrundzeitungen, die im Getto erschienen. Besonders war *Oneg Schabbat* an Dokumenten interessiert, die das Leben Einzelner verdeutlichten: Tagebücher, Berichte und Briefe oder Schulaufsätze von Kindern, in denen diese beschrieben, was es für sie heißt, wenn Krieg ist. Die Mitarbeiter führten Interviews durch, um auch die Probleme und das Leben derjenigen zu dokumentieren, die nicht selber schrieben. Sie richteten Schreibwettbewerbe zu verschiedenen Themen mit Geldpreisen als Anreiz aus, um noch mehr Texte von noch mehr Menschen im Getto zu bekommen. Auch übergaben viele Schriftsteller dem Untergrundarchiv ihre Werke, andere Menschen vertrauten der Gruppe Familienfotografien oder ihre Tagebücher an. Flüchtlinge aus anderen Städten verfassten Arbeiten über das Schicksal der jüdischen Bevölkerung in diesen Orten. Überdies sammelten die Chronisten Berichte über verschiedene Arbeitslager.

Zugang zu Dokumenten aus anderen Orten hatte die Gruppe auch durch die engen personellen Verbindungen zu der im besetzten Polen tätigen Hilfsorganisation Joint und vor allem der Jüdischen Sozialen Selbsthilfe (JSS). *Oneg Schabbat* war außerordentlich gut vernetzt, die Mitarbeiter hatten Kontakte zu nahezu allen Schichten, zu verschiedenen Institutionen. Zum Judenrat mit seinen Institutionen bestanden hingegen kaum Kontakte. Die Mitglieder von *Oneg Schabbat* fürchteten die Entdeckung durch die Gestapo, falls ihr Wirken in offiziellen Kreisen bekannt würde, außerdem waren sie große Kritiker des Judenrates. Dies ging einher mit der Mitarbeit der meisten von ihnen in der Selbsthilfe, die sich in Warschau als eine Alternativhilfsorganisation, als Gegenpart zum Judenrat, gewissermaßen als moralische jüdische Instanz verstand. In einer Art Parallelgesellschaft waren viele Kritiker der offiziellen jüdischen Verwaltung hier sozial tätig und bemühten sich um Autonomie. Und gerade Emanuel Ringelblum selbst entwickelte sich im Laufe der Zeit zu einem immer größeren Kritiker des Judenrats.

Aus diesen Gründen gelangten nur unter der Hand Materialien des Judenrats in den Bestand des Archivs. Die Schriftstellerin Gustawa Jarecka und Marcel Reich-Ranicki arbeiteten gemeinsam in den Büros der jüdischen Verwaltung und sie waren es, die, nachdem Ringelblum sie darum gebeten hatte, Kopien von Dokumenten des Judenrats in das Archiv gaben. Viele Jahre später beschreibt der Literaturkritiker Reich-Ranicki die Begegnung mit Ringelblum: «Eines Tages geschah es, daß ein Mann, der mir als eine der stärksten Persönlichkeiten des Gettos in Erinnerung geblieben ist, in mein Büro kam und mich um ein kurzes Gespräch bat. Er fragte mich, ob ich bereit sei, ihm zu helfen. Ich hatte über ihn, den Historiker Emanuel Ringelblum, und seine konspirativen Aktivitäten nur Vages gehört, daß er aber Vertrauen zu mir hatte und meine Mitarbeit suchte, schmeichelte mir.» Reich-Ranicki beschreibt Ringelblum: «Ein stiller, unermüdlicher Organisator war er, ein kühler Historiker, ein leidenschaftlicher Archivar, ein erstaunlich beherrschter und zielbewußter Mann. Immer hatte er es sehr eilig, unsere wenigen Gespräche waren leise, knapp und ganz sachlich.»[14]

Auf diesem Wege und durch weitere Kontaktpersonen gelangten daher auch Kopien mancher Dokumente des Judenrats an Mitarbeiter des Archivs. Freilich sammelten die Aktivisten nicht nur, sondern sie schrieben auch selbst eindrucksvolle Studien über die Gesellschaft des Gettos, über deren Probleme und die Versuche, sie zu bewältigen.

Oder sie baten andere zu schreiben, etwa die Schriftstellerin Rachel Auerbach, die in Lemberg Psychologie studiert hatte und seit 1930 in Warschau lebte. Eliyahu Gutkowski bat sie, einen Essay über die von ihr geleitete Suppenküche in der ul. Leszno 40 zu schreiben. In diese Suppenküche schickte Ringelblum häufig verarmte Intellektuelle oder freie Mitarbeiter des Archivs, die nach Nennung eines Passwortes eine Suppe ohne Lebensmittelkarte bekamen. Der über einen längeren Zeitraum verfasste Text blieb wegen des Beginns der Deportationen nach Treblinka im Sommer 1942 Fragment; doch gibt er bemerkenswerte Einblicke in die Versuche der Menschen im Getto, den ständigen Hunger zu bekämpfen. Auerbach schreibt ganz dezidiert über die einzelnen Besucher, porträtiert ihre Gewohnheiten und Vorlieben. Sie beschreibt auch ihren Frust, ihr Gefühl der Hilflosigkeit angesichts des Todes ihrer Schützlinge. Letztlich konnten die Suppenküchen den Menschen nur vorübergehend helfen, das wird in den Arbeiten des Untergrundarchivs deutlich. «Wir müssten uns endlich selbst eingestehen», notiert Rachel Auerbach am 2. Februar 1942, «dass wir niemanden vor dem Tod bewahren können; wir haben nicht die Mittel dazu. Wir können es nur hinauszögern, es regulieren, aber nicht verhindern. In meiner ganzen [Zeit] in der Suppenküche ist es mir nicht gelungen, auch nur einen Menschen zu retten – keinen!»[15]

Der Schriftsteller und Journalist Perec Opoczyński arbeitete im Getto als Briefträger, konnte jedoch kaum seine Familie von dem kargen Lohn ernähren. Seine Freunde berichteten, dass er ständig geschwollene Füße vom Hunger hatte. Trotzdem arbeitete er in einem der Hauskomitees, die sich gebildet hatten, um die Bewohner des jeweiligen Blocks zu unterstützen, und verfasste für das Untergrundarchiv eindrucksvolle Reportagen über verschiedene Aspekte des Gettolebens. So widmete er den sogenannten Parówki, den Desinfektionen zur Vorbeugung von Typhus, einen langen Bericht, er schrieb über die Hauskomitees, über Kinder, auch verfasste er eine Geschichte über die Post, in der er seine Erfahrungen als Briefträger, der tagtäglich mit so vielen hungernden und kranken Menschen in den ärmsten Gettovierteln Kontakt hatte, verarbeitete. Durch seine Arbeit konnte er dem Untergrundarchiv neben seinen selbst verfassten Texten später noch auf eine ungeheuer wichtige Weise helfen: Er konnte Postkarten und Briefe der Juden in der Provinz sicherstellen, die vor den Gettoauflösungen und ihrer Deportation in die Vernichtungslager zum letzten Mal an ihre Verwandten im Warschauer Getto schrieben.[16]

Nicht nur schriftliche Quellen fanden Eingang in das Archiv, sondern auch Fotografien und Bilder: Die 1907 geborene Künstlerin Gela Sekstein war seit 1938 mit dem Lehrer Israel Lichtenstein verheiratet, Letzterer war einer von Ringelblums engsten Mitarbeitern. Am 4. November 1940 kam ihre Tochter Margolit zur Welt, keine zwei Wochen bevor das Getto abgeriegelt wurde. Lichtenstein versteckte im Sommer 1942 während der großen Deportation der Warschauer Juden in das Vernichtungslager Treblinka den ersten Teil des Untergrundarchivs. Zu diesem zuerst versteckten großen Teil des Archivs gehören auch 311 Zeichnungen, Aquarelle und Skizzen von Gela Sekstein, die meisten stammen aus der Vorkriegszeit, aus der Besatzungszeit sind 40 Zeichnungen und drei Aquarelle überliefert.[17]

Die Mitarbeiter des Untergrundarchivs arbeiteten hart dafür, die immense Produktivität und thematische Vielfalt zu erreichen, die die Dokumente des Archivs auszeichnen. Es erscheint in der Rückschau nahezu unglaublich, mit welcher Selbstaufopferung sie unter den Bedingungen des Gettos aktiv waren – auch sie hungerten, waren krank, mussten Angst vor deutschem Terror haben. Sie waren in ständiger Gefahr, einerseits durch die Gestapoagenten im Getto, andererseits durch ihren steten Kontakt mit allen Bevölkerungsschichten. So setzten sie sich, etwa wenn sie Flüchtlinge in den Sammelpunkten interviewten, dem Risiko aus, selbst an Fleckfieber zu erkranken. Doch war ihnen ihre gemeinsame Sache so wichtig, dass sie weitermachten, selbst als die Bedingungen immer schlimmer wurden. Ihr kollektives Projekt wurde gar immer wichtiger, als die Situation sich weiter verschlechterte: Als sie begriffen, dass die Nationalsozialisten einen Massenmord im Sinn hatten und sie selbst möglicherweise nicht überleben würden, bekam ihre Dokumentationstätigkeit existenziellen Charakter. Zudem war vermutlich der geistige Halt, den die Gemeinschaft und die Aufgabe den Mitarbeitern in dieser so sinnlosen Welt des Gettos gaben, von zentraler Wichtigkeit und damit mehr als eine Entschädigung für zusätzliche Arbeit oder Gefahren.

Doch noch bevor der systematische Massenmord in den Todesfabriken begann, ging der unermüdliche Emanuel Ringelblum in der zweiten Jahreshälfte 1941 an die Ausarbeitung des Konzepts für ein neues großes Projekt, das Anfang 1942 begonnen wurde: eine wissenschaftliche Arbeit über «Zweieinhalb Jahre Krieg». Die Dokumentaristen begannen mit der Darstellung einer Geschichte, die im Moment des Schreibens noch andauerte. Der enge Kreis des Archivs erarbeitete in stundenlangen Sitzungen mit endlosen Diskussionen umfassende Richtlinien für das große Werk, das eine Gesamtdarstellung der polnischen Judenheit während des Krieges im Umfang von etwa 1600 Seiten werden sollte. Allein zum Warschauer Getto nannte die Gliederung 81 Unterpunkte. Das gut durchdachte Projekt wurde ein Wettlauf gegen die Zeit, denn während sie begannen, daran zu arbeiten, setzten die Deutschen etwas ganz anderes in die Tat um – den Massenmord an den polnischen Juden.

Nach den Deportationen fehlte für viele der Themen der Gegenstand: Es konnte nicht mehr über Leben und Leiden der Kinder in den Gettos geforscht werden, da es nur noch wenige gab, ebenso wenig machte es noch Sinn, die Rolle von Frauen in der Gettogesellschaft zu analysieren, da diese Gesellschaft kaum mehr so existierte wie noch kurz zuvor, sie hatte sich radikal verändert. Auch wurde Cecilia Slepak, die Ringelblum zuvor gebeten hatte, über die jüdische Frau im Krieg zu forschen und zu schreiben, ebenfalls im Sommer 1942 nach Treblinka deportiert, genau wie viele andere, die bis dahin an der Arbeit des Archivs beteiligt gewesen waren. Doch zeigen diese Themen, wie modern die Mitarbeiter des Archivs dachten, hier sollte eine Sozial- und Alltagsgeschichte geschrieben werden. Viele Themen, denen sich Forscher erst in den letzten Jahren zuwandten, auch viele schwierige Komplexe wie Fragen der Kollaboration, der Korruption, des Verrats, der Erpressung und der polnisch-jüdischen Beziehungen, waren hier bereits angedacht. Und die begonnenen Texte werden im Laufe dieser Darstellung noch eine große Rolle spielen, kann eine Geschichte des Alltagslebens im Warschauer Getto, der Handlungsoptionen und -weisen der darin Eingeschlossenen doch nicht ohne diese Dokumente geschrieben werden.

3. Arbeit

Vor der Einrichtung des Gettos arbeiteten Juden in Betrieben, Werkstätten und bei deutschen Dienststellen im gesamten Stadtgebiet. Dies war ab Mitte November 1940 erheblich erschwert. Die überwiegende Mehrheit der Gettobewohner war arbeitslos. Die deutsche Politik setzte zunächst verstärkt auf eine Ausplünderung statt auf konstruktive Schaffung von Arbeits- und Produktionsmöglichkeiten. Die Beschäftigung von Juden außerhalb des Gettos nahm dementsprechend ab; arbeiteten im Dezember 1940 noch etwa 4100 Menschen im anderen Teil der Stadt, waren es im Januar 1941 nur noch 3000. Ein großes Hindernis war es, die notwendigen Passierscheine zu bekommen, überdies waren die Besatzer nicht in der Lage, mehr Menschen auf dem Weg zur Arbeit zu bewachen. Wegen eines Anstiegs ansteckender Krankheiten reduzierten sie die Zahl der Arbeitskräfte erheblich und ordneten eine Desinfektion vor Verlassen des Gettos an. So arbeiteten im Mai 1941 nur noch rund 2000, im Juni noch weniger Menschen außerhalb.

Im Getto fehlte es durch den restriktiven Kurs der Transferstelle vor allem an Produktionsmitteln und Handelspartnern. Dennoch bearbeiteten die Betriebe in kleinerem Ausmaß Wehrmachtsaufträge, etwa für die Ausstattung der Soldatenunterkünfte. Neben offizieller Produktion entwickelte sich eine umfangreiche Schattenwirtschaft, die in hohem Maße auf das Recycling von allen nur denkbaren Materialien angewiesen war. Viele kleine illegale Werkstätten stellten Lederwaren, Milchkannen, Spielzeug, Knöpfe, Schuhe und vieles mehr her. Vor allem die Bürstenherstellung und die Textilwirtschaft entwickelten sich im Laufe der Zeit zu einem wichtigen Wirtschaftszweig. Da selbst im «arischen» Teil der Stadt viele Rohstoffe Mangelware waren, mussten die jüdischen Handwerker und Produzenten dies durch Erfindungsreichtum ausgleichen.

Der Warenein- und ausgang konnte, zumindest theoretisch, nur über die Transferstelle abgewickelt werden. Die Waren und Rohstoffe wurden zum Umschlagplatz an der ul. Stawki geliefert, wo die Dokumente geprüft wurden. Um den direkten Kontakt zwischen Juden und Polen zu vermeiden, lieferten diese die Güter an einer Seite eines dortigen Gebäudes an und jene konnten sie auf der anderen Seite nach der Überprüfung in Empfang nehmen. So hofften die Besatzer, den Schmuggel über den Warenaustausch verhindern zu können. Das System hatte allerdings Lücken, denn «arische» Unternehmen, die es nach wie vor im Getto gab, konnten ihren Warenverkehr ohne Kontrolle am Umschlagplatz abwickeln. Von diesen anfangs 2000 Firmen konnten nur die kleinen und mittleren Betriebe sukzessive aus dem Gettogebiet verlagert werden, 33 große und 85 kleinere blieben dort bestehen und beschäftigten weiter Polen und Juden. Wehrmachtsaufträge liefen ebenfalls ohne Kontrolle am Umschlagplatz ab.

Das Getto verfügte über einen wichtigen Wettbewerbsvorteil vor polnischen Betrieben. Die Bezahlung der Aufträge war oft so niedrig, dass sie für Letztere kaum lohnenswert waren. Für Juden war die Arbeit dennoch attraktiv, verhalf sie ihnen doch zu einer lebenswichtigen Arbeitskarte und damit zu dringend notwendigen zusätzlichen Rationen oder einer warmen Suppe in den Betrieben. So konnten jüdische Unternehmer Aufträge akquirieren und zahlreichen Juden gegen geringe Bezahlung Arbeit bieten. Manch einer verkaufte dann einen Teil der gelieferten Rohstoffe auf dem Schwarzmarkt und nutzte die beträchtlichen Erlöse dafür, neue Aufträge zu gewinnen.

Noch unter Palfinger leitete die Transferstelle eine erste Kurskorrektur ein und befahl Czerniaków, Produktionsstätten im Getto zu errichten. Der Judenrat rief eine Abteilung für Handel und Industrie ins Leben, die unter anderem Produktions- und Handelslizenzen erteilte. Unter Abraham Wolfowicz richtete er zudem einen Verband der Jüdischen Handwerker und in der zweiten Februarhälfte eine Produktionsabteilung ein, die für die größeren Produktionsstätten zuständig sein sollte. Palfingers

Strategie, die er im Januar 1941 der Regierung des Generalgouvernements vorstellte, sah vor, dass jüdische Fachleute im Getto deutsche Aufträge bearbeiten und ungelernte Arbeitskräfte außerhalb des Gettos beim Straßenbau, Flussregulierungen und Meliorationsarbeiten sowie bei der Wehrmacht und Produktionsstätten eingesetzt werden sollten.

Innerhalb der Transferstelle richtete Palfinger eine Abteilung Arbeitseinsatz ein, die das Bindeglied zwischen dem Arbeitsamt und dem Arbeitsbataillon beziehungsweise der im März 1941 gebildeten Arbeitsabteilung beim Judenrat wurde. Alle männlichen Juden zwischen 14 und 60 Jahren mussten sich erneut registrieren. Der Wechsel an der Spitze der Transferstelle im Mai und die Einsetzung von Heinz Auerswald als Gettokommissar zogen eine Forcierung dieses Kurses und eine gewisse Liberalisierung der Wirtschaftspolitik nach sich. Überdies strebte vor allem Bischof eine erhebliche Steigerung der Produktion im Getto selbst an. Da die Besatzer immer mehr Polen zur Zwangsarbeit nach Deutschland deportierten, deren Arbeitskraft nun fehlte, gewann auch die Beschäftigung von Juden bei Privatfirmen außerhalb des Gettos wieder an Bedeutung. Im August 1941 arbeiteten 5000 Menschen jenseits der Mauern, so viele wie nie zuvor. Mit gewissen Schwankungen stieg die Zahl bis unmittelbar vor den Deportationen nach Treblinka im Juli 1942 auf etwa 6000 Personen an. Die meisten von ihnen, rund ein Viertel, arbeiteten bei der Eisenbahn, fast genauso viele bei deutschen Privatfirmen, gut ein Fünftel bei SS und Polizei, 13 beziehungsweise zwölf Prozent für die Behörde des Gettokommissars und für die Wehrmacht, die übrigen neun Prozent bei der Zivilverwaltung, der Stadtreinigung und ähnlichen Einrichtungen.

Auch die Bezahlung dieser Arbeitskräfte lief über die Transferstelle. Bei der Abwicklung der Entlohnung zog sie zu Lasten der Menschen zehn, ab Mai 1941 nur noch zwei Prozent für sich ab, auch lief die Auszahlung häufig verzögert. Die Verärgerung und der Unmut der Arbeiter darüber entluden sich – wieder einmal – dem Judenrat gegenüber. Trotz dieser und anderer Schwierigkeiten meldeten sich die Arbeitskräfte relativ freiwillig, ein direkter Zwang bestand nicht, es waren die katastrophalen Lebensverhältnisse im Getto, die den Druck, jedwede Arbeit anzunehmen, aufbauten. Eine Beschäftigung im «arischen» Stadtteil hatte zudem den Vorteil, dass unter Umständen Kontakte zu Bekannten möglich wurden, Briefe und Informationen ausgetauscht werden sowie in manchen Fällen auch Fluchten vorbereitet werden konnten. Nicht zuletzt deswegen war die Arbeit außerhalb des Gettos der SS und Polizei ein Dorn im Auge. Sie bemühte sich ab Anfang 1942 verstärkt darum, sie einzuschränken. In Verhandlungen mit Auerswald Ende Februar erreichte sie, dass die Juden an etlichen Arbeitsstätten in Lagern kaserniert wurden; manche kamen am Wochenende ins Getto zurück, andere gar nicht mehr.

Nach dem Kurswechsel in der deutschen Gettopolitik im Frühjahr 1941 gewann die Produktion innerhalb des «Jüdischen Wohnbezirks» eine neue Dynamik. Die Shops, Betriebe meist unter deutscher Führung, in denen jüdische Arbeitskräfte Waren für die Kriegswirtschaft herstellten, dominierten bald die Produktion im Getto. Den ersten Betrieb dieser Art gründete der Danziger Bernard Hallman; im September folgten, ebenfalls aus Danzig, der Kaufmann Fritz Schultz, für den rund 1000 Personen in zwei Schichten Wintersachen für die Wehrmacht herstellten, sowie später der Bremer Walther Többens. Sie machten mit ihren billigen jüdischen Arbeitskräften ein einträgliches Geschäft und expandierten im Laufe der Zeit. An der ul. Prosta stellten zum Beispiel etwa 80 Personen, vornehmlich Frauen, Kleider in Többens' Betrieb her; 36 arbeiteten an den Maschinen, 40 machten Abschlussarbeiten per Hand, die Übrigen beaufsichtigten die Arbeit. Die Handarbeiterinnen erhielten nur 40 Groschen für ein Kleid. Diese Bezahlung reichte zwar meist nicht aus, den Lebensunterhalt zu finanzieren, doch vielen Arbeiterinnen ging es in erster Linie um den Schutz vor der Verschleppung in die gefürchteten Arbeitslager. Zudem erhielten sie Essen im Shop, allerdings verkaufte Többens einen Teil der für seine Arbeitskräfte bestimmten Lebensmittel mit großem Gewinn auf dem Schwarzmarkt und

Arbeiter in einer Werkstatt im Getto

wandte sich wegen der Verpflegung seiner Leute dann an den Judenrat. Die Verpflegung war mitunter so schlecht, dass es zu Protesten und Streiks kam. Viele Menschen verbanden mit der wachsenden Bedeutung der Produktion im Getto die Hoffnung auf eine allgemeine Besserung der Lage.

Nur mit Zwang und nackter Gewalt aber ließen sich Menschen für die Arbeitslager gewinnen, da die fatalen und oft auch tödlichen Folgen der Lagerzeit weithin bekannt waren. Im Frühjahr 1941 kam das Thema wieder auf die Tagesordnung, als vom Judenrat 50 000 Arbeitskräfte für Meliorationsarbeiten gefordert wurden, andernfalls drohte die Unterbrechung der Versorgung des Gettos. 15 neue Lager waren bis Mai 1941 im Distrikt Warschau geschaffen worden. Für den kärglichen Lohn von täglich nur 3,20 Złoty, von denen noch die Ausgaben für Lebensmittel abgezogen wurden, schufteten die Arbeiter unter katastrophalen

Bedingungen, sie standen bei den Flussregulierungs- oder Trockenlegungsarbeiten in Sümpfen oft stundenlang tief in Wasser und Morast.

Da sich keine Freiwilligen mehr meldeten, führten die deutsche und die polnische Polizei regelmäßig Straßenrazzien durch. Als besonders schrecklich blieb vielen Gettobewohnern eine solche Razzia vom 19. bis zum 21. April 1941 in Erinnerung, zumal nun auch der Jüdische Ordnungsdienst daran beteiligt war. Ausführlich berichtet Emanuel Ringelblum in seinem Tagebuch darüber: Der Judenrat musste 1500 Menschen für die Arbeitslager stellen, aber nur 50 erschienen. Anschließend holte der Ordnungsdienst gemeinsam mit der polnischen Polizei weitere 130 der aufgeforderten Personen aus ihren Wohnungen, alle Übrigen übernachteten woanders. Das lag, so Ringelblum, an der abschreckenden Wirkung des miserablen Gesundheitszustands der Rückkehrer in der Vergangenheit und daran, dass die Gemeinde zu wenig für die daheimgebliebenen Familienmitglieder und für die Lagerinsassen unternommen habe. Überdies traf es immer nur die Armen, da die Wohlhabenderen sich mit schützenden Posten versorgten oder sich freikauften. Daher war es kein Wunder, dass die Armen aufbegehrten und sich nun verweigerten.

In der ersten Nacht der Razzia nutzten, so Ringelblum weiter, polnische und jüdische Polizisten die Situation schamlos aus, um sich durch Freikäufe am Unglück der Menschen zu bereichern; vor allem Ältere und Kranke oder Kinderreiche wurden so geschröpft. An den darauffolgenden Tagen war das Leben im Getto regelrecht paralysiert, Häuserblocks wurden umstellt und vor allem junge Leute gesucht. Die Menschen verbargen sich in Kellern, auf Dachböden, in Verstecken oder sogar auf den Dächern; manche flohen gar auf die «arische» Seite. Den Vertretern des Judenrats schlug blanker Hass entgegen. Schließlich schaltete sich die deutsche Verwaltung ein und drohte damit, die Versorgung des Gettos zu unterbrechen. In den Hauskomitees entbrannten Diskussionen. Rechtsanwalt Leon Berenson rief dazu auf, dass sich 50 exponierte Personen freiwillig melden sollten, um ein Zeichen zu setzen. Die Situation spitzte sich schließlich so zu, dass einige OD-Männer beim Judenrat vorsprachen und sich weigerten, zu einer derart schmutzigen Arbeit herangezogen zu werden; andere erklärten, sich selbst zu melden, solange sie nur nicht gezwungen würden, weiter an der Menschenjagd teilnehmen zu müssen.[18]

Ein Schock war vor allem die Gewalt, die auch OD-Männer mit ihren Schlagstöcken anwandten. Ringelblum warf dem Judenrat vor, dass seine Maßnahmen keiner Diskussion unterlägen. Auf den Versammlungen der Hauskomitees hätten die Vertreter der jüdischen Verwaltung zu den Menschen gesprochen, aber jede Aussprache strikt unterbunden. Über Czerniaków schreibt Ringelblum: «Jedes seiner Worte ist ein Befehl.»[19] Die Verbitterung Ringelblums über die jüdische Verwaltung und Czerniaków an der Spitze äußerte sich unter dem frischen Eindruck der schrecklichen Ereignisse im April. Czerniaków, der gerade zwei Wochen zuvor mehrere Tage inhaftiert gewesen war, konnte die berechtigten Erwartungen der jüdischen Bevölkerung kaum erfüllen. Wieder und wieder brachte er die Situation in den Arbeitslagern zur Sprache, sowohl beim Arbeitsamt als auch bei der Sicherheitspolizei und Zivilverwaltung. Er fand aber kaum Gehör, im Gegenteil: «Die Nachrichten aus dem Arbeitsamt sind tragisch», schreibt er der Verzweiflung nahe in sein Tagebuch. «Wie man hört, glauben die höheren Stellen unseren Darstellungen nicht und behaupten, das Arbeitsamt werde irregeführt. Durch anhaltende Regenfälle verschlechtert sich die schwierige Situation in den Lagern weiter. Heute hat es geschneit. Man kann sich die Arbeit im Wasser vorstellen.»[20]

Ein unbekannter Verfasser, der eines Nachts von der polnischen Polizei aus der Wohnung geholt und in Güterwaggons in ein Arbeitslager verschleppt wurde, berichtet dem Untergrundarchiv im Juni 1941 von den Lebens- und Arbeitsbedingungen: In den Baracken waren die Arbeiter der Kälte schutzlos ausgesetzt. Morgens um fünf Uhr wurden sie mit Stockhieben geweckt, bekamen etwas Brot und mussten dann fünf Kilometer zur Arbeit marschieren. Nach den harten Kanalarbeiten bekamen sie im Lager nur eine wässrige Suppe und mussten in ihrer nassen Kleidung schlafen. Geplagt von der Kälte und den vielen Läusen, war an erholsamen Schlaf gar nicht zu denken. Vor allem plagte sie der Hunger: «Und wieder der Hunger. Beim Aufstehen und Schlafengehen, während der Arbeit und nach der Arbeit, vor dem Essen und danach. Ein ständiger Begleiter, nagend – ein Killer!»[21] Es dauerte nicht lange und viele waren arbeitsunfähig.

Wahrscheinlich ähnliche Lagebeschreibungen erreichten Czerniaków weiterhin im Mai 1941. Es gab jedoch auch Anzeichen für eine Verbesserung der Lage. Ein neuer Referent für die Lager bei der Sicherheitspolizei schien, wie Czerniaków schreibt, nach einem Lagerbesuch etwas an den Zuständen ändern zu wollen.[22] Auch der neue Kommissar für das Getto richtete unmittelbar nach Amtsantritt sein Augenmerk auf die Lager und inspizierte mehrere von ihnen. Die Lager erwiesen sich bald als ineffektiv und viele der schlimmsten wurden, wie Czerniaków Anfang Juni 1941 erleichtert in sein Tagebuch schreibt, aufgelöst, die Arbeiter allerdings zum Teil in andere Lager überstellt.[23] Danach wurde es, folgt man Czerniakóws Aufzeichnungen, relativ ruhig um die Arbeitslager.

4. Leben und Sterben

Für die allermeisten Warschauer Juden stellten nicht die Lager ihre neue Lebenswelt dar, sondern das ummauerte Getto. Janina Bauman, damals 14 Jahre alt, berichtet über ihre Gefühle, als sie gemeinsam mit ihrer Familie in die neue Unterkunft innerhalb der Grenzen umgezogen war: «Die Wohnung war klein, aber nicht übel. Ich war aufgeregt, als ich sie zum erstenmal betrat. Ein neues Leben lag vor mir, etwas bisher Unbekanntes, vielleicht Schlimmes. Aber vielleicht wurde es auch nicht so schlimm, sondern einfach nur anders, also spannend.»[24] Es wurde anders, vor allem aber wurde es schlimm. Viele Juden, die außerhalb des

Gettogebiets gewohnt hatten, waren bis zuletzt in ihren Wohnungen geblieben in der Hoffnung, durch Bestechung eine Genehmigung zum Bleiben zu erhalten. So vollzog sich der Umzug vieler Menschen im allerletzten Moment, überstürzt mussten sie ihre Wohnungen mitsamt der Einrichtung zurücklassen, kamen nur mit einigen wenigen Habseligkeiten ins Getto. Aus den Tagen des Umzugs und der ersten Zeit ist in Tagebüchern und Berichten von einer ungeheuren Anspannung die Rede. Unsicherheit machte sich breit. Mary Berg beschreibt Ende November 1940 in ihrem Tagebuch, dass in den Wohnungen und Hinterhöfen, «wohin auch immer die Ohren der Gestapo nicht reichen», die Menschen nervös über die wahren Ziele der Gettoisierung diskutierten und darüber, was diese Isolierung nun für sie bedeutete.[25]

Kurz nach der Errichtung des Gettos, am 8. Dezember 1940, berichtet Hersz Wasser in seinem Tagebuch, dass die Straßen voller auf dem Boden liegender Kinder und alter Menschen seien.[26] Und dies war nur der Anfang. Die Bedingungen verschlechterten sich zusehends. Im Januar 1941 waren etwa 400 000 Menschen hier eingepfercht, in den nächsten vier Monaten stieg die Zahl durch Zwangsumsiedlungen aus anderen Orten des Distrikts Warschau noch auf etwa 450 000. Sieben bis acht Personen mussten sich durchschnittlich ein Zimmer teilen, doch waren die Unterkünfte sehr unterschiedlich und die Belegung sehr ungleich, da manche Häuser vollständig verwüstet waren. Gerade in der ersten Zeit nach dem Zwangsumzug kam es vor, dass Menschen in die Wohnungen völlig Fremder gingen, um dort in ihrer Kleidung in einer Ecke zu schlafen, da es ihnen noch nicht gelungen war, eine Bleibe zu finden. So herrschte in manchen Wohnungen eine unbeschreibliche Enge, diese Bedingungen bewirkten zusammen mit der schlechten Versorgung eine rasche Ausbreitung von Krankheiten. Und nicht nur in den Wohnungen war es drangvoll eng, auch die Straßen waren heillos überfüllt, ständig stießen die umherlaufenden Menschen zusammen. Das beklemmende Gefühl, das diese Enge und Überfüllung hervorriefen, wurde noch dadurch verstärkt, dass es praktisch keine Grünflächen gab. Einige vereinzelte Bäume standen noch im Getto, doch lagen sämtliche Parks und Gärten außerhalb des «Jüdischen Wohnbezirks». Kleine Kinder wuchsen hier auf und wussten nicht, was Wiesen und Wälder sind.

Und dann die Mauer – es gab kaum ein Entkommen aus diesem dreckigen und überfüllten Gebiet: Drei Meter hoch und oben noch durch Stacheldraht zusätzlich gesichert, riegelte das vom Judenrat zwangsweise finanzierte Bollwerk den «Jüdischen Wohnbezirk» nach außen hin ab. Nicht nur die Mauer und die Bewachung schüchterten ein: Seit Oktober 1941 drohte Juden, die ohne gültigen Passierschein auf der «arischen» Seite Warschaus erwischt wurden, der Tod.[27] Manche Straßen führten nirgends hin, sie endeten mit der Mauer, mitten auf der Fahrbahn war der Weg versperrt, standen die Menschen vor dem Bauwerk, das ihnen unmissverständlich klarmachte, dass es hier nicht weiterging, egal, wie oft sie früher genau diesen Weg gegangen sein mochten.

Der bekannte Pianist Władysław Szpilman beschreibt in seinen Erinnerungen, wie das Bewusstsein der Gettobewohner stets von dem Gedanken eingenommen und bedrückt wurde, dass sie eingeschlossen waren. Das Leben in einer Gefängniszelle, meinte er, wäre psychologisch besser zu verkraften gewesen, da das Verhältnis der Menschen zur Wirklichkeit damit klarer definiert gewesen wäre. Zugleich aber wirkte das Eingeschlossensein mitunter so irreal, dass er mit Freunden in einem Café saß und jemand völlig in Gedanken den Vorschlag machte, man könne doch bald, wenn das Wetter es erlaube, wieder einmal einen Ausflug in den nahe gelegenen Kurort Otwock machen. Die Armbinde, mit der alle Gettobewohner sich kennzeichnen mussten, war für Szpilman bald so sehr Teil der Realität geworden, dass er «arische» Bekannte in der Straßenbahn auch mit Armbinde zu sehen meinte.[28]

Manche Menschen empfanden die Abriegelung offenbar auch als eine Art Befreiung, musste man nun doch nicht mehr ständig fürchten, auf der Straße Deutschen in die Arme zu laufen, die sie willkürlich zur Arbeit wegschicken konnten. Alle merkten jedoch nur allzu schnell, dass das Getto keineswegs ein sicherer Ort war, dass, im Gegenteil, ihr Leben stets gefährdet blieb. In zahlreichen Aufzeichnungen ist wieder und wieder die Gewalt verzeichnet, die von den innerhalb des Gettos oder an den Toren agierenden Deutschen jederzeit ausgehen konnte.

Mit der Gesundheit der Menschen ging es rapide bergab und die Todesraten stiegen durch Hunger und Krankheiten dramatisch an: Im Januar 1941 starben 898 Menschen, im Mai waren es bereits 3821 und im Juli 5550. Im ersten Gettojahr, 1941, starben über 43 000 Menschen, das sind mehr als zehn Prozent der Bevölkerung. Der Historiker Israel Gutman, selbst ein Überlebender des Gettos, hat bemerkt, dass dessen Insassen bei dieser Sterberate innerhalb von zehn Jahren hätten ausgelöscht werden können, ganz ohne Vernichtungslager. Die Bezeichnung «indirekte Vernichtung» für diese Phase vor dem organisierten Massenmord sei wohl nirgendwo so angemessen wie im Fall der ehemaligen polnischen Hauptstadt.[29]

Die offiziellen Lebensmittelzuteilungen waren derart niedrig, dass die meisten nie genug zu essen hatten. Die offizielle Ration für einen Monat reichte häufig nur wenige Tage aus. Mitte Dezember 1940 hält Mary Berg fest, dass sie täglich 125 Gramm Brot, ein Ei im Monat und ein Kilo Marmelade bekommen. Sie schreibt: «Den Geschmack von frischem Obst haben wir schon vergessen.» In der Folge notiert sie immer wieder, wie viele andere auch, dass die Situation noch schlimmer werde, dass sie den Mangel an Lebensmitteln dramatisch spürten. Manche ihrer Mitschüler kamen in den Unterricht, ohne etwas gegessen zu haben, für diese organisierten sie eine Brotsammlung.[30]

Die im Dezember 1940 ins Leben gerufene Versorgungsanstalt des Judenrats organisierte die Verteilung der Nahrungsmittel, die sie von der Transferstelle erhielt. Im September 1941 wurde sie vom Judenrat unabhängig. Wenn auch ihr Leiter, Abraham Gepner, eine sehr geschätzte Persönlichkeit war, geriet die Versorgungsanstalt selbst immer wieder in die Kritik, wurde von der hungernden Bevölkerung für ihre Lage verantwortlich gemacht und der Korruption beschuldigt. Doch konnten die Mitarbeiter

Eine Marktszene im Getto im Sommer 1941, aufgenommen von einem deutschen Fotografen.

dieser Abteilung nichts daran ändern, dass sie ein ums andere Mal am Umschlagplatz nicht nur zu wenig, sondern häufig auch bereits verdorbene Lebensmittel oder zumindest solche in einem sehr fragwürdigen Zustand in Empfang nehmen mussten. Immer wieder kam es auch zu Lieferengpässen.

Jeder registrierte Gettobewohner erhielt einmal im Monat gegen Gebühr eine Lebensmittelkarte. Diese musste er in einem der etwa 1000 Verteilungsläden, die zum offiziellen Verkauf von Lebensmitteln befugt waren, registrieren lassen. Nur mit diesen Karten konnten die im Vergleich zum Schwarzmarkt günstigen Rationen erworben werden, dementsprechend kostbar waren sie. Es kam vor, dass hungernde Menschen den Tod ihrer Angehörigen nicht meldeten, um noch eine Weile von der Karte des Verstorbenen mit essen zu können. Auf diese Karten bekam man einen Ein-Kilo-Laib Brot im Januar 1942 für 90 Groschen. Doch reichten die offiziellen Rationen niemals aus, egal, ob es um Brot oder andere Lebensmittel ging. Wer überleben wollte, war auf den Schwarzmarkt angewiesen. Dort kostete der gleiche Laib Brot jedoch im März 1942 durchschnittlich 14 bis 16 Złoty. Hier zahlte man stets auch das Risiko der Schmuggler, die diese Waren unter Lebensgefahr ins Getto brachten, mit. Die Preise waren innerhalb der Mauern durchschnittlich 20 bis 50 Prozent höher als im «arischen» Teil der Stadt. Und sie stiegen kontinuierlich an.[31]

Mehl wurde ins Getto geliefert und die Bäckereien dort buken das Brot, das offiziell auf Karten gekauft werden konnte. Hierbei kam es oft zu Pfuschereien, so dass die Versorgungsanstalt sich immer wieder gezwungen sah, Qualitätskontrollen durchzuführen. Der Mangel an Brennstoffen stellte die Bäckereien zudem häufig vor Probleme. Was ansonsten geliefert und verteilt werden konnte, variierte. So ist dem Bericht des Judenrats über den Monat Januar 1942 zu entnehmen, dass «Brot, Zucker, Salz, Kohlrüben, Marmelade, Kunsthonig, Bonbons, Waschpulver, Feinseife und Holz gegen Lebensmittelkarten verteilt» wurden.[32] Der Vorsitzende schreibt am 23. Oktober 1941 anlässlich einer Besprechung mit deutschen Behördenvertretern und jüdischen Ärzten resigniert in sein Tagebuch: «Warschau ist eine verfluchte Stadt, in der ein Jude [lediglich] für 13 Groschen Lebensmittel [am Tag] bekommt.»[33]

Nicht nur bekamen die Menschen viel zu wenig zu essen, ihre Ernährung war auch derart einseitig, dass es zwangsläufig zu Mangelerscheinungen kommen musste: Keine Fette, kein Fleisch, kaum Gemüse kam in die Kochtöpfe. Mütter konnten ihren Kindern keine Milch geben, kein Obst und auch keine Süßigkeiten. Es gab aus der Not heraus entstandene «Moden». Im Frühjahr 1941 waren etwa «Sztynki» sehr populär; das waren kleine stinkende Fische, die in großen Mengen von Kohn und Heller, die die Konzession dazu bekommen hatten, ins Getto geliefert wurden. Da Pferdefleisch das günstigste Fleisch war, aßen es nun zahlreiche Menschen, die dies vor dem Krieg vermutlich rigoros abgelehnt hätten. Helena Szereszewska griff wie viele andere Frauen ihrem Mann gegenüber zu der Notlüge, dass es Rindfleisch sei, das sie da aßen, während tatsächlich «das ganze Getto Pferdefleisch aß, nur Leute, die sehr reich waren, aßen anderes Fleisch».[34] In der *Gazeta Żydowska* gab es eine Rubrik mit «Ratschlägen für Hausfrauen», in der die unterschiedlichsten Mangelerscheinungen thematisiert wurden, jeweils verbunden mit nützlichen Hinweisen, etwa zum Umgang mit verdorbenen Lebensmitteln oder solchen, die gefroren geliefert wurden.

Doch egal, wie sehr die Menschen sich um Abhilfe bemühten: Der Hunger war dramatisch und es gibt wohl kein zweites Thema, das in den Selbstzeugnissen eine größere Rolle spielt. In einem Text für das Ringelblum-Archiv schreibt der Schriftsteller Lejb Goldin: «Essen, essen ... Jetzt zieht es nicht vom Magen, sondern vom Gaumen, von der Schläfe. Hätte ich doch wenigstens ein halbes Viertel Brot, wenigstens ein Stück Rinde, meinetwegen verbrannt, schwarz, angekohlt. Ich schiebe mich aus dem Bett, eine Kelle Wasser gibt Linderung, dämpft für einen Moment den Hunger. Du gehst zurück ins Bett und fällst hinein. Die Beine versagen den Dienst, sind aufgedunsen. Sie schmerzen.»[35] Die offiziellen Rationen waren zu gering, die meisten konnten sich kaum etwas darüber hinaus leisten. Wer aber Geld hatte, konnte sich nahezu alles kaufen, auch im Getto.

Traurige Szenen spielten sich vor den Läden ab, Mary Berg schildert eine solche: Ein verarmter Mann geht in einen Laden, kramt seine letzten Münzen hervor und nimmt mit glücklichem Gesichtsausdruck ein Stück Brot entgegen. Kaum wieder auf der Straße, reißt er ungeduldig ein Stück ab und isst es. Für einen Moment schaut er zufrieden, kann sich dann nicht beherrschen und binnen kürzester Zeit hat er die gesamte Portion verschlungen. Nun schaut er enttäuscht, sucht in seinen Taschen nach Geld, doch das, was er findet, reicht nicht aus, um noch etwas zu bekommen. Die Frau im Laden zeigt Mitgefühl, kann aber auch nichts anderes tun, als ihm zu sagen, er solle in der nächsten Woche wiederkommen. Doch schaffen die meisten, so Mary Berg düster, es gar nicht, die Woche zu überleben: «Der Hunger wird sie zerstören, und jeden Morgen wird ein anderer Körper eines alten Mannes mit blauem Gesicht und geballter Faust im Schnee gefunden werden.» Sie fragt sich, was die letzten Gedanken dieser Menschen waren und warum sie die Faust so fest geballt haben. Sie stellt sich vor, wie der letzte Blick dieser Sterbenden zum Fenster des Ladens gegenüber ging, wo sie Brot, Käse, vielleicht sogar Kuchen sehen konnten. Alles das, was sie hätte retten können, war so nah und doch unerreichbar.[36]

Im März 1942 vermeldet der Judenrat in seinem Monatsbericht sogar einen Fall von Kannibalismus: «Eine kranke und völlig verhungerte Frau hat nämlich ein Stück rohes Fleisch aus dem Körper ihres verstorbenen Sohnes verzehrt» – die Frau starb wenige Tage später selbst.[37] Andere kämpften um ein würdiges Ende, Adam Czerniaków berichtet im Juni 1941, dass ein Bittsteller bei ihm eine Beihilfe zur Zahlung seiner Monatsmiete erfragt hat: «Er fügt hinzu, er könne vor Hunger sterben, aber er wolle nicht auf der Straße sterben.»[38] Dieses Schicksal traf jedoch zahllose Menschen.

Nachts hörte man häufig das Stöhnen sterbender Menschen in den Gassen. Das Bild des Elends, das sich Tag für Tag auf den Straßen bot, beschreibt Marcel Reich-Ranicki: «Am Straßenrand lagen, vor allem in den Morgenstunden, die mit alten Zeitungen nur dürftig bedeckten Leichen jener, die an Entkräftung oder Hunger gestorben waren und für deren Beerdigung niemand die Kosten tragen wollte.»[39] Von grausamer Gleichförmigkeit war auch die Arbeit der Männer in ihren schwarzen Anzügen, vor denen es vielen grauste, die mit dem Beerdigungswagen die Leichen von den Straßen holten. «Manchmal», so Chaim Kaplan über den täglich wiederkehrenden Anblick, «werden mehrere Leichen, eine über der anderen, in den Sarg gelegt und zusammen beerdigt. Ein Engrosgeschäft! Und im Getto gibt es einen Verrückten, der hinter jedem Sarg herläuft und schreit: ‹Hat der Verstorbene seine Brotmarken zurückgelassen?›»[40] Stanisław Adler berichtet, wie der OD in einem Kellerloch, in dem eine alte Bettlerin wohnte, fünf verweste Leichen fand. Wie sich herausstellt, gab sie erschöpften Menschen auf der Straße vor, ihnen Obdach zu bie-

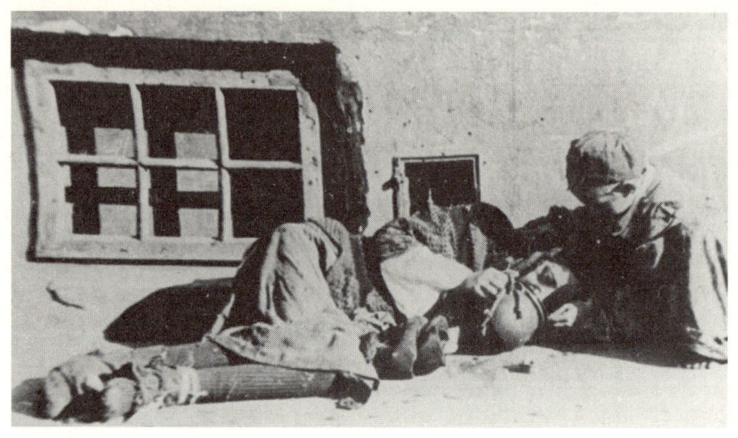

Ein Kind kümmert sich um seine sterbende Mutter. Das Foto gelangte zur polnischen Exilregierung zur Dokumentation der Verbrechen.

ten, waren die halb verhungerten «Gäste» dann gestorben, verkaufte sie deren Kleidung.[41]

Josef Gelbart, der im Oktober 1938 aus Hamburg nach Zbąszyń abgeschoben worden war und von Beginn an im Warschauer Getto gelebt hatte, schreibt am 1. September 1941 an seinen früheren Chef Hans Stockmar: «Die Menschen meiner Umgebung sterben der Reihe nach weg.»[42] Phasenweise konnten die Beerdigungen gar nicht im notwendigen Tempo durchgeführt werden – der Judenrat verzeichnet Anfang 1942 165 Begräbnisse am Tag –,[43] dann lagen die Leichen einfach noch eine ganze Weile vor den Häusern. Ordnungsdienstmänner gingen in der Dämmerung durch die Straßen, bedeckten die Toten mit Papier und meldeten, dass sie abgeholt werden müssten. Władysław Szpilman beschreibt in seinen Erinnerungen, dass er abends auf dem Rückweg vom Café, in dem er musiziert hatte, aufpassen musste, nicht auf Leichen zu treten.[44]

Das Sterben war öffentlich geworden, alltäglich und fast schon normal. Praktisch überall saßen Bettler an Hauswände gelehnt auf dem Boden und baten um ein Stück Brot und «ihr Zustand», erinnert sich Marcel Reich-Ranicki, «ließ vermuten, daß sie sehr bald nicht mehr sitzen, sondern liegen würden – von Zeitungen bedeckt».[45] Ausgemergelte Männer und Frauen standen auf den Bürgersteigen, weinende Kinder hockten in den Ecken und jammerten, oder, wie Sophie Lewiathan es beschreibt, «Kinder weinen in Lumpen gekleidet um ein Stückchen Brot, Frauen fallen auf der Straße um, entkräftet vor Hunger».[46] Es waren zu viele Bettler und zu wenig Gettobewohner hatten überhaupt noch etwas abzugeben. So eilten viele vorbei, ohne überhaupt Notiz von den zerlumpten Gestalten zu nehmen, «weil die Zahl der Bettler unsere Herzen verhärtet hat», wie Chaim Kaplan sich die Abgestumpftheit erklärt.[47] Die Menschen gewöhnten sich gezwungenermaßen an den Anblick des Elends, der Not. Sie hatten kaum eine andere Wahl, wollten sie nicht verrückt werden. Berichte über dieses Abstumpfen, diese Gleichgültigkeit angesichts der Leichen auf den Straßen, der kranken Kinder, Hungernden und Kranken, denen niemand mehr hilft, sind in zahlreichen Selbstzeugnissen zu finden. Ringelblum etwa konstatiert im August 1941 «eine merkwürdige Gleichgültigkeit gegenüber dem Tod» und im Oktober dieses Jahres: «Es gibt kein Mitleid mehr.»[48] Und doch: Ganz gelang es nicht, die Realität auszublenden.

Der Schriftsteller Josef Kirman, dessen Arbeiten aus dem Getto im Untergrundarchiv gesammelt wurden, hat bewegende Texte über das Sterben der Kinder verfasst. Er beschreibt, wie ein todkrankes Kind vor dem Krankenhaus um Einlass bat. Nachdem es schon mehrfach abgewiesen worden war, begann es, sich vor dem Eingang auszuziehen, «auf der Straße, vor den Augen der Gleichgültigen». Ein Arzt ließ es daraufhin hinein. Kirman fragt sich, ob das Kind damit seine Rettung erreicht hat, doch er kommt zu dem Schluss: «Kaum, es hat mit seinem einem Alpdruck gleichenden Spiel nur eines gewonnen: die Gnade eines stillen Todes – nicht auf dem Pflaster, nicht in einer Blutlache von Eiter und Kot, nackt auf schmelzendem Schnee – sondern in einem Bett, unter einer Decke, entlaust.» Und doch wohnt dieser niederschmetternden Beobachtung ein nahezu optimistisches Moment inne: «Die Gnade, in der letzten Stunde seines kurzen Lebens nicht mehr das gejagte, verfolgte, gepeinigte Stück Vieh zu sein, sondern – fast – ein Mensch.»[49]

Manche derjenigen, die keine Arbeit gefunden hatten und nicht mehr wussten, wie sie weiter über die Runden kommen sollten, bettelten nicht, sondern gingen durch die Straßen, hielten nach Menschen Ausschau, die ein Paket mit Lebensmitteln oder ein Stück Brot in den Händen hielten, und versuchten, es ihnen im Vorbeigehen zu entreißen. Gelang dies, rannten sie weg oder aßen das Brot gleich an Ort und Stelle gierig auf, so dass der Bestohlene kaum mehr etwas machen konnte. Manchmal wurden diese Diebe jedoch auch sofort von einer wütenden Menschenmenge umringt, die ihnen das Brot wieder entriss, noch bevor sie es verschlingen konnten. Mitunter kam es zu Raufereien auf den Straßen, alle Beteiligten versuchten, etwas von dem entwendeten Brot zu erwischen und es sich selbst schleunigst in den Mund zu stopfen.

Irgendwann aber hatten unterernährte Menschen einen Punkt erreicht, an dem sie nur noch apathisch und willenlos durch das Getto schlichen, den «Muselmännern» in den Konzentrationslagern gleich. Im Oktober 1941 möchte Halina Szwambaum ihrer Freundin Stefania Liliental in einem Brief ihr alltägliches Leben schildern und sie findet dafür die Worte, dieses sei «nicht nur ein Überlebenskampf, im wahrsten Sinne des Wortes um ‹Leben und Tod›, sondern etwas sehr einzigartiges, einzigartig in seiner Hässlichkeit, in seiner Trostlosigkeit, in einer Art Tragikomödie; es ist eine Maskerade, die man unmöglich auf Leinwand bannen und die kein Schriftsteller sich jemals vorstellen kann».[50]

Im Winter war die Situation durch die Kälte, die viele Gettobewohner eben nicht durch eine funktionierende Heizung lindern konnten, noch ärger. Die offiziellen Zuteilungen an Heizmitteln waren mitunter so gering, dass kaum die öffentlichen Gebäude damit geheizt werden konnten, geschweige denn die Wohnungen. Zu den Hungertoten kamen nun noch diejenigen, die der eisigen Kälte zum Opfer fielen. «Erfrorene Juden sind ein alltäglicher

Anblick geworden», konstatiert Hersz Wasser Ende Januar 1941 lapidar.[51] Josef Gelbart berichtet Hans Stockmar in seinem Brief vom 24. November 1941 von seiner Mutter, die Fieber hat «und zum Skelett abgemagert» sei: «Und so liegt sie weiter in einem kahlen Zimmer, ohne Möbel, bei einem rauchenden Ofen und das Fenster ist gar nicht zu reparieren, denn dicke Eiszapfen liegen immer auf der Fensterbank.»[52]

Auf den Straßen sah man Menschen mit blau gefrorenen Gesichtern, eingehüllt in Decken, umhergehen. In den Wohnungen war es oftmals nur unerheblich wärmer als draußen, so dass es für viele Menschen kaum einen warmen, geschweige denn einen behaglichen Rückzugsort gab. Mütter hielten ihre Kinder eng umschlungen im Arm in der Hoffnung, sich gegenseitig etwas wärmen zu können. Es kam vor, dass eine Mutter ihr bereits erfrorenes Kind liebkoste oder ein Kind seine Mutter, da es dachte, sie wäre nur eingeschlafen – doch war sie längst gestorben. Da die Wohnungen nicht warm wurden, mussten viele Menschen in ihrer Kleidung schlafen, die sie dadurch ständig trugen, dazu hüllten sie sich in Laken und Decken. Infektionen breiteten sich unter diesen Bedingungen nur noch leichter aus.

Ende 1941 mussten die Gettobewohner zudem ihre Pelze abgeben, eine deutsche Anordnung, die nicht auf Warschau beschränkt war, sondern auch die Juden in vielen übrigen Gebieten unter deutscher Herrschaft traf. Viele beschlossen nach Bekanntgabe der Anordnung, ihre Pelzmäntel lieber zu lächerlich günstigen Preisen an Polen zu verkaufen, statt sie abzugeben, andere wiederum versteckten sie, obwohl sie im Falle ihrer Entdeckung die Todesstrafe fürchten mussten. Adam Czerniaków haftete, wie üblich bei derartigen Anordnungen, persönlich für die Durchführung. Am 28. Dezember notiert er in sein Tagebuch: «Die Arbeit in der Gemeinde steht still. Alle sammeln Pelze.»[53] In den folgenden Tagen schreibt er jeweils die Anzahl und Art der abgegebenen Mäntel auf. Viele Menschen hatten, bevor sie sich in die langen Schlangen anstellten, um ihre Kleidung abzugeben, diese noch teilweise zerstört, so hatten viele der Felle Löcher. Die deutschen

Soldaten sollten keine guten Mäntel bekommen, wenn die Juden Warschaus so schrecklich frieren mussten.

Dieser Winter war derart hart, dass die Leitungen und Abflussrohre einfroren und in vielen Häusern die Toiletten nicht mehr benutzt werden konnten. Exkremente wurden mitunter einfach aus den Fenstern auf den Müll im Hinterhof gekippt. Solange die eisige Kälte in diesem Winter 1941/42 anhielt, war dies nicht so problematisch, doch machten sich viele Gettobewohner berechtigte Sorgen darüber, welche Folgen diese hygienischen Bedingungen im Frühling bei den ersten warmen Sonnenstrahlen haben würden. Ohnehin gab es massive Probleme mit der Müllabfuhr und der Judenrat befürchtete Anfang 1942, «dass angesichts des kommenden Frühlings die in den Häusern angesammelten Müllhaufen die Gesundheit der ganzen Bevölkerung gefährden». So sah die jüdische Verwaltung sich in diesem Frühjahr vor der Herausforderung, sowohl Berge von Müll als auch Fäkalien aus den Höfen zu entfernen.[54]

Nicht nur der Hunger und die furchtbare Kälte ließen die Kräfte der Gettobewohner rasant schwinden. Durch die Enge und die unzureichenden hygienischen Bedingungen breiteten sich Krankheiten aus und immer wieder kam es zu Ausbrüchen von Epidemien, denen die geschwächten Menschen trotz des Bemühens der Ärzte nur wenig entgegenzusetzen hatten. Typhus und Fleckfieber grassierten, verschiedene Durchfallerkrankungen rafften die Menschen dahin, im Frühjahr 1942 erkrankten vor allem viele Kinder an Tuberkulose. Egal, wie sehr Ärzte und Pfleger versuchten zu helfen, die Epidemien waren kaum in den Griff zu bekommen und die Todeszahlen stiegen. Breitete sich Fleckfieber aus, waren sämtliche Krankenhausbetten belegt, die Medikamente gingen aus und kaum einer konnte sich Arzneimittel auf dem Schwarzmarkt leisten. Viele Kranke bekamen keine Hilfe oder sie bekamen sie zu spät. Verwandte legten ihre todkranken Angehörigen auf die Eingangsstufen des Krankenhauses, ratlos, was sie sonst tun sollten, und vollkommen überfordert. Mütter, die es nicht mehr ertragen konnten, ihre kranken Kinder ohne medizinische Hilfe leiden zu sehen, entschieden sich häufig zu diesem Schritt in der Hoffnung, dass kein Arzt ein sterbendes Kind einfach vor dem Spital liegen lassen würde. Sophie Lewiathan erinnert sich kurz nach dem Krieg, phasenweise habe fast jedes dritte Haus eine Aufschrift gehabt: «Fleckfieber, Eintritt verboten». Die Menschen seien gestorben «wie Fliegen».[55] Die an Fleckfieber Erkrankten und ihre Familien zögerten oft, die Krankheit zu melden, aus Angst vor den Sanktionen, die dann oft einen ganzen Häuserblock betrafen, und den gefürchteten Desinfektionen.

Um den schon äußerlich nahezu unerträglichen Bedingungen etwas entgegenzusetzen, versuchten viele Gettobewohner, ihre engen und kleinen Wohnungen halbwegs freundlich zu gestalten. Sie überlegten, wie sie die Zimmer am besten so aufteilten, dass alle Bewohner zufrieden waren, sie versuchten, die Tristesse des Gettos vor der Wohnungstür zu lassen. Manche Glücklichen konnten sich auf dem Balkon oder vor dem Haus einen kleinen Garten anlegen und dort versuchen, etwas Gemüse anzupflanzen. Mary Berg berichtet in ihrem Tagebuch davon und schreibt sogar über Blumen, die sie gepflanzt hatten und die ganz herrlich dufteten.[56] Vor allem war es wichtig, die Zimmer sauber zu halten und Ungeziefer zu vertreiben. Auch wenn die Mahlzeiten klein waren, half es, sie schön anzurichten. Viele versuchten, aus den kargen Rationen möglichst viel zu kochen, indem sie etwa Suppe mehr und mehr mit Wasser streckten. Auch fanden die Menschen Wege, bereits verdorbene Lebensmittel sinnvoll zu verwerten. Ende 1941 kamen zum Beispiel große Mengen gefrorener Kartoffeln ins Getto, die zwar nicht mehr gut gekocht werden, jedoch gerieben in der Pfanne gebraten werden konnten. Die Menschen standen Schlange, um eine Ration dieser gefrorenen Kartoffeln zu bekommen.

Doch gelang es den meisten wohl nicht, sich ein ordentliches Zuhause zu schaffen. Im zeitgenössischen Bericht einer unbekannten Frau ist zu lesen, dass viele erschöpfte und unterernährte Menschen begannen, sich und ihre Wohnungen mehr und mehr zu vernachlässigen, und sie stellt die Frage: «Wenn sie sich noch nicht einmal leisten konnten, ihren Kindern ein Stück Brot zu kaufen, wie sollten sie in der Lage sein, für Seife zu bezahlen?»[57] Und dies bezog sich auch auf die eigene Hygiene, viele Häuser verfügten nicht oder nicht immer über Leitungswasser und es wurde für die geschwächten Menschen zur Qual, Wasser aus einem Brunnen herbeizutragen, um sich zu waschen und zu rasieren. Neben Wasser mangelte es schließlich auch noch an Brennmaterialien, um dieses aufzuwärmen.

Bild der Straße

«Keinem Künstler wird es je gelingen, ein umfassendes Bild von den Gettostraßen Warschaus zu malen», stellt Bernard Goldstein in seinen Erinnerungen fest.[58] Diesem Dilemma zum Trotz haben zahlreiche derjenigen, die auf den Straßen des «Jüdischen Wohnbezirks» herumirren mussten, ihre Eindrücke zu beschreiben versucht. Auch Goldstein selbst schildert diese. Die Autoren von *Oneg Schabbat* verfassten ebenfalls Texte, in denen sie die Atmosphäre im Getto, das Gedränge, den Lärm und die Gerüche auf den Straßen, den allgegenwärtigen Tod und Hunger, das Elend und die sozialen Kontraste veranschaulichen wollten. Sie begannen im Rahmen ihres Projekts «Zweieinhalb Jahre Krieg» sogar eine Untersuchung mit dem Titel «Die Straße». Verschiedenste Aspekte sollten hier analysiert werden, die Planung ist überliefert, der vierte von zwölf Punkten umfasste etwa neben anderen Stichworten: «Straßenverkehr. Fußgänger. Schwierigkeit, sich zu Fuß zu bewegen und in Fahrzeugen (Mauern, Brücken, gesperrte Straßen)». Die Skizze schließt: «Die Straße als Gefängnis.»[59] Vier Beiträge steuerte Stanisław Różycki zu diesem Projekt bei. In ihnen wird deutlich, wie sehr ihn, der im Oktober 1941 aus Lemberg nach Warschau zurückgekehrt war, die Anblicke auf der Straße, dieses Warschau, das er nicht mehr wiedererkannte, erschütterten. Różycki war entsetzt, schildert, dass viele Menschen vollkommen ungeniert auf der Straße ihre Notdurft verrichteten, und vermerkt in seiner Reportage «Die Straße»: «Bettler entblößen oft ihre Geschlechtsteile. Sie machen das absichtlich, denn sie wollen alle Teile ihre Körpers herzeigen, die infiziert, verletzt oder angeschwollen sind.»[60]

Das Getto war vor allem eines: voll. Die Beschreibung der Enge und des unglaublichen Gewimmels von Menschen zieht sich gleichsam durch die Quellen. Zwar waren die Straßen, wie geschildert, voller Toter, doch waren sie trotz allem «noch überfüllt mit lebenden Menschen», so Bernard Goldstein.[61] «Immer mehr Menschen liefen in alle Richtungen», so Jan Mawult.[62] Sie versuchten, durch das Gedränge zu gelangen und es dabei zu vermeiden, mit ungewaschenen und verlausten Menschen in Berührung zu kommen. Überall drohte doch schließlich die Gefahr, sich mit einer der epidemischen Krankheiten anzustecken. Janina Bauman schreibt: «Man kann nirgendwo hin, es ist unmöglich, allein zu sein. Die Straßen stöhnen und schreien mit tausend Stimmen, sie stinken nach faulenden Fischen und sterbenden Menschen.»[63]

Noch lauter und enger wurden die Straßen durch die vielen Händler, die lärmend ihr überschaubares Sortiment anboten, das sie in kleinen Boxen vor ihrem Bauch trugen oder auf einen kleinen Verkaufstisch legten. «Man kann ihnen und ihren Waren nicht aus dem Weg gehen», klagt Chaim Kaplan in seinem Tagebuch: «Ihre Schreie sind ohrenbetäubend, und wohin du gehst, folgt dir einer wie ein Schatten.»[64] Sie verkauften Tabak oder Bonbons, die zumeist aus Sirup und Saccharin bestanden und in winzigen Gettofabriken produziert wurden. Postkarten, Bücher, Kleidung – viele Kinder oder andere Gettobewohner standen in den Gassen und boten ihre letzten Habseligkeiten feil, in der Hoffnung, dafür etwas Nahrung kaufen zu können. Alte Frauen boten selbst hergestellte Armbinden mit dem Davidstern an. Diese waren sehr gefragt, da es gefährlich war, einem deutschen Wachmann ohne Kennzeichnung bzw. mit einer heruntergekommenen, zerfransten Armbinde unter die Augen zu kommen. Vor manchen schmutzigen Hauseingängen wurde auf kleinen Öfen

Wasser gekocht und, mit Saccharin gesüßt, für ein paar Groschen zum Verkauf angeboten. Aus nahezu allem kochten oder buken manche etwas und versuchten es zu verkaufen. Der Judenrat versuchte auf deutsche Anweisung den Straßenhandel durch Bußgelder einzuschränken, doch blieben derartige Maßnahmen ohne Resultate, war dies doch die allerletzte Möglichkeit der Händler, sich eine karge Existenz zu sichern.

Nicht nur die Bettler liefen in Lumpen auf den Straßen herum. Viele hatten keine ordentliche Kleidung mehr, sie hatten für etwas Brot alles verkauft. Wer noch Pelzmäntel gehabt hatte, war Ende 1941 gezwungen, diese abzugeben. Häufig sah man Kleider, die notdürftig aus Bettlaken genäht worden waren. Halina Birenbaum erinnert sich an die «verlausten, zerfetzten und schmutzigen Lumpen».[65] Wer noch einigermaßen intakte Stiefel besaß, konnte sich glücklich schätzen; sie galten bereits als Zeichen von Reichtum. Viele andere waren im kalten Winter 1941/42 barfuß unterwegs, Schuhe hatten sie längst keine mehr.

Es gab nicht viele Möglichkeiten, sich im Getto schnell zu bewegen. Moryc Kohn und Zelig Heller, zwei Flüchtlinge aus Łódź, bekamen die Erlaubnis, Pferdewagen als offizielles Verkehrsmittel zu unterhalten. Diese Wagen waren bald ein gewohnter Anblick für die Menschen – nur dass die meisten von ihnen sie zwar ansehen, sich aber nicht leisten konnten, damit zu fahren.

Ein etwas weiter verbreitetes Verkehrsmittel waren Rikschas: Ausgemergelte Menschen fuhren mit einem Fahrrad durch die überfüllten Gassen, ein bis zwei Sitzplätze standen hinter ihnen für die reicheren Menschen, die sich einen solchen Luxus leisten konnten, zur Verfügung. Janina Bauman erinnert sich nach dem Krieg, dass sie einmal mit einem Bekannten unterwegs war, der eine solche Rikscha anhielt und sie zur Mitfahrt einlud. Zwar stieg sie ein, doch fühlte sie sich unwohl: «Ich war nie zuvor in einer Rikscha gefahren und fand es abstoßend, von einem armen Mann auf einem Fahrrad gezogen zu werden. Steif saß ich neben Marian, blickte von den Leuten auf der Straße weg und starb fast vor Scham.»[66]

Der Arzt Mordechai Lensky beschreibt in seinen Erinnerungen an die Kriegsjahre, wie er einmal einen Mann mit vollkommen geschwollenen Beinen untersuchte, der zudem ein schwaches Herz hatte. Er wollte ihm Medikamente verschreiben, empfahl jedoch vor allem und sehr dringend Bettruhe. Nur dadurch könne sich, so sagte er seinem Patienten, dessen geschundener Körper wieder erholen. Der Mann erwiderte jedoch, dass das nicht möglich sei. Er verdiene sein Geld – trotz geschwollener Beine, trotz eines Herzens, das dies eigentlich nicht erlaubte – als Rikschafahrer. Und damit müsse er seine gesamte Familie ernähren, eine Auszeit sei unter diesen Umständen ausgeschlossen.[67]

Viele Menschen waren nach einer Weile körperlich einfach nicht mehr in der Lage, als Rikschafahrer zu arbeiten. So erging es auch Ryszard, dem Bruder von Wanda Lubelska, der versucht hatte, damit etwas für die Familie dazuzuverdienen, doch hatte er, wie die Schülerin einer Freundin am 3. Juli 1941 schreibt, «eine Eiterbeule am Fuß davongetragen».[68] Emanuel Ringelblum beschreibt in seinem Tagebuch, wie ein deutsches Militärauto auf einer überfüllten Straße nicht an einer Rikscha vorbeikam: «Aus dem Auto sprang ein Soldat, erschoss den Juden und verletzte einige andere.»[69]

Nicht nur die Gefahr, sich auf den überfüllten Straßen mit Krankheiten anzustecken, drohte. Es gab auch von Deutschen bewachte Übergänge, die sehr konkrete Bedrohungen mit sich brachten. Das Getto bestand anfangs aus zwei Teilen, dem sogenannten Großen und dem Kleinen Getto. Zunächst waren diese noch durch einige Häuserblöcke miteinander verbunden, nach Grenzänderungen und einer Verkleinerung des Gettos Ende 1941 wurde im Januar 1942 eine Holzbrücke über die ul. Chłodna als Verbindungsweg zwischen den Teilen gebaut. Diese Brücke war immer voll, Menschenmassen trieben sich gegenseitig darüber. Von der Brücke konnte man die gesamte Straße darunter sehen: Mauern auf beiden Seiten des Gehwegs, und zwischen diesen Mauern bewegte sich die «arische» Bevölkerung.

Die beiden Gettoteile waren durch eine Brücke miteinander verbunden. 1942 von einem deutschen Fotografen einer Propagandakompanie aufgenommen.

Auf der Straße selbst gab es einen Übergang, dessen Passieren für die Menschen stets mit Unsicherheit und Furcht verbunden war. Nervös und unruhig stand häufig eine wartende Menge an den Toren. Ließen die deutschen Wachen die Menschen dann durchgehen, geschah es immer wieder, dass sie Einzelne herausgriffen und sie zu ihrer Belustigung für sich tanzen oder Turnübungen verrichten ließen oder sie zwangen, sich in den Schmutz zu legen. Gerade orthodoxe ältere Juden wurden das Opfer derartiger Übergriffe. Immer wieder wurden Juden bei dem Versuch, schnell in der Menge durch den Übergang in den anderen Teil des Gettos zu gelangen, verletzt, nicht selten erschossen deutsche Polizisten hier auch Passanten. Dies kam im Laufe der Zeit immer häufiger vor, in zahlreichen Selbstzeugnissen wird vor allem die Brutalität eines deutschen Wachmannes erwähnt, den die Menschen «Frankenstein» nannten. Ihm bereitete es offensichtlich große Freude, willkürlich Juden zu quälen und zu töten, und die Gettobewohner fürchteten ihn sehr.

Yehuda Feld schrieb für das Untergrundarchiv Texte über die Atmosphäre auf den Straßen. Seine Darstellungen sind überschrieben: «Schreit, ihr Juden, schreit: Szenen von der Straße».[70]

Schmuggel

Das wichtigste, zugleich jedoch gefährlichste Mittel, der ständigen Knappheit an Ressourcen beizukommen, war der Schmuggel zwischen dem Getto und dem «arischen» Warschau, der auf verschiedensten Wegen durchgeführt wurde und von dem es zwei Arten gab: die Versuche Einzelner, kleinere Mengen ins Getto zu bringen, um sich und ihre Familien am Leben zu erhalten, und den organisierten Schmuggel in größerem Maßstab durch Gruppen, die dies hauptberuflich betrieben. Der größte Teil der Lebensmittel gelangte nicht offiziell ins Getto, sondern wurde für Hunderttausende Złoty an Schmiergeldern geschmuggelt. Im Dezember 1941 war das Verhältnis laut Czerniaków so, dass «legal für 1 800 000 Zł. Lebensmittel ins Getto gelangen, illegal für 70–80 000 000».[71]

Zentrale Wege waren die Gettotore, an denen deutsche, polnische und jüdische Polizisten sich etwas dazuverdienten, indem sie sich dafür bezahlen ließen, nicht so genau hinzuschauen. Die OD-Männer wussten meist, bei welchen deutschen Wachleuten sie einen Bestechungsversuch wagen konnten. Es kam jedoch auch vor, dass Juden bei dem bloßen Versuch, ein Geschäft vorzuschlagen, sofort erschossen wurden. Noëmi Szac-Wajnkranc beschreibt, wie an einem einzigen Tag 100 jüdische Polizisten wegen des Schmuggels erschossen wurden, am nächsten Tag jedoch alles so weiterlief wie zuvor.[72]

Ein wichtiger Kontaktpunkt war der jüdische Friedhof an der ul. Okopowa, der direkt an einen polnischen Friedhof außerhalb des Gettos grenzte. Die Handkarren der Beerdigungsgesellschaft brachten die Verstorbenen zum Friedhof, auf dem Rückweg waren die Särge mit Lebensmitteln gefüllt. Das Gerichtsgebäude an der ul. Leszno hatte einen Eingang im Getto, einen anderen im «arischen» Warschau, auch hier war ein zentraler Treffpunkt von Juden und Polen. Ein anderer Weg des Warenaustausches – und später auch des Waffenschmuggels – waren die zahlreichen Abwasserkanäle, durch die Menschen unterirdisch aus dem Getto hinaus- und mit Lebensmitteln wieder hineingelangen konnten. Viele Routen, auf denen der Schmuggel recht einfach vonstattengehen konnte, schlossen die Deutschen allerdings rasch. Anfangs hatte es noch Grenzhäuser gegeben, in denen verdeckte Öffnungen oder einfach die Keller zwischen mehreren Häusern auf die «arische» Seite führten. Doch nach einiger Zeit wurden die Grenzen in der Straßenmitte errichtet, um diese Kontaktmöglichkeit zu unterbinden. Mit Hilfe der Straßenbahn, die durch das Getto fuhr, war der Warenaustausch ebenfalls möglich. Kinder sprangen auf die fahrende Bahn auf, versteckten sich und sprangen außerhalb des Gettos wieder herunter. Straßenbahnfahrer warfen außerdem an verabredeten Stellen Pakete aus der Bahn, um ihre Freunde und Bekannten zu versorgen. Der polnische Schriftsteller Jarosław Iwaszkiewicz beschreibt am 23. Februar 1941 in seinen Aufzeichnungen, wie er zum ersten Mal mit der Tram durch das Getto fährt und eine derartige Szene beobachtet: «Die von geübten, gierigen Händen ergriffenen Pakete verschwinden in der schwarzen Menge.»[73] Auch dieser Weg war bald jedoch versperrt bzw. sehr eingeschränkt: Seit März 1941 gab es nur noch eine Straßenbahnlinie im Getto, statt einer Nummer war sie mit dem Davidstern markiert. Die anderen Linien mussten ihre Routen, so Hersz Wasser in seinem Tagebuch, wegen des Gettos ändern, um Kontakt zu unterbinden.[74]

Durch enge Löcher unter der Mauer bewegten sich zahlreiche Kinder über die bzw. unter der Grenze durch, um Lebensmittel und Medikamente heimlich ins Getto zu befördern. Sie schlugen sich vor allem in die Warschauer Vororte durch, da Lebensmittel dort erheblich günstiger zu bekommen waren als im Stadtzentrum. Viele Kinder zogen auch bettelnd durch den «arischen» Teil der Stadt, doch musste manch eines Prügel von Polen einstecken oder wurde verraten. Es gab Polen, die sich durch Denunziationen etwas hinzuverdienten, *Szmalcowniki* nannte man sie. Dies war für Juden, die es geschafft hatten, die Gettogrenze zu überwinden, eine gefährliche Bedrohung. Manche Kinder hingegen erregten das Mitleid von Nichtjuden und bekamen Kartoffeln oder Brot. Abends brachten sie das, was sie im Laufe des Tages ergattert hatten, zu ihren Eltern. So kam es, dass kleine Kinder zu den hauptsächlichen Ernährern ihrer Familien avancierten – die Familienstrukturen änderten sich durch derartige Verschiebungen radikal.

Doch war die neue, wichtige Rolle der kleinen Erwachsenen durch große Gefahren erkauft: Zwar gab es deutsche Wachposten, die vorgaben, den Schmuggel nicht zu bemerken. Doch war dies wohl die Minderheit. Immer wieder wurden Kinder beim Versuch, die Gettogrenzen zu überwinden, erschossen. Władysław Szpilman schildert in seinen Erinnerungen die dramatische Szene, wie ein Kind in seinen Händen stirbt, während er versucht, ihm zu helfen. Das Kind steckte in dem engen Durchschlupf unter der Mauer fest, wurde von hinten zu Tode geprügelt, während Szpilman versuchte, es ins Getto zu ziehen.[75] Wachleute schossen auf rennende Kinder und die jüdischen OD-Männer mussten dann die blutenden Opfer auflesen und in das Krankenhaus bringen. Mordechai Lensky erlebte als Arzt häufig, dass Kinder oder Jugendliche ins Krankenhaus gebracht wurden oder selbst kamen, die beim Schmuggeln angeschossen worden waren. Er war voller Bewunderung für diese tapferen jungen Leute, die verletzt und mit Schmerzen im Krankenhaus lagen, ohne zu klagen: «Ihre Gesichter zeigten Traurigkeit und Leid, aber ihre Augen waren stolz. Sie hatten ihre Pflicht als ‹Rekruten› in diesem Krieg erfüllt. Wer sonst würde für ihre kranken Eltern sorgen? Wer würde sie ernähren? Manchmal kam ein Bruder oder eine Schwester und brachte etwas zu essen. Sie küssten sich und weinten leise.» In

Lenskys Augen verkörperten diese Kinder «den moralischen Mut der ganzen Bevölkerung des Warschauer Gettos».[76]

Viele Schmuggler kamen bei dem Versuch, Lebensmittel ins Getto zu bringen, ums Leben. In einem Bericht, der im Ringelblum-Archiv überliefert ist, heißt es, der Rechtsanwalt Leon Berenson habe mehrfach nach der Abriegelung erklärt, «eines der ersten Denkmäler, das nach dem Krieg errichtet werden müsste, sollte ein Denkmal für den unbekannten Schmuggler sein». Berenson selbst starb bereits im April 1941 im Getto.[77] Diese Wertschätzung der Schmuggler teilten viele. Selbst scharfe Kritiker des luxuriösen Lebensstils der erfolgreichen Schmuggler gestanden diesen zu, dass es den Menschen im Getto ohne ihre Aktivitäten noch viel schlechter gehen würde. Der spätere Widerstandskämpfer Itzhak Zuckerman weist zwar darauf hin, dass die Schmuggler natürlich keine Heiligen, sondern auf ihren Profit aus gewesen seien und gut verdient hätten. Gleichwohl gesteht er ihnen zu, dass sie mit ihrem Geschäft, dem Lebensmittelschmuggel, «eine nationale Mission» erfüllt hätten, selbst wenn die Ärmsten sich diese Lebensmittel gar nicht leisten konnten.[78] Perec Opoczyński weist in seiner Reportage über den Schmuggel zudem auf das große Verdienst der Polen hin: Freilich verdienten diese gut am Schmuggel, viele seien auch habgierig und nutzten die Lage der Juden aus – und doch brächten sie schließlich ihr Leben in Gefahr und trügen damit dazu bei, die Menschen im Getto am Leben zu erhalten.[79]

Auch Medikamente gelangten durch Schmuggel ins Getto. Mary Berg berichtet in ihren Aufzeichnungen von ihrem Bekannten Heniek Grynberg, der – begünstigt durch sein «arisches» Aussehen – mit gefälschten Papieren mehrfach nach Lemberg gelangte und von dort Medikamente, vor allem einen Fleckfieber-Impfstoff, nach Warschau schmuggelte. Er bekam jeweils vor seinen Reisen von gut situierten Juden diese Lieferungen bezahlt. Zwar brachte er sich mit jeder dieser Fahrten in tödliche Gefahr, doch solange er erfolgreich war, veränderte dieses Geschäft sein Leben erheblich: «Das kann man an seiner wohlhabenden Erscheinung sehen, ebenso an den eleganten Kleidern, die seine Frau und seine Tochter tragen.»[80] Dies war typisch: Die professionellen Schmuggler stiegen durch ihre Geschäfte innerhalb der Gettohierarchie schnell auf. Die meisten von ihnen kamen ursprünglich aus der Unterschicht, manch einer war vor dem Krieg noch Kleinkrimineller gewesen. Mit der Abriegelung des Gettos sahen sie ihre Stunde gekommen und ergriffen die Chance, zu Reichtum zu kommen.

Gegensätze

Innerhalb des Gettos entstanden so neue soziale Hierarchien, manchem gelang es, von der Situation zu profitieren und finanziell aufzusteigen. Dieser kleine Kreis – reich geworden vor allem durch Schmuggel und Korruption – sowie eine Gruppe von Juden, die Teile ihres Vermögens hatten retten können oder einen hohen Posten innerhalb der Gettoverwaltung innehatten, lebten unvergleichlich besser als die große Mehrheit. Der Lebensstil dieser Menschen war gänzlich anders, sie aßen und tranken, sie rauchten und feierten. Wer es sich leisten konnte, bekam im Getto fast alles, konnte sich Huhn und koscheres Fleisch und vieles andere kaufen, wovon der durchschnittliche Gettobewohner nur träumen konnte.

Für diese Reichen und Neureichen gab es Restaurants und Cafés. In vielen dieser Etablissements bemühten sich Sänger und Musiker um ein anspruchsvolles Programm, häufig wurden sie von den feiernden Gästen jedoch kaum beachtet. Hersz Wasser notiert am 27. Dezember 1940, dass allein in der ul. Leszno vier neue Cafés eröffnet hätten. Auch berichtet er von der Hochzeit der Tochter eines Judenratsmitglieds, bei der der Champagner wie Wasser geflossen sei.[81] In diesen Cafés und Restaurants konnten die Reichen alles kaufen, feine Liköre, gutes Essen und auch Frauen, die sich prostituierten, um sich einmal wieder richtig satt essen zu können. Junge Mädchen kamen mit ihren Liebhabern,

Gestapospitzeln oder Schmugglern, viele aus demselben Grund. Die Größen des professionellen Schmuggels kamen in diese Cafés mit ihren Partnern, den jüdischen Polizisten, aber auch mit deutschen Wachleuten zum Essen, um Geschäfte abzusprechen.

Einer, der unter den neuen Bedingungen sehr schnell aufstieg, war der Beerdigungsunternehmer Motel Pinkert. Die Zahl der Toten war derart hoch, dass sein Geschäft florierte, ja, er kam kaum noch hinterher, die Aufträge zu erfüllen. Und so war es auch kein Wunder, wie Mordechai Lensky in seinen Erinnerungen bitter feststellt, «dass Pinkert es sich leisten konnte, in einem Restaurant zu sitzen und eine fette Ente und Wein zum Mittagessen zu bestellen». Vor dem Restaurant werfe er dann ein paar Münzen in die Hände der hungernden Bettler.[82] Diese hielten sich meist vor den Cafés und Restaurants auf, dort trafen sie schließlich auf diejenigen, die es sich noch leisten konnten, etwas abzugeben. Häufig kam es zu Szenen, wie Sophie Lewiathan sie schildert: «Wie groß sind im Getto die Kontraste! Wie unnatürlich das Leben! Wenn eine elegant gekleidete Frau, mit rotgemalten Lippen aus dem Café geht, so stolpert vielleicht ihr Fuß über ein zerlumptes Bettelkind, das winselnd die Hand nach einem Stückchen Brot ausstreckt.»[83] Abraham Lewin beschreibt in seinem Tagebuch, dass auf den Straßen buchstäblich Skelette unterwegs seien, daneben könne man einige wenige Mädchen oder junge Frauen sehen, deren Eleganz schlichtweg schockierend sei.[84] Auch die Damen Kohn und Heller, deren Ehemänner die Betreiber der bekannten Pferdewagen waren, eine gewisse Rolle in der deutschen Transferstelle spielten und dadurch ständig Bestechungsgelder einheimsten, gehörten diesem Kreis Aufgestiegener an und über ihren luxuriösen Lebensstil kursierten im Getto phantastische Geschichten.

Nicht nur waren reiche Juden im Getto besser ernährt – sie konnten auch durch Bestechungen ganz konkreten Gefahren entgehen, so etwa, wenn sie sich von der Deportation in eines der gefürchteten Arbeitslager freikauften. Wie ein Gettobewohner sozial gestellt war, konnte man häufig auch an seiner Adresse erkennen. Das Kleine Getto galt als der privilegierte Teil, vor allem die ul. Sienna in der Anfangsphase und dann die ul. Chłodna. Die Wohnungen waren etwas weniger bevölkert, waren weniger heruntergekommen und wirkten dadurch heller und freundlicher. Manche der Bewohner dieses Gettoteils konnten sich problemlos Medikamente leisten und so waren hier während der großen Fleckfieberepidemien weit weniger Kranke zu verzeichnen. Hinzu kam, dass Juden, die hier wohnten, im Allgemeinen besser genährt waren und gesünder aussahen als der Rest der Bevölkerung. Vor allem hier konnte man die elegant gekleideten Damen sehen. Mary Berg wohnte im Kleinen Getto. Ihre Familie besaß die US-amerikanische Staatsbürgerschaft und war dadurch privilegiert. Das Mädchen fühlte sich, so wird in ihrem Tagebuch deutlich, einerseits etwas unwohl angesichts dieser besseren Stellung, andererseits war sie immer wieder froh, für einen Moment den Horror des überfüllten Gettos ein klein wenig vergessen zu können.

Dieses Hin- und Hergerissensein kennzeichnete vermutlich die Gemütslage vieler in den Momenten, in denen es ihnen gelang, sich einen Vorteil zu verschaffen. Der Vorteil des einen war oft der Nachteil eines anderen: Von einer Liste zur Deportation in ein Arbeitslager gestrichen zu werden hieß zu akzeptieren, dass ein anderer Name auf diese Liste geschrieben wurde, weil das Kontingent erfüllt werden musste. Durch Protektion eine gute Anstellung zu bekommen hieß auch, dass jemand anderes, der vielleicht dafür vorgesehen war, nun zurückstehen musste. Letztlich entschieden solche Vorteile über Leben und Tod.

Für die meisten Menschen jedoch bedeuteten die gesellschaftlichen Veränderungen seit Entstehung des Gettos einen dramatischen Abstieg in der sozialen Hierarchie. Viele fanden sich nicht zurecht in den neuen Verhältnissen, viele wurden auch einfach nicht mehr gebraucht, für ihre Fähigkeiten zahlte im Getto niemand. So standen beispielsweise zahlreiche Angehörige der Intelligenz vor dem Nichts, verelendeten zunehmend. Oder sie bekamen eine Arbeit, die sie jedoch körperlich überforderte, zumal angesichts der Mangelernährung. Schauspieler fanden sich unversehens als Händler hinter einem ärmlichen Stand auf der Straße, Sängerinnen arbeiteten als Kellnerinnen in den Restaurants der Reichen. Lehrer, Schriftsteller oder Rechtsanwälte mussten plötzlich zwölf Stunden am Tag in einer Fabrik schuften. In einem Bericht aus dem Untergrundarchiv heißt es über diese erschöpften Menschen: «Hungrig, verzweifelt, mit zerrütteten Nerven, mit Todesangst in den Augen näherten sich die Arbeiter langsam dem Tod.»[85]

Mary Berg macht in ihren Aufzeichnungen deutlich, was der Abstieg bedeuten konnte, indem sie schildert, wie sie eines Tages aus ihrem Haus tritt und im Hinterhof einen großen, gut gekleideten jungen Mann in der Nähe des Mülleimers stehen sieht. Es war einer von denen, so beschreibt sie weiter, die vor dem Krieg studiert hätten, ohne sich jemals um ihr Brot Sorgen machen zu müssen. Als er merkt, dass er beobachtet wird, dreht er sich um, sie sieht, dass sein Mantel vorn vollkommen zerrissen ist, durch sein nicht zugeknöpftes Hemd sieht sie seine eingefallene Brust. Er schnappt sich die Tüte, die neben ihm auf dem Boden liegt, und rennt beschämt weg.[86]

Ein wichtiges Betätigungsfeld der Intelligenz war die Selbsthilfe, hier gab es auch die bereits erwähnte Verbindung zum Ringelblum-Archiv. Außerdem gelang es manchen Lehrern, Schauspielern oder anderen geistig Tätigen mit der Zeit, in ihrem eigentlichen Bereich zu arbeiten.

Ganz unten in der gesellschaftlichen Hierarchie standen die einfachen Arbeiter der Shops, die Umsiedler in den Asylen, den sogenannten Punkten, und die Bettler. Es war leicht abzurutschen, in diese unterste Schicht zu geraten. Von dort wieder hochzukommen hingegen war schwer, wenn nicht gar unmöglich. Jan Mawult beschreibt die Gettogesellschaft in seinen Erinnerungen: «Vielleicht zwanzig-, vielleicht dreißigtausend Satte aus der gesellschaftlichen Oberschicht gegenüber einer Viertelmillion zählenden Masse von Bettlern und einer Armut, die noch versucht, die Frist bis zum Hungertod zu verlängern. Und mittendrin, zwischen diesen beiden Flügeln, eine Masse von Hunderttausend

‹Mittleren›, die irgendwie zurechtkommen, besser oder schlechter, die ein ‹Gesicht haben›, noch sauber und bekleidet sind und keine Hungerödeme haben.» Doch Mawult erinnert sich auch: «Diese Schicht ist fließend, im Laufe der Zeit avancieren Einzelne zu den oberen Zehntausend, ganze Gruppen driften ab, sie können sich nicht über Wasser halten, von da ist es nur noch ein Schritt zum Hungertod.»[87]

5. Fürsorgebedürftige und Selbsthilfe

Die allermeisten Menschen im Getto waren auf Hilfe angewiesen, und da von außen kaum etwas kam, musste diese zwangsläufig Selbsthilfe sein. Direkt mit Beginn der deutschen Besatzung begannen vielfältige Fürsorgeaktivitäten innerhalb der jüdischen Bevölkerung. Schon bestehende und auch neu geschaffene Organisationen waren hier aktiv. Der Aufbau der Selbsthilfeorganisationen war kompliziert und änderte sich mehrfach im Laufe des Krieges, auch ihre Bezeichnungen wechselten. Zwei parallele Strukturen entstanden, es kam häufig zu Spannungen und Konflikten und immer mehr zu einem Kampf um Einfluss. Die wichtigste Fürsorgeinstitution im Getto war neben dem Judenrat die Jüdische Soziale Selbsthilfe JSS (Żydowska Samopomoc Społeczna) mit ihrer Zentrale in Krakau. Im Unterschied zu den Judenräten ging die Gründung dieser Institution auf jüdische Initiative zurück. Viele Gettobewohner sahen sie als die Stelle an, die sich um die Ärmsten kümmerte, weniger den Judenrat mit seiner Verwaltung.

Bereits kurz nach Kriegsbeginn hatten sich jüdische Hilfsorganisationen zu einer Koordinierungskommission zusammengeschlossen, die wiederum dem am 1. September 1939 in Warschau gegründeten Hauptstädtischen Komitee der Sozialen Selbsthilfe (Stołeczny Komitet Samopomocy Społecznej) angegliedert war. Seit Februar 1940 nannte sich die für die jüdische Fürsorge zuständige Kommission Jüdische Soziale Selbsthilfe und im Mai erkannten die deutschen Behörden sie offiziell an. Die JSS war nun dem Hauptihilfsausschuss für die besetzten polnischen Gebiete eingegliedert, die anderen beiden Institutionen unter dieser Dachorganisation waren der Polnische und der Ukrainische Hilfsausschuss. Die Jüdische Soziale Selbsthilfe war der Hauptabteilung Innere Verwaltung in der Regierung des Generalgouvernements gegenüber verantwortlich und musste ihr regelmäßig Rechenschaft ablegen.

Im Präsidium der JSS wurde intensiv darüber diskutiert, ob man diese Zusammenarbeit mit den deutschen Besatzern eingehen solle oder ob dies als eine Form der Kollaboration zu verwerfen sei, aber, so heißt es in einem 1946 verfassten Bericht: «Angesichts der sich immer verschlechternden Lage der jüdischen Bevölkerung wurde einstimmig beschlossen, die sich darbietende Gelegenheit einer legalen Hilfstätigkeit voll auszunutzen.»[88]

Insbesondere das American Jewish Joint Distribution Committee (Joint) unterstützte die JSS finanziell und mit Lebensmittellieferungen, was allerdings nach dem Kriegseintritt der USA im Dezember 1941 erheblich reduziert werden musste. Verschiedene andere ausländische Organisationen wie das Internationale Rote Kreuz schickten Hilfsgüter in das Generalgouvernement. Zudem erhielt die JSS 18 Prozent der Gelder, die die deutsche Zivilverwaltung an den Hauptihilfsausschuss zahlte, um die Fürsorge der gesamten jüdischen, polnischen und ukrainischen Bevölkerung zu finanzieren. Die örtlichen Delegaturen veranstalteten außerdem Sammlungen, kulturelle Veranstaltungen oder auch Lotterien, deren Erlös ihrer Arbeit zugute kam, und sie besteuerten verschiedene Ereignisse und Zusammenkünfte. Im Sommer 1942 lösten die Besatzer die JSS formal auf, Bemühungen, die Tätigkeit fortzusetzen, mündeten am 16. Oktober 1942 in die Jüdische Unterstützungsstelle (JUS), die allerdings am 1. Dezember schon wieder aufgelöst wurde.

In den Kreisstädten gab es Hilfskomitees der JSS und in den meisten Ortschaften wurden Zweigstellen gegründet, die vor Ort Hilfe leisteten. Die lokale Abteilung der JSS wurde im Oktober

1940 das Jüdische Hilfskomitee Warschau-Stadt mit Stanisław Szereszewski als Vorsitzendem. Weiterhin gab es in Warschau den sogenannten Koordinierungsausschuss der JSS, der jedoch in Jüdische Gesellschaft für öffentliche Wohlfahrt ŻTOS (Żydowskie Towarzystwo Opieki Społecznej) umbenannt und dem Hilfskomitee unterstellt wurde und damit auf einer Stufe mit Institutionen wie der jüdischen Kinderhilfsorganisation CENTOS oder der Gesellschaft zur Unterstützung der Landwirtschaft ToPoRol (Towarzystwo Popierania Rolnictwa) stand. Der offizielle Name wurde mehrfach geändert, den Menschen im Getto war die «Selbsthilfe» oder «Aleynhilf» ein Begriff.

Emanuel Ringelblum leitete seit April 1940 die neu geschaffene Sektion Sozialarbeit. Im Mai dieses Jahres wurden die Hauskomitees, die sich um die Versorgung in ihren Häuserblöcken kümmerten, dieser Abteilung unterstellt. Etwa 2000 hatten sich inzwischen konstituiert, nach der Abriegelung des Gettos waren es etwas weniger, da manche der Häuser außerhalb der Grenzen lagen. Im Januar 1942 gab es 1108 Hauskomitees, in denen mehrere tausend Menschen ehrenamtlich arbeiteten. Viele der führenden Mitarbeiter waren hoch respektierte Leute, was es ihnen mitunter erleichterte, Unterstützung zu finden. Wie insgesamt in der jüdischen Fürsorge, so war auch hier die Struktur kompliziert. Chaim Kaplan notiert im November 1940 in seinem Tagebuch, dass nahezu jeder Mieter sich in einem Hauskomitee engagierte: «Jedes Hauskomitee ist in berichterstattende Unterkomitees eingeteilt (Finanzen, Gesundheit, Schule, politische Angelegenheiten, Wohnungsfragen, Kleidung, Lebensmittel etc.), und jedes von diesen ist wieder und ein drittes Mal unterteilt, so daß auf diese Weise jeder beschäftigt ist.»[89] Teilweise finanzierten sich die Komitees durch Lotterien, Theater- oder andere Aufführungen, die nach der Ausgangssperre in den Höfen dargeboten wurden. Darüber hinaus waren die Bewohner eines Hauses gehalten, die Komitees durch Zahlungen und Abgaben von Lebensmitteln oder gebrauchter Kleidung zu unterstützen. Ein gewisser sozialer Druck half dabei: «Wer nichts geben wollte, wurde in den Augen seiner Nachbarn als Auswurf betrachtet und öffentlich geschmäht.»[90] In manchen Häusern wurde gar öffentlich ausgehängt, wenn jemand sich nicht an den Hilfsleistungen beteiligen wollte, obwohl er dies von seiner materiellen Lage her gekonnt hätte. Doch in vielen Häuserblocks war seit Kriegsbeginn auch ohne öffentlichen Druck in hohem Maße gegenseitige Hilfe praktiziert worden, allein schon wegen der sich aus den Bombenangriffen und später dem Umzug ins Getto ergebenden Wohnungsnot: Manch einer hatte fremde Leute in seiner Wohnung aufgenommen. Einige Hauskomitees entstanden sehr spontan aus dem Empfinden heraus, dass den durch Belagerung und Besatzung verarmten Menschen nun einmal geholfen werden müsse.

Dieser Gedanke weist darauf hin, dass die Hauskomitees nicht nur in materieller Hinsicht bedeutsam waren: Vor allem schufen sie auch ein Gefühl der Solidarität, eines Miteinanders, mit Hilfe dessen man den Versuchen der Besatzer, die Juden nicht nur physisch, sondern auch psychisch zu degradieren, etwas entgegensetzen konnte. Diese Idee der Solidarität war für die Selbsthilfe insgesamt zentral. Die Aktivisten waren davon überzeugt, dass möglichst viele Gettobewohner in das System der gegenseitigen Unterstützung involviert werden, selbst Verantwortung für das Gemeinwohl übernehmen müssten. Dieser Gedanke war breit akzeptiert: Die Liste der Aktivitäten der Hauskomitees war so lang, bezeugt Stanisław Adler in seinen Erinnerungen, dass dieses Thema ein eigenes Buch wert wäre. Dieses System habe manch einen hervorgebracht, der in der Solidarität seine große Bestimmung sah, all seine freie Zeit einer Küche oder einem Waisenhaus widmete.[91] Die in den Komitees Aktiven entwickelten in vielen Fällen ein politisches Bewusstsein, welches sie in Opposition zum Judenrat, der alle Fürsorgeaktivitäten an sich reißen wollte, geraten ließ, wie eine unbekannte Frau, die in einem der Hauskomitees tätig war, berichtet.[92] Sie war eine von zahlreichen Frauen, die sich engagierten. Innerhalb der Sektion Sozialarbeit gab es ein Referat Frauensozialarbeit, innerhalb der Hauskomitees entstanden Frauenkreise, in denen die beteiligten Frauen Hilfe für verwaiste Kinder und allgemein für Hilfsbedürftige organisierten. Die von Frauen geleistete Fürsorgearbeit war ein zentraler Faktor in den sozialen Bemühungen der Gettogesellschaft. Dies bezeugt auch Emanuel Ringelblum: «Der künftige Historiker wird der Rolle der jüdischen Frau im Krieg viel Aufmerksamkeit widmen müssen. Sie wird einen Ehrenplatz in der jüdischen Geschichte erhalten wegen ihrer Tapferkeit und ihres Durchhaltevermögens, womit sie Tausenden von Familien das Überleben in dieser bitteren Zeit ermöglicht hat. In jüngster Zeit haben wir ein interessantes Phänomen erlebt. In vielen Hauskomitees nehmen Frauen den Platz von Männern ein, die alles hinwerfen, weil sie ausgebrannt und erschöpft sind.»[93]

Kampf gegen den Hunger

Die wichtigsten Fürsorgeaufgaben waren der Kampf gegen den Hunger und der Versuch, die epidemischen Krankheiten in den Griff zu bekommen. Doch führten die Aktivisten angesichts der von außen diktierten Rahmenbedingungen letztlich einen aussichtslosen Kampf. In Hunderten Suppenküchen bemühten sie sich, Bedürftige zu ernähren. Manche waren für spezielle Gruppen gegründet worden, etwa für die Intelligenz, die besonders litt, da viele arbeitslos geworden waren. Verschiedene politische Gruppen unterhielten Küchen für ihre Mitglieder bzw. Menschen, die ihnen nahestanden. Folglich waren manche der Küchen für die Besucher auch viel mehr als nur ein Ort, an dem sie etwas zu essen bekamen. Hier ging es auch um geistigen Zuspruch, man konnte mit Gleichgesinnten diskutieren, Lesungen oder kleineren Theateraufführungen beiwohnen. Manche Küchen waren Treffpunkte des politischen Untergrunds. So unterhielt der *Bund*, wie dessen Mitglied Bernard Goldstein sich erinnert, sieben Küchen und zwei Teeküchen, in denen auch Gruppentreffen stattfanden. Beides – das günstige Essen und die Treffen – seien wichtige Funktionen der Suppenküchen gewesen.[94]

Hungrige Menschen warten vor einer Suppenküche.

Die Küchen waren unterschiedlich finanziert, manche bekamen Unterstützung vom Judenrat, andere unterstanden der Selbsthilfe, wieder andere waren gewissermaßen in privater Trägerschaft, sie unterstanden etwa einem Hauskomitee und finanzierten sich aus dessen Einnahmen. Anfangs gaben zahlreiche Küchen die Suppen kostenlos aus, später waren sie jedoch gezwungen, geringe Gebühren zu verlangen, zunächst zehn Groschen für einen Teller Suppe, im Juni 1941 stieg der Preis auf 70 Groschen an. Seit dem Sommer 1941 übernahm der Judenrat immer mehr von diesen Küchen, er gründete im Juni 1941 eine spezielle Kommission zur Verbesserung der Ernährung. Inzwischen hatte sich nämlich sogar die deutsche Verwaltung bei Czerniaków darüber beschwert, dass etwas geschehen müsse, die Toten auf den Straßen machten keinen guten Eindruck.[95] Die Lebensmittellieferungen für die Küchen wurden erhöht. Dies war jedoch nur eine vorübergehende Erleichterung, die im September

1941 schon wieder beendet wurde. Als die lokalen deutschen Machthaber die Lieferungen wieder reduzierten, musste die Anzahl der ausgegebenen Mahlzeiten drastisch reduziert werden: Waren es im September noch 128 000 Mahlzeiten am Tag, sank die Zahl bis zum November 1941 auf 87 000. Der jüdischen Verwaltung und den übrigen Verantwortlichen waren hier weitgehend die Hände gebunden. Der Judenrat versuchte das Defizit durch die Einführung weiterer Steuern auf rationierte Waren auszugleichen, was jedoch nicht vollständig gelang. Die Menge der ausgegebenen Mahlzeiten in den Suppenküchen erreichte nie wieder die Höhe vom September 1941 – die Zahl der Hungernden hatte sich keineswegs verringert, das Problem ist offensichtlich: Nur etwa zehn Prozent des Bedarfs konnte das offizielle Versorgungsprogramm abdecken.

Die Qualität in den Suppenküchen war angesichts der zur Verfügung stehenden Zutaten, wie etwa verfaulten Kartoffeln, miserabel, viele der Gäste bekamen Durchfall oder andere Magen-Darm-Erkrankungen. Das Essen hatte kaum Nährwerte, es füllte einfach nur die leeren Mägen. Selbst das war eine Erleichterung, für viele Gäste war die wässrige Suppe die einzige Mahlzeit am Tag.

Die Gesellschaft zur Unterstützung der Landwirtschaft ToRoRol versuchte, an den wenigen unbebauten Stellen im Getto bzw. dort, wo seit den Bombardierungen Warschaus nur mehr Ruinen standen, Gemüse anzubauen, um die Lage wenigstens ein bisschen zu verbessern. Nicht nur der Hunger sollte dadurch gelindert, sondern auch die Moral gestärkt werden, durch das Gefühl, selbst zur Ernährung beizutragen, nicht nur alles klagend hinzunehmen, sondern aktiv Einfluss auf die Lage zu nehmen. Die Gesellschaft gab sich alle Mühe, die Gärtnerei unter der Bevölkerung zu popularisieren, sie dazu zu bewegen, selbst etwas anzubauen, und wenn es nur einige kleine Pflanzen auf dem Balkon waren. Aber auch Hunderte Kinder aus den Heimen waren in der Gesellschaft aktiv, halfen bei den Gärtnereien.

ToPoRol durfte außerdem Jugendliche zu Saisonarbeiten zu polnischen Bauern schicken. Hier zeigte sich wieder einmal der Doppelcharakter der allermeisten Selbsthilfeaktivitäten: Die Gesellschaft war offiziell anerkannt, durfte Jugendliche aus dem Getto entsenden. Zugleich waren diese Jugendlichen in ihrer Mehrzahl organisierte Mitglieder sozialistischer oder zionistischer Untergrundbewegungen. Gerade junge Zionisten sahen hier eine ausgezeichnete Möglichkeit, sich durch die Feldarbeit auf ein Leben in Palästina vorzubereiten.

Medizinische Versorgung

Auch im Gesundheitswesen gab es doppelte Strukturen, Aktivitäten vom Judenrat und solche der Selbsthilfe. Ärzte, Pfleger und Krankenschwestern versuchten, Fleckfieber und andere Epidemien in den Griff zu bekommen und die geschwächten und kranken Menschen zu versorgen, doch waren ihre Mittel sehr begrenzt. Erschwert wurden alle Bemühungen von Anfang an durch den nach der Festlegung der Gettogrenzen nötig gewordenen Umzug des großen Czyste-Krankenhauses in vier voneinander getrennte Gebäude, u. a. das ehemalige polnische Krankenhaus für Infektionskrankheiten und ein Schulgebäude – die Häuser waren nicht im Geringsten dazu geeignet, die Bedürfnisse eines zentralen Krankenhauses mit mehreren Abteilungen zu erfüllen. Da der Umzug bis zuletzt verschoben wurde, musste plötzlich alles ganz schnell gehen. Dramatische Szenen spielten sich ab, da zahlreiche Kranke entlassen wurden, die keineswegs in der Lage waren, sich selbst zu versorgen.

Zur unangemessenen Ausstattung der neuen Gebäude kamen finanzielle Probleme: Vor dem Krieg hatte der Stadtrat das Krankenhaus unterstützt, dies fiel nun auf deutsche Anordnung weg. Der Judenrat sah sich gezwungen, eine Sondersteuer zugunsten des Krankenhauses einzuführen, und veranstaltete Sammlungen von Bettzeug, Kleidung und Instrumenten. Immer wieder klagt

Adam Czerniaków in seinem Tagebuch, dass die Krankenhäuser die Gelder des Judenrats förmlich verschlingen. Anderweitige Unterstützung, etwa durch den Joint, war daher von zentraler Bedeutung. In der jüdischen Verwaltung wurde neben der Abteilung Spitalwesen noch die Abteilung Gesundheitswesen mit dem darin eingegliederten Gesundheitsrat eingerichtet. Letzterer koordinierte und organisierte unter seinem Leiter Dr. Ludwik Hirszfeld, einem getauften Juden und dem früheren Direktor des Bakteriologischen Instituts der Warschauer Universität, zentral alle Maßnahmen zur Bekämpfung der Epidemien. Mitglieder des Rats waren neben anderen der Leiter der Gesundheitsabteilung, Dr. Izrael Milejkowski, und die Leiterin des Kinderkrankenhauses, Dr. Anna Braude-Hellerowa. Parallel zur offiziellen Gesundheitsverwaltung bemühte sich in der Selbsthilfe eine Abteilung für medizinische Fürsorge um die Kranken, innerhalb des Jüdischen Hilfskomitees wirkte auch die 1922 gegründete Gesellschaft zum Schutz der Gesundheit TOZ (Towarzystwo Ochrony Zdrowia) im Getto weiter, unterhielt etwa eine ambulante Klinik in der ul. Gęsia 43, in der 35 Ärzte die meisten Kranken kostenlos behandelten. Wie der Gesundheitsrat sah auch die TOZ es als eine zentrale Aufgabe an, die Gettobewohner darüber zu informieren, wie Krankheiten durch strenge Hygienemaßnahmen vermieden werden konnten.

Die Zahl der Kranken stieg an, das ins Getto transferierte Czyste-Krankenhaus war bald überfüllt, überall lagen Kranke, mehrere mussten sich ein Bett teilen, manche lagen in den Fluren auf dem Boden. Adam Czerniaków besucht im Oktober 1941 ein Krankenhaus und notiert fassungslos in seinem Tagebuch: «Leichen in den Korridoren, 3 Kranke in einem Bett.»[96] Die Ärzte und Schwestern konnten dem kaum Herr werden. Die Zustände verschlimmerten sich zusehends, so dass auch Patienten mit ansteckenden Krankheiten bald kein eigenes Bett mehr bekommen konnten, die Ansteckungsgefahr war ausgerechnet hier sehr groß. Daher verbargen Kranke oft ihre Leiden, um bloß nicht ins Spital zu müssen, das ihnen als unsicherer Ort galt. Im August 1941 verzeichnet Emanuel Ringelblum, es gebe momentan 6000 bis 7000 Fleckfieberkranke in den Wohnungen und etwa 900 in den Krankenhäusern. Letztere seien, und hier zitiert er den in der jüdischen Verwaltung zuständigen Dr. Izrael Milejkowski, «Mordfabriken» geworden.[97]

Ohnehin führten die von den verantwortlichen deutschen Medizinern, allen voran dem jeweiligen Amtsarzt – bis zum Februar 1941 Dr. Kurt Schrempf und danach Dr. Wilhelm Hagen –, angeordneten fragwürdigen Methoden der Fleckfieberbekämpfung dazu, dass Kranke sich bemühten, ihre Ansteckung zu verbergen. Hagen fuhr im Vergleich zu seinem Vorgänger einen gemäßigteren Kurs, mit ihm konnte jemand wie der angesehene Mediziner Dr. Ludwik Hirszfeld offenbar zumindest reden – wenn auch bei Weitem nicht alle seine Anregungen dann auch umgesetzt wurden. Jegliche Maßnahmen, die die Ärzte für sinnvoll erachteten, mussten sie sich zunächst von der deutschen Gesundheitsverwaltung autorisieren lassen. Im März 1942 genehmigten «die Behörden», wie es immer heißt, beispielsweise «die vorgelegten sanitären Ordnungsvorschriften» und stimmten einem Plan zu, mit dessen Hilfe Geschlechtskrankheiten bekämpft werden sollten. Ein «Referat für die Bekämpfung von Geschlechtskrankheiten» ging daraufhin ans Werk und hatte bis zum 30. Juni 1942 «62 Zusammenkunftshäuser und 160 Personen, die sich berufsmäßig mit Unzucht beschäftigen, verzeichnet».[98]

Mitte Mai 1941 ließ der Judenrat eine von Hirszfeld ausgearbeitete «Denkschrift über die prophylaktischen Maßnahmen im jüdischen Viertel» an Hagen schicken, in der es schon einleitend heißt: «Der Flecktyphus ist die Folge der Überbevölkerung, des Elends, der psychischen Depression, die zur abgeschwächten Reaktionsfähigkeit führt.»[99] Anschließend demontierte der Bericht die von deutscher Seite angeordneten Maßnahmen, doch blieben seine Einwände folgenlos. Diese von den Deutschen angeordnete Fleckfieber-«Vorsorge» war demütigend und kontraproduktiv, in den Worten von Ludwik Hirszfeld waren die Anordnungen gegen die Epidemie «schlimmer als die Epidemie selbst».[100] Perec

Opoczyński widmete den sogenannten Parówki, den Desinfektionen zur Vorbeugung von Typhus und Fleckfieber, einen langen Bericht für das Untergrundarchiv. Sie waren demnach der große Schrecken der Gettobewohner, stellten für sie ein Beispiel für die Korruption der jüdischen Polizei und Verwaltung, hier der Funktionäre im Hygienebereich, dar. Alle Bewohner eines Hauses mussten sich einer speziellen Desinfektion unterziehen, zudem ihr Bettzeug und andere Gegenstände abliefern, damit diese ebenfalls desinfiziert wurden. Wie Perec Opoczyński – und nicht nur er, weitere Berichte im Bestand des Untergrundarchivs bestätigen dies – in seiner Reportage beschreibt, wurden die Menschen bei dieser Prozedur gedemütigt, viele materiell ruiniert, ihre Habseligkeiten waren danach häufig nicht mehr zu gebrauchen. Dies war Strategie, da viele Hauskomitees aufgrund der befürchteten Schikanen bereit waren, hohe Summen auszugeben, um eine solche Desinfektion in ihrem Haus zu verhindern. Gelang dies nicht, wurden die verängstigten Menschen zum Badehaus geführt, mussten oft stundenlang warten, nachdem sie sich schon entkleidet hatten, bekamen den Kopf geschoren und während der gesamten Prozedur zumeist nichts zu essen.

Die Bedingungen in der Quarantäne für Angehörige und Nachbarn von Kranken spotteten jeder Beschreibung. Mordechai Lensky beschreibt das Gedränge in der Warteschlange vor der Desinfektion, das dafür gesorgt habe, dass die Gesunden sich auch infiziert hätten. Nach der Dusche mussten alle nackt in einem kalten Raum stundenlang darauf warten, dass ihre Kleider aus der Desinfektion kamen. Viele Menschen waren erst nach der zwangsweisen Desinfektion wirklich krank. Hinzu kam, so Lensky, dass die Desinfektion derart oberflächlich vollzogen wurde, dass die Läuse, die die Krankheit übertrugen, am Leben blieben.[101]

Mediziner im Getto versuchten nicht nur, gegen die grassierenden Krankheiten anzukämpfen, sie bemühten sich auch darum, durch Forschungen die Behandlungsmethoden zu verbessern. Der Nobelpreisträger Ludwik Hirszfeld kämpfte mit seinen Kollegen unermüdlich gegen die Ausbreitung der Krankheiten an, und dies nicht nur in seiner praktischen Arbeit als Arzt, sondern er versuchte Impfstoffe gegen Fleckfieber und Typhus zu entwickeln. Letztlich scheiterte er jedoch, da ihm die nötige Ausstattung fehlte. Auch führten die Ärzte in einem von Izrael Milejkowski angeregten Forscherteam seit Februar 1942 in beiden Krankenhäusern wissenschaftliche Untersuchungen über die medizinischen Auswirkungen des Hungers durch. Sie analysierten die Veränderungen der Haut, die Auswirkungen des Hungers auf Körpertemperatur und Blutdruck, auf die Organe und ihre Reaktionen. Tosia Goliborska-Gołąbowa, Ärztin im Kinderkrankenhaus, trug beispielsweise Untersuchungen unterernährter Kinder bei. Adina Blady Szwajgier, die besonders geschickt darin war, auch extrem ausgemergelten Kindern Blut abzunehmen, machte dies wieder und wieder, damit die Ärztin ihre Studien betreiben konnte. Die breit angelegten und genauestens geplanten Untersuchungen fanden durch die Deportationen im Sommer 1942 ein jähes Ende.[102] Im Oktober 1942 verfasste Izrael Milejkowski noch ein Vorwort zu den Studien, dann organisierte er, dass sie aus dem Getto geschmuggelt und versteckt wurden. Dr. Emil Apfelbaum, der Leiter der Kardiologie des Czyste-Krankenhauses, war einer der beteiligten Mediziner. Er konnte nach dem Krieg das Manuskript aus dem Versteck retten und zur Publikation vorbereiten; er erlag wenig später, 1946, in Warschau 56-jährig einem Herzinfarkt.[103]

Adina Blady Szwajgier, die bis zum Kriegsbeginn Medizin studiert hatte, begann im Frühjahr 1940 im Berson-Bauman-Krankenhaus in der ul. Sienna, einem Kinderkrankenhaus, ihre Arbeit. Eine der Chefärztinnen in diesem Spital war die bekannte Kinderärztin Anna Braude-Hellerowa, die bis zum Ende für ihre Kinder da war. Je mehr die Zeit voranschritt, desto schlimmer wurde auch der Zustand der Kinder. Ins Spital «kamen immer mehr Kinder, die an Parasiten wie Flöhen oder Läusen sowie an Pilzerkrankungen litten». Adina Blady Szwajgier erinnert sich weiter: «Immer mehr abgezehrte Kinder starrten uns aus Elends-

Dr. Anna Braude-Heller mit einem kleinen Patienten. Foto aus dem herausgeschmuggelten Bericht.

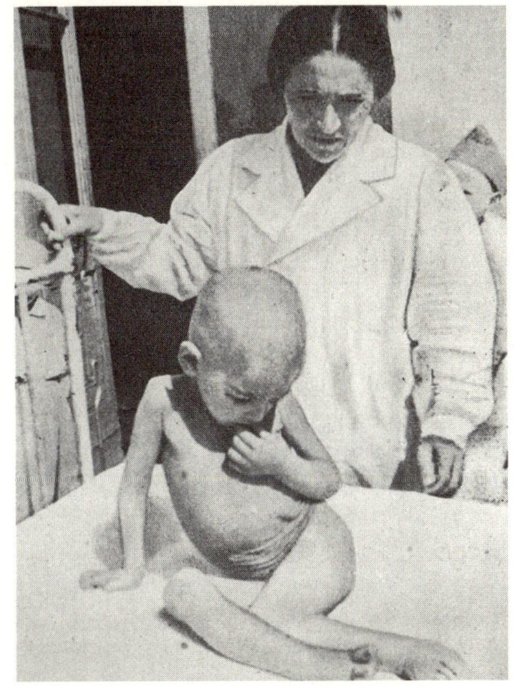

gesichtern an, die nichts Kindliches mehr hatten; immer mehr litten an Tuberkulose.»[104] Letztere hatten kaum eine Überlebenschance. Für sie gab es im dritten Stock des Krankenhauses drei Räume, hier und auf allen anderen Stationen bemühten sich Ärzte und Schwestern, ganz normale Krankenhausroutine zu praktizieren.

In morgendlichen Dienstbesprechungen diskutierten sie über ihre Kranken, erklärten die Todesfälle, wiesen einander nach, dass alles Menschenmögliche getan worden war, um die Kinder zu retten. Und derartige Erklärungen wurden immer häufiger nötig. Geschwächte und dünne kleine Kinder hatten den im Getto grassierenden Krankheiten kaum etwas entgegenzusetzen, zumal sie häufig zu mehreren im Bett liegen mussten und die Schwestern manchmal gar nicht mehr damit hinterherkamen, sie zu versorgen, ihre Windeln rechtzeitig zu wechseln. Besonders aus den Sammelunterkünften für die Umsiedler kamen zahlreiche neue Patienten, da dort ansteckende Krankheiten grassierten. Vielen von ihnen konnten auch die Ärzte und Pfleger nicht mehr helfen: «Jeden Morgen blickten wir auf die aufgeblähten, deformierten Leiber, sahen in die ausdruckslosen Augen», so Adina Blady Szwajgier.[105] Trotzdem, so betont sie, gab sich kaum jemand völlig der Verzweiflung hin, weder die Kinder noch das Personal. Sie alle kämpften gegen die Krankheiten, gegen die widrigen Umstände an. Manche hielten die herzzerreißenden Szenen jedoch nicht aus, brachen angesichts des Leids der Kinder zusammen, zumal es immer wieder auch zu Meinungsverschiedenheiten mit den verzweifelten Eltern der Kinder kam.

Im Herbst 1941 wurde noch eine Zweigstelle des Kinderkrankenhauses in der ul. Leszno eröffnet. Adina Blady Szwajgier erinnert sich nach dem Krieg genau daran, wie furchtbar der Anblick in der dort bereits bestehenden Krankenstation war, als sie sie im Oktober 1941 zum ersten Mal betrat. Ausgemergelte Kinder lagen dort auf Holzpritschen, die dürftig mit Papier abgedeckt waren. Die Kinder litten an blutigem Durchfall, doch da es an Nachttöpfen fehlte und sie zu schwach waren, zur Toilette zu gehen, waren die wenigen Blechkübel in einer Ecke des Raumes überfüllt und quollen über. Es stank entsetzlich. Die Kinder waren «zu Skeletten abgemagert oder zu unförmigen Klumpen aufgedunsen». Ihre Augen seien das einzig Lebendige gewesen, starrten sie, die sie in ihrer weißen, sauberen Kleidung den Raum betraten, an: «Wenn man nie solche Augen gesehen hat, das Gesicht eines hungernden Kindes mit der gähnenden schwarzen Höhle anstelle des Mundes und seiner verschrumpelten pergamentähnlichen Haut, hat man keine Ahnung, wie das Leben sein kann.»[106]

Um diesen Kindern zu helfen, rief die Chefärztin eine Rettungsaktion ins Leben, ein «Matronat». Mit dem Ziel, Gelder dafür einzuwerben, erzählte Adina Blady Szwajgier auf einer Versammlung Geschichten von den sterbenden Kindern und rührte die Anwesenden offenbar derart, dass die Situation auf der Station bald verbessert werden konnte. Im Frühjahr 1942 gab es Matratzen und Bettwäsche, Nachttöpfe und Waschbecken. Dann kamen sie auf die Idee, ein Spielzimmer einzurichten, um den Kindern zumindest zu kleinen Momenten der Freude, vielleicht des Glücks zu verhelfen. Doch dauerte es nicht mehr lange, bis das Krankenhaus aufgelöst wurde und die Kinder deportiert und ermordet wurden.

Kinder und Jugendliche

Nicht nur die Kinder im Spital waren dringend auf Hilfe angewiesen. Im Januar 1942 lebten etwa 100 000 Kinder unter 14 Jahren im Getto. In zahlreichen Tagebüchern und Berichten ist davon die Rede, dass das Schicksal der hungernden Kinder, die im Dreck lagen und bettelten oder auf der Straße starben, Kinder, die unter so inhumanen Bedingungen aufwuchsen, so unnatürlich schnell erwachsen werden mussten und mitunter so greisenhaft aussahen, das Traurigste war, was die Menschen sehen mussten. Bei allen Konflikten und Kämpfen um Lebensmittel herrschte innerhalb der Bevölkerung weitgehende Einigkeit darüber, dass die Kinder versorgt werden müssten. Bernard Goldstein beschreibt das Paradox, dass er trotz der hohen Todesraten den Eindruck hatte, dass die verwahrlosten Kinder auf den Straßen immer mehr wurden. Sie brachten ihn wie viele andere geradezu zur Verzweiflung: «Diese verkümmerten kleinen Körper mit ihren um Brot bettelnden gebrochenen Stimmchen – sie waren einst unsere Zukunftshoffnung gewesen.»[107] Und selbst der stets um Sachlichkeit bemühte Emanuel Ringelblum konnte seine Erschütterung nicht verbergen, wenn er das Leiden der Kinder beschrieb. Vielleicht dachte er beim Anblick der einsamen, bettelnden Kinder an seinen eigenen Sohn Uri. Ebenso wenn er eine

Szene wiedergibt wie diejenige, die sich im August 1941 vor einem Haus in der ul. Muranowska 24 zutrug: «Ein sechsjähriges bettelndes Kind lag dort die ganze Nacht über im Sterben und schaffte es nicht, zu dem Stückchen Brot zu kriechen, das vom Balkon geworfen worden war.»[108] Das Untergrundarchiv setzte in der Dokumentation des Lebens und Sterbens der Kinder einen Schwerpunkt seiner Arbeit.

Adam Czerniaków musste im Mai 1941 ganz lapidar in seinen Notizen vermerken: «Die Kinder verhungern.»[109] Und auch ihn bewegte wenig so sehr wie das Schicksal der jüngsten Gettobewohner. Er schildert im Juni 1942 den Besuch von Kindern aus einer vom Ordnungsdienst eingerichteten Verwahranstalt, die dazu diente, Kinder von der Straße zu holen: «Es sind lebendige Knochengerippe, die sich aus Straßenbettlern rekrutieren. [...] Sie redeten mit mir wie Erwachsene – achtjährige Bürger.» Der Vorsitzende des Judenrats muss gestehen: «Ich schäme mich zu sagen, daß ich schon lange nicht mehr so geweint habe.» Er endet wütend: «Fluch über diejenigen von uns, die selbst essen und trinken und diese Kinder vergessen.»[110]

Wie bereits geschildert, ernährten manche Kinder durch Schmuggel ihre gesamten Familien. Familienstrukturen änderten sich, Eltern, die nur knappe Lebensmittelrationen erhielten, gerieten in Abhängigkeit von ihren minderjährigen Kindern. Dass dies Konflikte mit sich brachte, ist nicht verwunderlich. Ohnehin waren nicht alle Väter und Mütter angesichts eines Lebens in ständiger Existenzangst in der Lage, ihren Kindern die nötige Liebe und Zuwendung zu geben. Den Kindern fehlte ein Rahmen, eine Struktur. Sie lebten in einer aus den Fugen geratenen Welt, in der sämtliches Handeln auf die Sicherung der Existenz ausgerichtet sein musste. Nur wenig Zeit blieb zum Lernen, zum Lesen, zum Spielen. Sie wurden lange vor ihrer Zeit erwachsen, wussten und kannten so vieles, das noch nicht für sie bestimmt war. «Das Kind hat aufgehört, ein Kind zu sein», so fasst es E. Justmanówna in einem Bericht über ein Spielzimmer in einem der Flüchtlingsheime im Dezember 1941 zusammen.[111] In einem

Schulaufsatz über die Bedeutung des Kriegs, den Lehrer ihre Schüler für das Untergrundarchiv anfertigen ließen, schreibt die 15-jährige Sara Sborow über den Tod ihrer Mutter: «Ich schlief neben ihr im gleichen Bett. Ich spürte in der Nacht, wie meine Mutter steif und kalt wurde, aber was hätte ich tun können, ich blieb bis zum Morgen an sie geschmiegt liegen, und dann half mir eine Nachbarin, sie aus dem Bett zu heben und auf den Boden zu legen.»[112]

Die Realität des Gettos war für die jüngeren Kinder die einzige, die sie kannten, sie wurde ihre normale Existenz. Also erfanden sie Spiele, die ihrer Lebenswelt entsprachen, spielten «Schmuggel» oder «Razzia», sie erfanden Lieder und Reime, in denen es um Hunger und Krankheiten ging. Sie spielten «Deutsche und Juden», ein Spiel, in dem der «Deutsche» die «Juden» beschimpfen und treten durfte. Viele jedoch konnten nicht einmal mehr spielen.

Adolf Berman, der Leiter der Kinderfürsorge, schätzte, dass 75 Prozent der Kinder auf Hilfe angewiesen waren. Dies umso mehr, als die Bedingungen ein weiteres gravierendes Problem schufen: Immer mehr Kinder wurden zu Waisen. Auch setzten immer wieder Mütter, die selbst fast vor Hunger starben, ihre Babys vor sozialen Einrichtungen oder den Kommissariaten des Ordnungsdienstes aus – «eine massenhafte Erscheinung», so Emanuel Ringelblum.[113] Schlimm war es um die Kinder bestellt, die aus der Provinz ins Getto verschleppt wurden und keine Eltern mehr hatten. Sie kannten hier niemanden, konnten nicht versuchen, bei Verwandten eine Bleibe zu finden. Ein Beobachter schildert in einer Notiz, die im Ringelblum-Archiv überliefert ist, wie ein abgemagerter Junge sich auf die Straße hinunterbeugt, die Hand durch den Dreck zieht und sie danach in den Mund steckt. Im Dreck hatte er Reste von bereits gebrühtem Getreidekaffee gefunden. Er ging weiter und steckte sich noch etwas aus dem Dreck in den Mund.[114]

Viele Kinder sahen keinen anderen Ausweg mehr, als sich auf die Straße zu setzen und zu betteln, in der Hoffnung, dass ihre

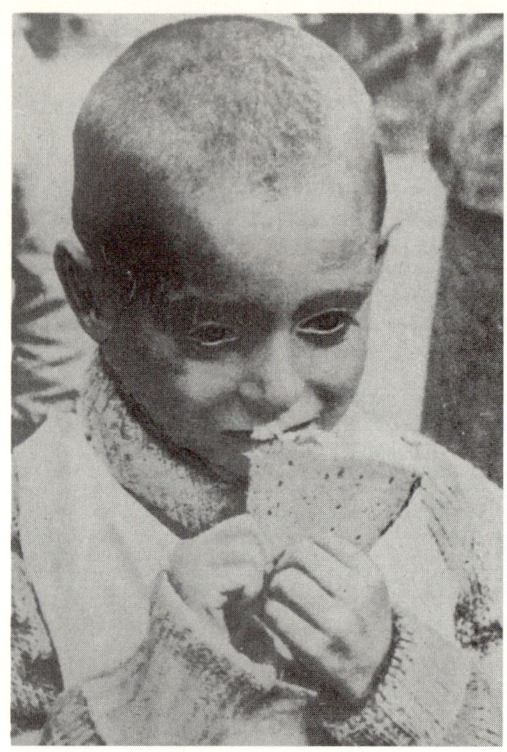

Hungerndes Kind mit einem Stück Brot in einem Krankenhaus.

Not, ihr Ruf «mit ihren herzzerreißenden, dünnen Stimmchen» nach einem Stückchen Brot das Herz der Vorbeieilenden rühren würde.[115] Die Kinder hungerten, wurden dünner, viele waren krank, sie stumpften ab. So notiert Janina Bauman an einem Tag im April 1941 traurig: «Zwei kleine Jungen betteln auf der Straße neben unserem Tor. Ich sehe sie jedes Mal, wenn ich weggehe. Vielleicht sind es auch Mädchen, ich weiß es nicht. Ihre Köpfe sind kahl, ihre Kleider zerlumpt, ihre gräßlich abgezehrten winzigen Gesichter scheinen eher Vögeln als menschlichen Wesen zu gehören. Ihre weiten schwarzen Augen wirken aber menschlich, so voller Traurigkeit ...» Sie entschließt sich, den beiden das Brot zu geben, das sie eigentlich am Mittag selber essen sollte: Die Kinder aber zeigten keinerlei Aufregung, sie nahmen das Brot und begannen teilnahmslos zu essen.[116]

Die zahllosen bettelnden Kinder waren ein sichtbares Zeichen dafür, dass der Judenrat es nicht schaffte, die Menschen zu ernähren. Er wies immer wieder den Ordnungsdienst an, die Kinder von den Straßen zu holen und in den Waisenhäusern unterzubringen. Viele rissen jedoch wieder aus, da sie dachten, besser dazustehen, wenn sie sich auf niemanden verließen. Diese Kinder waren zu oft verlassen worden, sie waren schon zu lange unter zu schlimmen Bedingungen allein.

In vielerlei Hinsicht waren Kinder auf Hilfe angewiesen. Die zentrale Fürsorgeinstitution für jüdische Kinder in Polen, CENTOS, war schon 1924 gegründet worden, hatte Ende 1939 verschiedene andere Hilfsorganisationen übernommen, die zuvor von öffentlichen Stellen finanziert worden waren, und wirkte nun auch im Getto. Adolf Berman, der Anfang 1940 Direktor von CENTOS wurde, nachdem sein Vorgänger ermordet worden war, gelang es über seine Kontakte, zahlreiche Lehrerinnen und Lehrer, Krankenschwestern, Psychologen und viele andere mehr für die Arbeit in der Institution zu gewinnen. Mehrfach veranstaltete die Hilfsorganisation Geldsammlungen unter dem Namen «Monat des Kindes». Künstler brachten sich mit Plakaten ein, Kinder aus verschiedenen Einrichtungen von CENTOS spielten Theater und boten andere Vorführungen dar.

Neben Waisenheimen wurden Küchen eigens für Kinder errichtet – die Verpflegungsabteilung von CENTOS leitete Emanuel Ringelblums Frau Yehudit – und Horte in den Umsiedlerheimen. Die hier tätigen Erzieherinnen und andere Helfer kümmerten sich direkt in den Sammelunterkünften in beengten Kindertagesstätten um die Kleinen, deren Eltern bereits eine Arbeit gefunden hatten und daher tagsüber nicht auf sie achten konnten. Vor allem aber sorgten sie für die vielen Waisen. Im Mai 1942 berichtet das Jüdische Hilfskomitee der JSS, dass bereits 400 Waisenkinder aus den Umsiedlerunterkünften in Heime verbracht werden konnten, doch seien immer noch 700 dort, denen geholfen werden müsse.[117]

Im Oktober 1941 unterstanden CENTOS ungefähr 100 Fürsorgeeinrichtungen für Kinder. Dawid Wdowinski beschreibt nach dem Krieg, dass Berman und seine Kollegen Unglaubliches für die Kinder im Getto leisteten, unter größter Selbstaufopferung versuchten, deren junges Leben ein kleines bisschen lebenswerter zu gestalten. Der größte Held war für ihn – und diese Meinung teilen viele – aber Janusz Korczak.[118] Der Schriftsteller und Pädagoge hatte sich lange vor dem Zweiten Weltkrieg entschieden, sein Leben den Waisenkindern zu widmen, und diesem Entschluss blieb er im Getto treu.

CENTOS unterhielt auch sein Waisenheim. Das Gebäude, in dem dieses seit 1912 beheimatet war, lag außerhalb der Gettogrenzen und allen Bemühungen Korczaks zum Trotz musste er mit den seinerzeit 150 Kindern in das kleinere und im Grunde für diesen Zweck völlig ungeeignete Gebäude in der ul. Chłodna 33 umziehen, Ende 1941 musste das Waisenheim wegen Grenzänderungen erneut ein neues Gebäude finden. Janusz Korczak wurde während des ersten Umzugs inhaftiert, da er seine Armbinde nicht getragen hatte, nach einem Monat wurde er entlassen. Danach bemühte er sich unablässig und mit unglaublicher Energie darum, den Kindern auch innerhalb der Gettomauern ein gutes Zuhause zu schaffen. Ludwik Hirszfeld besuchte das Waisenhaus regelmäßig, da er es für «eine bessere Welt» hielt.[119]

Zwar blieb Korczak, der nicht einmal einen Raum für sich selbst beanspruchte, seinen Erziehungsmethoden von vor dem Krieg, seiner Idee der Kinderselbstverwaltung, treu und versuchte, den Kindern ein normales Leben zu ermöglichen, doch stieg die Zahl der Waisen in seinem Heim stetig an und auch hier waren die hauptsächlichen Probleme der Kampf gegen Hunger und Krankheiten. Korzcak notiert am 15. Juli 1942 in seinen Aufzeichnungen, das Waisenhaus gleiche inzwischen einem Altersheim: «Die Gespräche der Kinder am Morgen – das Ergebnis ihrer Temperaturmessungen.» Und er führt weiter aus: «Die Kinder schleichen umher. Nur die äußere Haut ist normal. Aber darunter sind Erschöpfung, Unlust, Zorn, Aufruhr, Mißtrauen, Traurigkeit und Sehnsucht verborgen.»[120]

Korczak ging unermüdlich umher und versuchte, Gelder von Institutionen und Privatpersonen einzutreiben, um seine Schützlinge zu versorgen. Er initiierte Konzerte und Lesungen in seinem Waisenhaus, um die Kinder durch die Erlöse derartiger Abende wieder einen Moment lang besser versorgen zu können. Unabhängig von den selbst initiierten Sammlungen kamen vielfach Aktivitäten anderer Gettobewohner dem Waisenhaus zugute, so berichtet Mary Berg, dass der Jugendzirkel in ihrem Häuserblock Sammlungen für Korczak und seine Kinder durchführte. Oftmals gaben selbst diejenigen, die kaum mehr etwas zum eigenen Überleben besaßen, noch etwas ab, um die Kinder zu unterstützen.[121]

Das größte jüdische Waisenhaus zog im November 1940 in die ul. Dzielna 39. Ungefähr ein Drittel aller Kinder in Waisenhäusern lebte hier. Es gab Platz für mehrere hundert Kinder, doch mussten weit über tausend hier unterkommen. Das Personal war angesichts dessen völlig überfordert, konnte sich kaum um die Kinder kümmern. Wie der Arzt Ludwik Hirszfeld in seinen Erinnerungen beschreibt, lagen Babys im Schmutz, gab es keine Windeln, im Winter fror der Urin in den Hosen der Kinder, warteten alle ständig nur auf ihre viel zu schlechten Mahlzeiten: «Es war die Hölle auf Erden.»[122] Im November 1941 starben hier fast zwanzig Prozent der Kinder. Meist gelang es nicht, die erschöpft und krank von der Straße hergeholten Kinder wieder aufzupäppeln, viele Neuzugänge starben schon nach kurzer Zeit. Janusz Korczak arbeitete hier im Februar 1942 als Direktor, um die Situation in diesem «Schlachthaus für Kinder», wie er es nannte, zu verbessern.[123] Es gelang, die Lage ein wenig zu verbessern, die Betten wurden mit sauberer Bettwäsche ausgestattet, eine organisierte medizinische Versorgung wurde eingerichtet und eine relativ gute Verpflegung ausgegeben.

Insgesamt gab es ungefähr 30 Waisenhäuser und Internate im Getto. Die besten Bedingungen, die zugleich in einem seltsamen

Kontrast zum sonstigen Gettoleben standen, herrschten im Waisenhaus «Guter Wille», das im Januar 1942 mit Hilfe privater Gelder gegründet wurde. Unter den Initiatoren waren so prominente Persönlichkeiten wie der Leiter der Versorgungsanstalt, Abraham Gepner, und Felicja Czerniakowa, die Frau des Judenratsvorsitzenden. Sie traten an die Oberschicht des Gettos heran und baten um Unterstützung. Hierbei waren sie erfolgreich genug, um ein Waisenhaus für 400 Kinder zu errichten, die ein sauberes Bett und Kleidung bekamen und kaum hungerten.

Die Hauskomitees waren ebenfalls aktiv in der Kinderfürsorge, sie richteten in den Wohnblocks «Winkel» für Kinder ein, in denen diese eine warme Mahlzeit bekamen und die Möglichkeit hatten, zu spielen und zu lesen, etwas kindgerechte Normalität zu erfahren.

Um das Problem der bettelnden Straßenkinder, die gefährdet waren, in kriminelle Banden hineinzugeraten, besser in den Griff zu bekommen, ging CENTOS seit Anfang 1941 dazu über, sogenannte Halbinternate zu gründen. Der Ordnungsdienst arbeitete hier mit CENTOS zusammen, jüdische Polizisten griffen Kinder auf den Straßen auf und brachten sie in die Heime und Internate. Die Mitarbeiter von CENTOS richteten Werkstätten ein und boten verschiedene Kurse an. Auf der beruflichen Ausbildung lag auch ein Hauptaugenmerk der Betreuer in den Fürsorgeeinrichtungen für Jugendliche, es gab Nähkurse, in denen Mädchen Lumpen zu einfacher Kleidung umarbeiteten, die dann wiederum Waisenkinder bekamen. Kinder und Jugendliche wirkten in Gärtnergruppen an der Bewirtschaftung der wenigen nicht bebauten Flächen im Getto mit.

Auch der Judenrat legte einen Schwerpunkt auf berufsbildende Kurse, schließlich hatten vor allem Arbeiter eine Überlebenschance. Zahlreiche junge Männer schrieben sich in diese Kurse ein, sahen sie doch dadurch eine Chance, der Deportation in die gefürchteten Arbeitslager zu entgehen. Mary Berg registrierte sich im Februar 1941 für einen vom Judenrat eingerichteten Kurs für Architektur und technisches Zeichnen. Eine begrenzte Anzahl von Stipendien sollte es auch den ärmsten Jugendlichen ermöglichen, hier teilzunehmen. Doch ohnehin konnte nicht jeder, der wollte, den Kurs besuchen, Beziehungen spielten eine große Rolle, denn fast 600 Kandidaten bewarben sich für einige Dutzend Plätze. Als der Kurs Ende des Monats begann, fühlte Mary Berg sich in eine andere Welt versetzt, als so angenehm empfand sie die Atmosphäre. Doch die Realität holte auch die Schülerinnen und Schüler dieses Kurses bald ein: Beim Zeichnen hatten sie Modelle, die vor Hunger einfach umfielen.

Ende Juli 1941 bestand Mary Berg ihr Examen und schrieb sich direkt in den Kurs für Fortgeschrittene ein. Im September 1941 stellten die Schülerinnen und Schüler ihre Arbeiten aus, was offensichtlich eine willkommene Abwechslung für viele Gettobewohner war: «Die Ausstellung ist wahnsinnig populär und mehrere Hundert Menschen haben sie schon besucht.» Noch auf den Straßen diskutierten viele Gäste die Bilder der Jugendlichen, manch einer konnte kaum glauben, dass innerhalb der Gettomauern solche Arbeiten entstehen konnten. «Und doch ist es eine Tatsache!» So schreibt Mary Berg stolz in ihr Tagebuch: «Unsere Jugend hat einen handfesten Beweis ihrer geistigen Stärke, Widerstandskraft, ihres Mutes und ihres Glaubens in eine neue und gerechtere Welt gegeben.»[124] Stanisław Adler besuchte die Ausstellung und erinnert sich noch später, wie angetan er war: «Meine Bewunderung kannte keine Grenzen. Was für fantastische junge Leute!»[125]

Medizinische Kurse, sowohl offiziell als auch geheim, sollten junge Menschen im Getto zu Allgemeinärzten, Zahnärzten oder Rettungssanitätern ausbilden. Gemeinsam mit ungefähr achtzig anderen besuchte Irena Szereszewska eine Schule für Krankenschwestern, sie praktizierte zugleich im Kinderkrankenhaus.[126] In öffentlichen Vorlesungen informierten darüber hinaus Koriphäen wie Professor Ludwik Hirszfeld große Zuhörerschaften über medizinische Probleme und Fragen wie die Eindämmung und Verhütung von Epidemien. In medizinischen Kursen und Vorträgen gingen psychische und physische Selbstbehauptung Hand in

Hand, hier sollten Geist und Körper vor den destruktiven Bedingungen gerettet werden. Die Menschen sehnten sich, so beobachtet Hirszfeld, nach «Treffen, Kursen, dem Austausch von Ideen und allem, das mit ihrem normalen Vorkriegsleben zu tun hatte». Unten auf der Straße waren Schreie und Schüsse zu hören, doch die Menschen folgten seinen Ausführungen gebannt.[127]

Im September 1941 erhielt der Judenrat die Erlaubnis, wieder Grundschulen zu eröffnen. Er errichtete eine Kommission bei der Schulabteilung, die daranging, Lehrpläne zu erstellen. Das erste – und, wie sich herausstellen sollte, das letzte – Schuljahr im Getto begann am 1. Oktober 1941. Im Dezember gab es neun Schulen, zum Ende des Schuljahres war die Zahl auf 19 Schulen mit 6700 Schülern angewachsen. Noch im Frühjahr 1942 eröffnete der Judenrat neue Grundschulen. Kurz vor Beginn der großen Deportationsaktion im Juli 1942 begannen Lehrerfortbildungskurse. Da es zu wenige Schulbücher gab, wurden auf Schreibmaschinen Hefte zu diesem Zweck produziert und an die Lehrer ausgegeben. Wenig später lebten kaum noch Lehrer im Getto, ebenso wenig wie Kinder, die sie hätten unterrichten können.

Neben den offiziellen Schulen und besonders vor deren Eröffnung gab es geheimen Unterricht, durchgeführt in Küchen, den Horten der Umsiedlerheime oder den «Winkeln» der Hauskomitees. Von der Wichtigkeit überzeugt, gerade die Kinder und Jugendlichen auf ein Leben nach dem Krieg vorzubereiten, ihnen Werte und Wissen beizubringen, welche in der Welt des Gettos nicht gefragt waren, gingen zahlreiche Menschen daran, diesen Unterricht mit aufzubauen und zu leiten. Hier gab es zumeist keine Strafen und keine schlechten Noten, als positiver Anreiz für die jungen Gettobewohner dienten Mahlzeiten – Motivation genug unter den gegebenen Bedingungen. Sowohl für den offiziellen als auch den inoffiziellen Bildungsbereich entwarfen Aktivisten Unterrichtspläne, und in gemeinsamen Sitzungen diskutierten sie die Maßstäbe, die für den Unterricht im Getto gültig sein sollten. Im Untergrundarchiv sind zahlreiche derartiger Dokumente überliefert, die nachdrücklich zeigen, welch große

Bedeutung sie der Erziehung und Bildung ihrer Kinder beimaßen.

Janina David erinnert sich nach dem Krieg an den geheimen Unterricht und den ungeheuren Eifer der Schüler, «unsere Lerngier wurde zur Besessenheit», formuliert sie. Die Aussicht auf ein normales Leben sei hier die zentrale Antriebsfeder gewesen: «Wir bereiteten uns auf die richtige Schule vor, die wir eines Tages wieder besuchen würden.»[128]

Neben organisierten Aktivitäten gab es auch privaten Unterricht, den Einzelne für ihre Kinder durchführten, auch sie in der Überzeugung, dass sie ihnen für das Leben nach dem Getto etwas mit auf den Weg geben müssten. In Privatwohnungen scharten sich die Kinder um einen Lehrer und übersetzten literarische Texte, lernten Geschichte oder Vokabeln. Auch in den sogenannten Jugendzirkeln unterrichteten Erwachsene die Kinder und leisteten im weiteren Sinne Kultur- und Bildungsarbeit. Irena Sendlerowa, eine nichtjüdische Polin, war hier sehr aktiv. Sie war Mitarbeiterin der Fürsorgeabteilung der Stadtverwaltung und hatte als solche einen Passierschein. Das spätere Mitglied in der Żegota, des Hilfsrates für die polnischen Juden, kam regelmäßig ins Getto. Sie brachte den Kindern Unterstützungen, die sie auf der Grundlage fiktiver Namen erwirkt hatte.

Die Übersetzerin Cecilia Slepak führte im Auftrag des Untergrundarchivs mit 17 Frauen unterschiedlicher sozialer Herkunft Interviews über ihre Situation. Von einer einzigen dieser Frauen wissen wir, dass sie überlebt hat, und auch sie hat sich für Kinder und deren Bildung engagiert: Basia Temkin-Berman baute trotz mannigfaltiger Schwierigkeiten eine Bibliothek für Kinder auf. Sie hatte bereits vor dem Krieg als eine der wenigen Frauen in der Warschauer Stadtbibliothek gearbeitet, berichtete aber nun im Interview, dass ihr die Arbeit im Getto eine viel größere Befriedigung verschaffe, weil sie jüdischen Kindern half, sich auf ihr Leben nach dem Krieg vorzubereiten. Sie sah sich als Freundin, Lehrerin und Ratgeberin zugleich. Sie organisierte Ausstellungen und Lesungen und versuchte, das Interesse der Kinder an Büchern allgemein, vor allem aber an jiddischer Literatur zu wecken.[129]

Sowohl die Schulen als auch die Heime organisierten Theatergruppen und Chöre, veranstalteten besonders festliche Abende für die Kinder anlässlich der jüdischen Feiertage. Die Malerin Gela Sekstein initiierte Theateraufführungen von Kindern für Kinder, ihr Mann Israel Lichtenstein war als Lehrer tätig und schrieb Schulbücher. Ihnen allen war es ein Anliegen, die geistige Gesundheit der Kinder irgendwie zu erhalten. Lehrer und Erzieher stellten sich der schwierigen Aufgabe, Kinder in dieser chaotischen Welt zu erziehen, hungrigen Waisenkindern zu erklären, dass das Leben trotz des Todes der Eltern, trotz ihrer Krankheiten und ihres ständigen Hungers, trotz der Bedrohung durch gewalttätige Deutsche lebenswert sei, einen Sinn habe. Sie versuchten ihnen das Gefühl von Freude und Geborgenheit wenigstens in manchen Momenten zu vermitteln.

Noch im Juni 1942, während Nachrichten über die Vernichtung anderer jüdischer Gemeinden in immer dichterer Folge ins Getto gelangten, ließ der Judenrat einen Garten für Kinder errichten, am 7. Juni berichtet Adam Czerniaków über die feierliche Eröffnung: «Der Garten wurde den Kindern von Kindern übergeben. 2 männliche und eine weibliche Delegierte verkündeten dies feierlich in polnischer, jiddischer und hebräischer Sprache. Ich redete 2 Mal. Die Feier machte einen großen Eindruck auf die Versammelten. Balsam auf die Wunden. Das Lächeln der Straße!»[130] Michael Zylberberg erinnert sich an die Rede Czerniaków s, der betont habe, dass das Lachen und Singen der Kinder – und dies genau gegenüber dem Judenratsgebäude – ihnen Hoffnung geben sollte und den Mut, um die Zukunft zu kämpfen.[131]

Hilfe für Flüchtlinge

Schon bevor das Getto abgeriegelt wurde, waren knapp 90000 Flüchtlinge und Umsiedler nach Warschau gekommen. Im Frühjahr 1941 machten die Besatzer die westlichen Kreise des Distrikts Warschau bis auf einige wenige Zwangsarbeiter «judenfrei». Rund 72000 Juden vertrieben sie, um in diesen Regionen Platz für Polen zu schaffen, die wiederum aus den ins Reich eingegliederten Gebieten zwangsverschickt wurden. «Ganze Jüdische Gemeinden werden ausradiert, ohne eine Spur zu hinterlassen», notiert Hersz Wasser am 26. Februar 1941 in sein Tagebuch.[132] Ein Jahr später, zwischen März und Juli 1942, kamen noch mehrere tausend Juden nach Warschau, unter diesen Vertriebenen waren auch ungefähr 4000 deutsche Juden, die im April 1942 aus Berlin, Frankfurt und Hannover hierher deportiert wurden, und Juden aus dem Protektorat Böhmen und Mähren. Leidtragende dieser enormen Bevölkerungsverschiebungen waren vor allem die im Warschauer Getto in immer dramatischer werdender Enge eingezwängten Juden. Die Flüchtlinge und Zwangsvertriebenen selbst sind hier an erster Stelle zu nennen.

Viele von ihnen hatten nach dem Aussiedlungsbefehl völlig überstürzt packen müssen und kamen mehr oder weniger mittellos in Warschau an. Das Jüdische Hilfskomitee beklagt im Frühjahr 1941, dass der größte Teil der Umsiedler «jeglicher Mittel entbehrt und meistens auch keine Erwerbsmöglichkeiten hat».[133] Auch verfügten sie hier im Unterschied zu den Warschauer Juden über keinerlei Kontakte außerhalb des Gettos, die ihnen ihr Leben vielleicht ein wenig hätten erleichtern können. Im Februar 1941 beschreibt Chaim Kaplan entsetzt die Lastwagen, mit denen Umsiedler angekommen waren: «Sie sind voll von zerbrochenen Habseligkeiten, zerrissenen Kissen und Decken, in denen sich erfrorene kleine Kinder und alte Männer und Frauen verkriechen, die nicht mehr die Kraft haben, auf ihren Beinen zu stehen.» Doch seien dies noch die Glücklicheren, eine Minderheit, die meisten könnten noch nicht einmal etwas mit einem Wagen ins Getto schaffen, da sie sich zu Fuß auf den beschwerlichen Weg machen mussten, Rucksäcke oder Bündel mit einigen wenigen Dingen schleppend: «Ihre Kleider sind zerrissen, ihre Füße mit Lappen umwickelt, und in ihren Gesichtern steht die Furcht.»[134]

Das Hilfskomitee und der Judenrat mussten die Neuankömmlinge unterbringen und verpflegen, beides war kaum möglich, wie Czerniaków am 4. April 1942 bitter vermerkt: «Um 19 Uhr sollen heute 642 Umsiedler aus Deutschland ankommen. Ich ließ Vorkehrungen treffen. Wir haben keine Räumlichkeiten und keinen Groschen.»[135] Die jüdische Verwaltung errichtete Sammelunterkünfte, sogenannte Punkte, in allen Gebäuden, die irgendwie nutzbar waren: Synagogen, Kinos, Fabrikgebäude. Völlig überfüllt, ohne ausreichende sanitäre Anlagen, hatten manche der Unterkünfte nicht einmal Fenster oder diese waren kaputt, so dass es kalt und zugig war. Auf den Böden lag verdreckte Bettwäsche, mehr schlecht als recht errichteten die Menschen dort ihre Bettlager. «Dort sterben sie, früher oder später», so fasst Mary Berg die Lage im Juni 1941 zusammen.[136]

Die Bedingungen, unter denen alle litten, trafen die in den Punkten lebenden Menschen noch härter, Krankheiten verbreiteten sich schneller, viele hatten keine Arbeit, damit keine Einkünfte und weniger Lebensmittel. «Die anhaltenden Fröste» hatten im Winter 1941/42 fatale Folgen für die Unterkünfte, wie der Judenrat in seinem Bericht über den Monat März 1942 vermerkt: «Die beschädigten Wasserleitungen erlauben nicht, dieselben auch auf der primitivsten Höhe zu erhalten, umso mehr als die hungernden Flüchtlinge infolge völliger Ermattung den gesundheitlichen Bedingungen gegenüber ganz gleichgültig blieben.»[137] Einem Bericht aus dem Untergrundarchiv zufolge bekamen die aus dem Reich ins Getto verschleppten deutschen Juden offiziell 250 Gramm Brot und einen halben Liter wässrige Suppe am Tag.[138] Mütter verstecken ihre toten Kinder mehrere Tage lang unter den Betten, um noch deren Lebensmittelrationen zu erhalten.

Die Lage der Flüchtlinge war derart verzweifelt, wie Emanuel Ringelblum im Mai 1942 berichtet, dass sie wirklich alles, was sie besaßen, verkauften, um dafür etwas zu essen zu bekommen, sogar die Bezüge ihrer Betten. Sie lagen nun auf bloßen Federn, daher konnte man nun «Bettler, die voller Federn» waren, antreffen.[139] Ihr Leid schockte die Gettobewohner, die ja selbst einiges gewohnt waren, wie Chaim Kaplan am 23. März 1941 in seinen Aufzeichnungen notiert: «Heute besuche ich die Flüchtlinge aus Danzig und kam mit gebrochenem Herzen heim. Es fehlt nicht an Tragödien im Getto, denn wohin man geht, stößt man auf Armut und Bedrückung, Hunger und Krankheit, Tränen und Leiden. Wir sind für die Nöte einzelner unempfindlich geworden. Aber was ich in der Flüchtlingsunterkunft der Danziger sah, verstörte mich so sehr, daß sogar mein Herz, ein Herz, das zu Stein ward, ergriffen wurde. Wir sind im Getto an eine sich mit Worten vernehmlich machende Tragödie gewöhnt, an lautes Jammern, an Schreie, Gestöhne und Seufzer, aber hier in dem riesigen Gebäude der früheren Handelsschule in der Prostastraße 12 traf ich auf eine stumme Tragödie, auf Opfer einer großen Katastrophe, die sich in ihre eigenen trüben Gedanken vergraben haben. Ihre Augen sind ohne einen Schimmer der Hoffnung, ohne einen Funken des Lebens.»[140]

Neben der offiziellen jüdischen Verwaltung kümmerte sich die Zentrale Kommission für Flüchtlinge CKU (Centralna Komisja Uchodźców) mit ihrem Leiter Hersz Wasser, dem engen Mitarbeiter Emanuel Ringelblums, im Auftrag des Jüdischen Hilfskomitees um die Vertriebenen. Wasser beschreibt die Aktivitäten und deren Bedeutung ausführlich in seinem Tagebuch. Auch für ihn persönlich war das soziale Engagement von zentraler Wichtigkeit: «Es ist mein großes Glück, dass ich den Tag in aktiver Arbeit für die Gemeinschaft verbringen kann.»[141] Die Mitarbeiter der Kommission bemühten sich um die Versorgung der Menschen, jedoch auch darum, ihnen Unterkünfte außerhalb der Punkte und Arbeitsplätze zu beschaffen, kurz, sie in die Gettogesellschaft zu integrieren, damit sie sich selbst helfen konnten. Innerhalb der Kommission gründeten sich Landsmannschaften der einzelnen Herkunftsorte, die sich speziell um ihre Mitglieder kümmerten. Diese Zusammenschlüsse hatten eine große moralische Bedeutung: Hier taten sich Menschen aus derselben Stadt zusammen, um sich in der neuen und fremden Situation notdürftig zu helfen, hier fanden sie Rat und Unterstützung durch Gleichgesinnte. Die Flüchtlinge wollten Subjekte sein, eine aktive Rolle spielen, nicht hilflos warten, bis sich jemand ihrer annahm. Hersz Wasser schildert im Januar 1941 das halbjährige Jubiläum der Łódźer Küche und macht hier noch einmal die keineswegs nur materielle Bedeutung klar: «Es gab ein bisschen Freude in der angenehmen Atmosphäre, unter seinesgleichen zu sein.»[142]

Von wem auch immer die Hilfe ausging, die Zwangsumsiedler hatten sie bitter nötig, zugleich konnten auch hier die Bemühungen nie hinreichend sein. Der Arzt Mordechai Lensky hatte einmal eine Stelle in einem der Flüchtlingsheime in Aussicht. Er war jedoch unsicher, ob es ratsam sei, diese anzunehmen, ungeheuer groß war schließlich die Gefahr, sich mit den dort grassierenden Krankheiten anzustecken. Er vereinbarte, dass er sich das Heim erst einmal ansehen durfte, bevor er eine Entscheidung traf. Über den Hof gelangte er zu einem dreistöckigen Gebäude in der ul. Stawki 9. Der Hof war voller Schmutz, Müllberge und Exkremente. Lenskys erster Impuls war es umzukehren, diesen Ort so schnell wie möglich zu verlassen. Doch dann wollte er sich zumindest ansehen, wie die Umsiedler leben mussten, da er es als unmoralisch empfand, sofort zu gehen. Den Direktor des Heimes konnte er nicht treffen, da auch dieser krank daniederlag. Ein im Heim Dienst habender Polizist berichtete ihm von den Problemen mit der Abfallbeseitigung. Die Gemeinde kam kaum noch hinterher, den Hinterhof zu reinigen, zumal im Winter durch die Kälte alle Leitungen zerstört worden seien und daher die Toiletten nicht mehr funktionierten. Es war nicht geheizt und bitterkalt. Eine Krankenschwester holte ihn ab, damit er einen Patienten untersuchen konnte, sie empfahl ihm, seinen Mantel anzulassen. Sie und ihre Kollegin hätten sich dagegen an die Kälte im Gebäude gewöhnt.

Voller Mitleid berichtet Lensky nach dem Krieg vom Schicksal dieser Flüchtlinge, die von den Nazis aus umliegenden Städten vertrieben worden seien, «um hier zu verhungern oder an Typhus zu sterben». Zwar fühlte er sich im Grunde in der Verantwortung, doch sagte er die Stelle in dem Flüchtlingsheim nach einem Gespräch mit seiner Frau ab, die besorgt war, dass er selbst nur allzu schnell erkranken würde, wenn er dort arbeitete.[143] Adina Blady Szwajgier steckte sich in einem der Lager mit Fleckfieber an, als sie dort hingegangen war, um einem der Pfleger aus ihrem Krankenhaus, der dort mit Hungerödemen im Bett lag, eine Spritze mit Vitamin C zu geben. Schon als sie den Raum wieder verließ, merkte sie, dass sie voller Läuse war. Wenig später musste sie sich krank melden.[144]

Für sämtliche Bereiche der Fürsorge galt, dass die Selbsthilfeorganisationen im Laufe der Zeit, als ihre Bedeutung aufgrund der Bedingungen im Getto anstieg, zunehmend vom Judenrat abhängig wurden, da kaum noch Gelder von außen flossen, die ihnen ihre Arbeit ermöglichten. Der Judenrat wiederum konnte keineswegs völlig frei über seine Gelder für den Fürsorgebereich verfügen. Auerswald griff hier durchaus ein, ihm war vor allem daran gelegen, Arbeiter zu ernähren und bei Gesundheit zu halten.

Letztlich waren die Anstrengungen zwar heroisch, doch angesichts fehlender Mittel und übergroßen Bedarfs vergeblich, so die traurige Bilanz von Emanuel Ringelblum über die Selbsthilfe, die «das Problem nicht löst, sie hilft den Menschen eine kurze Zeit lang. Sterben müssen sie doch.» Die Selbsthilfe, so Ringelblum, «verlängert das Leiden».[145]

6. Kultur und Selbstbehauptung

Zahlreiche Musiker, Schauspieler, Tänzer, Maler oder Literaten waren im Getto eingesperrt – schließlich war Warschau vor dem Krieg ein Zentrum jüdischer Kultur gewesen. Diese Künstler fanden sich in einer schwierigen Situation, hatten keinerlei Einkommen. Manche sahen keine andere Möglichkeit, als sich vollkommen von ihrer Leidenschaft zu verabschieden und nach einem anderen Auskommen zu suchen, ganz gleich, welche Arbeit dies sein könnte. So gerieten Sänger oder Maler in die Lage, als Rikschafahrer Angehörige der neuen Gettoelite durch die verdreckten Straßen befördern zu müssen. Viele versuchten aber durchaus, unter den neuen Bedingungen weiterhin künstlerisch tätig zu sein. Manche boten Kunst in Cafés oder den bald eröffneten Theatern dar, andere sangen auf der Straße.

Kultur im Getto erfüllte verschiedene Funktionen. Vielen bot sie einen Weg, wenigstens für einen Moment die triste und grausame Realität zu vergessen, gleichsam eine vorübergehende gedankliche Flucht aus der Gettowelt. Doch waren ihre kulturellen Aktivitäten ebenso ein steter Versuch, ihre Werte und moralischen Ansprüche gegen die Bemühungen der Deutschen, ihnen all dies zu nehmen, zu verteidigen. Der Warschauer Rabbiner Nussenbaum bringt dies auf den Punkt: «Der Feind will die Seele, aber die Juden bieten stattdessen nur ihre Körper.»[146]

Nur ein Teil der Gettobevölkerung war imstande, am kulturellen Leben teilzuhaben, gerade die Veranstaltungen in Cafés oder Restaurants standen in erster Linie nur der Elite offen. Doch gab es Bereiche, in denen künstlerische Darbietungen, auf welchem Niveau auch immer, frei zugänglich, ja kaum zu übersehen beziehungsweise zu überhören waren. Wie in anderen Bereichen auch gab es im Hinblick auf das kulturelle Leben zwei Arten, einen inoffiziellen Sektor, in dem verschiedene gesellschaftlich aktive Gruppen tätig waren und Veranstaltungen organisierten, die auch einem breiteren Publikum offenstanden, und den offiziellen Sektor, in dem der Judenrat Lizenzen ausgab.

Musik

Ein spontanes kulturelles Leben gab es von Beginn an. Musik spielte eine besondere Rolle im Alltag, überall waren Straßensänger oder Musikgruppen zu hören. Hersz Wasser bringt dies Anfang Dezember 1940 in seinem Tagebuch auf die Formel: «Der Bauch ist leer, aber das Ohr ist voll.»[147] Es konnte vorkommen, dass aus hässlichen Hinterhöfen Beethovens oder Mozarts Werke erklangen. Manche Bettler sangen buchstäblich um ihr Leben – in der Hoffnung, ein Stück Brot oder etwas Geld zu bekommen. Häufiges Thema in diesen Liedern der Straße war das Gettoleben. Oftmals erklangen auch Lieder aus den Konzerten oder Operetten, die im Getto aufgeführt wurden. Menschen sangen sich ihre Sorgen von der Seele, fühlten sich im Moment gemeinsamen Musizierens mit anderen verbunden.

Auch das gemeinsame Hören von Musik half gegen die Tristesse. Junge Menschen trafen sich in engen Zimmern und hörten zusammen Schallplatten, egal, wie alt und zerkratzt diese waren, jeder brachte mit, was er hatte. Manch eine Gruppe besaß nur eine einzige Platte, die sie wieder und wieder anhörte. Im Winter saßen Freunde frierend in ihren Mänteln um den Schallplattenspieler herum und freuten sich an der Musik und am gemeinsamen Erleben.

Doch nicht nur in kleinem, eher privatem Maßstab war Musik von großer Bedeutung für viele Menschen. Ein professionelles Orchester wurde ins Leben gerufen, die Musiker hofften, sich damit ihren Lebensunterhalt zu verdienen. Vieles musste improvisiert werden, da nicht alle Instrumente vorhanden waren, auch mussten manchmal die Noten für die einzelnen Instrumente per Hand kopiert werden. Und auch andere Dinge fehlten, wie eine Episode verdeutlicht, die Marcel Reich-Ranicki erinnert: «Sehr beliebt waren fünf der Brahmsschen Walzer für Klavier zu vier Händen. Sie wurden von Theodor Reiss, einem im Getto lebenden Komponisten, für Streichorchester bearbeitet – nachdem er von [dem Dirigenten Simon] Pullmann erhalten hatte, was sich der arme Mann nicht leisten konnte: Notenpapier. Die Uraufführung dieser Transkription war überaus erfolgreich, Reiss wurde vom Dirigenten auf das Podium gebeten, wollte aber nicht nach vorn kommen. Man konnte gleich sehen, daß es sich nicht um das in solchen Situationen übliche Getue handelte. Schließlich kam er doch, verneigte sich rasch und linkisch und verschwand schnell wieder im Publikum. Er schämte sich seines Aufzugs: Er besaß offenbar kein Jackett, trug nur einen ungewöhnlich schäbigen Mantel.»[148]

Bereits Ende des Jahres 1940 fanden erste Symphoniekonzerte statt, im April 1941 erhielt das Orchester die offizielle Genehmigung der deutschen Behörden und im Juli 1941 wurde es einer speziellen Kommission unterstellt, die unter Leitung von Felicja Czerniakowa, der Frau des Judenratsvorsitzenden, die Veranstaltungen beaufsichtigte, sie aber auch bekannt machte und Gelder dafür einwarb. Das Orchester widersetzte sich immer wieder der deutschen Anordnung, nur Werke «jüdischer Komponisten» zu spielen, so dass Adam Czerniaków am 11. April 1942 in seinem Tagebuch vermerken musste, dass der Kommissar für den jüdischen Wohnbezirk, Heinz Auerswald, ihm am Vortag schriftlich mitgeteilt hatte, dass das Orchester für zwei Monate suspendiert werde, «weil es Werke arischer Komponisten gespielt hat».[149]

Konzerte fanden häufig im Saal des Kinos und Musiktheaters «Femina» statt, das über Plätze für neunhundert Gäste verfügte. Für Kammerkonzerte wurden kleinere Säle, auch etwa Küchen, genutzt. Musik war wie wohl kaum etwas anderes imstande, die Gefühle und Sehnsüchte der Menschen auszudrücken, in den Beschreibungen von Konzerten in den Selbstzeugnissen wird das sehr deutlich. So schildert Mary Berg im Dezember 1941, sie habe ein Konzert der erfolgreichen Wiera Gran gehört, die Lieder von dem jungen Komponisten Kuba Kohn gesungen habe, der «ein Produkt des Gettos» sei: «Seine Musik drückt all die Traurigkeit und den Widerstand des Gettos aus.» Nur unter der spezifischen Atmosphäre des Leidens, in der sie lebten, sei solche Musik zu schaffen.[150]

Janina Bauman erinnert sich nach dem Krieg, wie sie das erste Mal im «Femina» in einem Konzert war und zuhörte, wie Maria Eisenstadt, die gemeinhin die «Nachtigall des Gettos» genannt wurde, Schuberts *Ave Maria* sang. Die Sängerin hatte «eine starke, klare Stimme, die durch die Wände des Saals zu dringen schien, hoch hinauf über unsere Welt mit ihrem täglichen Elend. Das Publikum weinte, und ich weinte mit.»[151] Nach diesem ersten Erlebnis verpasste Janina Bauman kein Konzert mehr, sie fieberte diesen Veranstaltungen entgegen. Mary Berg beschreibt ebenso begeistert ein Konzert mit Maria Eisenstadt. Mehrere Zugaben habe sie geben müssen, frenetisch habe das Publikum sie gefeiert. Sogar imposante Blumensträuße habe sie bekommen, die nur zu diesem Zweck ins Getto geschmuggelt worden waren.[152] Nicht nur die Zuschauer waren bewegt, sondern auch die Musiker selbst, wie Marcel Reich-Ranicki sich erinnert: «Es läßt sich kaum vorstellen, mit welcher Hingabe damals geprobt, mit welcher Begeisterung musiziert wurde.»[153]

Der spätere Literaturkritiker schrieb im Getto unter dem Pseudonym Wiktor Hart Konzertkritiken in der *Gazeta Żydowska*. Ursprünglich hatte er nur einen kranken Kritiker vertreten, doch dann wurde es zu einer Daueraufgabe. Er geht in seinen Erinnerungen der Frage nach, warum die Konzerte immer gut besucht waren, und benennt hier einen zentralen Punkt, wenn es um Musik und auch allgemeiner um Kultur in den Gettos geht: «Die unentwegt um ihr Leben Bangenden, die auf Abruf Vegetierenden waren auf der Suche nach Schutz und Zuflucht für eine Stunde oder zwei, auf der Suche nach dem, was man Geborgenheit nennt, vielleicht sogar nach Glück. Sicher ist: Sie waren auf eine Gegenwelt angewiesen.»[154] Mehr noch als andere Kunstformen war es die Musik, die die Menschen für einen Augenblick die Realität des

Gettos, die Allgegenwärtigkeit von Krankheit und Tod, vergessen machen konnte.

In verschiedenen Cafés wurde ebenfalls musiziert, schon im Jahr 1940 veröffentlichte die *Gazeta Żydowska* Anzeigen, mit denen das Publikum in diese Etablissements gelockt werden sollte. Am 6. April 1941 notiert Emanuel Ringelblum in seinem Tagebuch, dass es nun schon 61 solcher Vergnügungslokale im Getto gebe.[155] Hier konnte der Charakter der musikalischen und auch anderer kultureller Darbietungen sehr unterschiedlich sein. Einige Lokale hatten einen sehr schlechten Ruf: In ihnen feierte die neue Gettoelite, während vor der Tür hungernde Bettler lagen.

Der bekannte Pianist Władysław Szpilman, dessen Schicksal Roman Polanski – selbst ein Überlebender des Krakauer Gettos – in dem Film «Der Pianist» verewigt hat, spielte auch im Getto weiter Klavier. Er arbeitete in verschiedenen Cafés und gewann dadurch Einblicke in die sehr unterschiedlichen Welten des Gettos. Zunächst spielte er im *Nowoczesna*. Hier hörte ihm niemand zu, wenn er spielte, die Gäste dieses Lokals waren viel zu sehr mit sich selbst beschäftigt. Szpilman spart in seinen Erinnerungen nicht mit Kritik: «Dorthin kamen die Reichen, mit Gold behängt und brilliantenfunkelnd, dort boten grell geschminkte Schlampen an mit Leckerbissen wohlbestückten Tischchen Kriegsgewinnlern ihre Dienste an, im Takt knallender Champagnerkorken.»[156]

Ähnliche Bewertungen über dieses und manch anderes Café finden sich in verschiedenen Quellen, so schreibt Hersz Wasser, das Publikum habe vor allem aus «Spitzeln, Unterweltcharaktern, Schmugglern und ähnlichen Typen» bestanden.[157] Sah Szpilman sich im *Nowoczesna* in hohem Maße mit den sozialen Gegensätzen konfrontiert, traf er an seinem nächsten Arbeitsort eher auf Menschen, die ihm lagen. Er spielte in einem Kaffeehaus in der ul. Sienna, «wo die jüdische Intelligenz hinkam, um mich spielen zu hören».[158] Er knüpfte zahlreiche Bekanntschaften, lernte Menschen kennen, an denen ihm gelegen war, so traf er hier Janusz Korczak, einen «der edelsten Menschen, denen ich im Leben begegnet bin».[159] Dieses von Tatiana Epstein geleitete Café war im selben Gebäude wie die Kurse, die Mary Berg besuchte, und so sah diese Szpilman dort manchmal. Im April 1941 fand hier ein dreitägiger Talentwettbewerb statt. Das Café war an diesen Tagen völlig überfüllt, alle wollten die jungen Künstlerinnen und Künstler sehen. Ein sechsjähriger Schüler von Władysław Szpilman gewann den ersten Preis im Klavierspielen, Mary Berg war erfolgreich mit ihren englischen Jazzsongs.[160]

Etwas später wechselte Szpilman wiederum den Arbeitsplatz und spielte nun im bekannten Café *Sztuka* in der ul. Leszno, wo bekannte und außergewöhnliche Künstler auftraten, so die Sängerinnen Wiera Gran und Maria Eisenstadt oder der Dichter Władysław Szlengel, der hier ein Kabarett organisierte. Dieses Café war für sein hohes künstlerisches Niveau bekannt. Ins *Sztuka* kam die Intelligenz, die gebildete Mittelschicht des Gettos. Der Besuch war für viele auch ein bewusstes Anknüpfen an alte Zeiten, an Gewohnheiten und Vorlieben aus der Vorkriegszeit.

Künstler sangen hier ihre alten Lieder, doch auch neue, sie sangen vom Getto, von Konflikten, den Sorgen und Nöten der gepeinigten Bevölkerung und gaben dieser damit ihre Stimme. In scharfzüngigen Kabaretts nahmen die Darbietenden die allgegenwärtige Korruption und andere Missstände aufs Korn, verurteilten sie deutlich und brachten die Zuschauer damit «zum Lachen und zum Weinen», wie Janina Bauman sich erinnert.[161] Ebenso beschreibt es Mary Berg in ihrem Tagebuch: Die Jüdische Polizei, die Rikschas, sogar die Gestapo und der Typhus würden zum Stoff für Satiren und Witze. Diese Art von Humor sei ihre einzige Waffe, das Einzige, was die Nazis nicht verstünden. Sie selbst stand diesen Witzen über die schlimmsten Gettoerfahrungen anfangs sehr reserviert gegenüber, merkte jedoch im Laufe der Zeit, dass es keine anderen Mittel gegen ihre Leiden gab.[162] Mit Hilfe des Humors distanzierten sich die Menschen ironisch von der grausamen Realität, verschafften sich Erleichterung, in dem sie einen Moment darüber lachten. Der Jude starb, so Ludwik Hirszfeld, «mit klugem Humor auf den Lippen».[163]

Ein Rikschafahrer war besonders beliebt und hatte Stammkunden, weil er seine Fahrgäste mit Witzen unterhielt, stets waren es Witze, die mit der konkreten Situation der Menschen zu tun hatten. Krystyna Zywulska beschreibt, dass die Gäste bei ihm mit der Frage einstiegen, ob er einen neuen Witz kenne: «Bolek tritt rasch in die Pedale und sagt: ‹Bei Rosenzweig klingelt das Telefon.› Eine Stimme fragt: ‹Ist Herr Rosenzweig da?› – ‹Er ist da›, kommt die Antwort aus Rosenzweigs Wohnung, ‹aber nur noch bis vier zu Hause. Um vier findet die Leichenüberführung statt ...›» Der Passagier, so schildert sie weiter, lacht daraufhin herzlich und klopft dem Rikschafahrer auf den Rücken mit den Worten: «Immer lustig, ihre Geschichten, immer lustig.»[164] Am 8. Januar 1942 vermerkt Emanuel Ringelblum in seinem Tagebuch die Gründung einer neuen Gesellschaft, deren Name in Anlehnung an die NS-Organisation *Kraft durch Freude* lautete: «Kraft durch Schadenfreude».[165] Der wohl populärste Bettler des Warschauer Gettos, Rubinsztajn, ging stets in Lumpen durch die Straßen, lachte und schrie seinen bekannten Ruf «Alle glajch» – am liebsten den besser gekleideten oder ihm bekannten Reichen hinterher. Er machte Witze über seine Lage und die der anderen. Im *Melody Palace* wurde im Frühjahr 1941 sogar eine Revue mit dem Titel «Alle glajch» aufgeführt, in der ein Schauspieler die Rolle des Gettonarren, der Eingang in die meisten Selbstzeugnisse gefunden hat, spielte. In der *Gazeta Żydowska* wurde mehrfach über ihn und seinen spezifischen Humor berichtet. Über seinen Tod kursierten im Getto verschiedene Versionen.

Lachen und Weinen lagen oftmals eng beieinander. Mina Tomkiewicz schreibt nach dem Krieg darüber, wie sie im *Sztuka* den traurigen Liedern von Wiera Gran zugehört und sich in Gedanken in schicke Vorkriegsrestaurants geträumt haben. Die Gäste seien immer begeistert gewesen, wenn Władysław Szlengel die Bühne betreten und Geschichten von Majer Mlińczyk, einem «Gettojuden», erzählt habe: «Die Leute haben sich den Bauch vor Lachen gehalten, denn jeder kann seinen eigenen Nachbarn in diesen Tausenden sehr speziellen Problemen des Gettolebens wiedererkennen.»[166] Als Szlengel selbst im Frühjahr 1943, nachdem die meisten seiner Künstlerfreunde aus dem *Sztuka* bereits ermordet worden waren, seine Geschichten und Gedichte aufzeichnete und diesen Text «Was ich den Toten las» nannte, schildert er hier die Genese dieser Figur: «Majer Mlińczyk kam im März 1942 als 42jähriger Kaufmann zur Welt und erlebte bis Januar 1943 in 15 Feuilletons Abenteuer, die meine Zuhörer und – ich gebe es reuevoll zu – auch mich zum Lachen brachten.» Sehr beliebt sei Majer Meińczyk gewesen, denn «seine Sprüche, Erlebnisse und Lösungen für unsere aktuellen Probleme waren stets so frappierend».[167]

Theater

Im Dezember 1940 wurde die erste jüdische Bühne im besetzten Warschau ins Leben gerufen, das *Eldorado*, das rasch zu großer Popularität gelangte. In der *Gazeta Żydowska* vom 24. Januar 1941 ist über eine Aufführung zu lesen: «Zwei Stunden guter Unterhaltung, zwei Stunden in einem warmen, sauberen Saal, in dem wir eine wirklich jüdische Atmosphäre erleben können – das ist ein hervorragend im Eldorado Theater verbrachter Abend.»[168]

In den kommenden Monaten eröffneten vier weitere Berufstheater, auf drei von den nun insgesamt fünf Bühnen wurde in jiddischer Sprache, auf den anderen beiden in polnischer Sprache gespielt. Die jiddischen Theater konnten weitgehend auf dieselben Schauspieler zurückgreifen wie vor dem Krieg, waren sie doch alle im Getto eingeschlossen. Die beiden polnischen Theater dagegen hatten größere Probleme, viele Amateure standen hier auf der Bühne. Da keine Stücke von «Ariern» im Getto aufgeführt werden durften, hatten die polnischen Bühnen es auch mit der Auswahl der Stücke schwerer. Einige hundert Gettobewohner waren an den Theatern angestellt, die insgesamt 86 Premieren feierten. Teilweise führten sie leichte und banale Kost auf, wofür es in der *Gazeta Żydowska* bisweilen Verrisse hagelte. Mitunter waren die Akteure jedoch von hohen künstlerischen Ambitionen geleitet, so im *Neuen Kammertheater* (Nowy Teatr Kameralny), das im Juli 1941 in einer Kirche in der ul. Nowolipki 52 seine erste Premiere feierte.

Bei den Proben und Aufführungen war großes Improvisationstalent gefragt. Mangels Strom musste häufig bei unzureichender Beleuchtung gespielt werden, die Zuschauer saßen im Winter in Mänteln, mit Mützen und Handschuhen auf den Rängen und sahen den Darstellern zu, die sich bemühten, sich ihr Zittern nicht anmerken zu lassen. Die Schauspieler hungerten ebenso wie die Zuschauer, ihre Gagen waren karg, da sie keinen festen Lohn, sondern Teile der Einnahmen erhielten. Daher war es eine Besonderheit der Theater im Getto, dass manchmal begeisterte Zuschauer den Schauspielern beim Applaus keinen Blumenstrauß, sondern ein Brot übergaben und ihnen damit eine große Freude machten. Musste im Getto auch unter ärmlichen Bedingungen Theater gespielt werden, so waren die Akteure doch «voller Enthusiasmus und Liebe zu den Stücken», wie Stanisław Adler sich erinnert.[169]

Die Theater waren beliebt, wenn sich auch nicht alle die Karten leisten konnten. Schauspieler wurden auf der Straße erkannt und freudig begrüßt. Die Lieder, die sie auf der Bühne sangen, waren bald auch auf den Straßen des Gettos zu hören, da Besucher sie nachsangen. Witze aus den Komödien wurden nacherzählt. Theaterkarten waren billiger als ein Laib Brot, und manchmal organisierten die Hauskomitees und Landsmannschaften Ausflüge in die Theater, um ihren Angehörigen etwas Abwechslung im tristen Gettoalltag zu bieten. An Werktagen betrug die Auslastung in den Theatern um die achtzig Prozent, an den Wochenenden waren sie gar voll. Immerhin 3000 Plätze hatten die offiziellen Theater zusammen. Und nicht nur in diesen wurde gespielt, es gab Theater von und für Kinder und zahlreiche Amateurinitiativen.

Wie in den Cafés gab es auch in den Theatern Stücke, die die Gettorealität humoristisch schilderten, so dass die Besucher sich für einen Moment davon distanzieren konnten, indem sie schallend darüber lachten – etwa über Jerzy Jurandots Stück «Liebe sucht eine Wohnung», das im Herbst 1941 im *Femina* gespielt wurde: Ein junges Paar sucht in dem Musical nach einer Wohnung im Getto, schließlich findet es ein Zimmer, doch will die Vermieterin noch mehr verdienen und teilt den Raum, so dass noch ein zweites junges Ehepaar dort einzieht. Wie in einer Komödie in allen anderen Zeiten zu erwarten, ergibt sich bald ein großes Chaos, heimliche Affären zwischen den Ehepartnern werden aufgrund der engen Wohnverhältnisse bald bekannt und nach einer Weile tauschen sie sogar quasi offiziell die Partner. Trotzdem kommt es ständig zum Streit, beide Frauen flirten zudem noch mit dem Leiter des Hauskomitees und am Ende müssen die vier jungen Leute die Wohnung wieder verlassen, da sie die Miete nicht bezahlen können. Mary Berg sah das Stück Ende Oktober 1941 gemeinsam mit ihrem Freund Romek und beschreibt die Atmosphäre: «Die Zuschauer lachten herzlich und verbrachten ein paar angenehme Stunden in einem bequemen Theater, dabei vollkommen die Gefahren vergessend, die draußen lauerten.»[170]

Neben den offiziellen, konzessionierten Veranstaltungen gab es eine Theater- und Musikwelt innerhalb der Selbsthilfe. Bereits zur Jahreswende 1940/41 entstand in der Jüdischen Sozialen Selbsthilfe auf Initiative von Emanuel Ringelblum eine Zentrale Veranstaltungskommission. Deren Aktivitäten konzentrierten sich vor allem auf den Saal in der Judaistischen Bibliothek in der ul. Tłomackie 5. Hier – in dem Gebäude, in dem sich die Gruppe *Oneg Schabbat* häufig traf und in dem sich heute das Jüdische Historische Institut befindet, dessen Archiv die überlieferten Dokumente beherbergt – fanden Konzerte, literarische Veranstaltungen und Diskussionsabende statt. Offiziell waren die von der um Emanuel Ringelblum und seinen engen Kollegen Menahem Linder gruppierten Jiddischen Kulturorganisation (JiKOR) und der hebräisch orientierten Tkuma organisierten Veranstaltungen als Wohltätigkeitsabende deklariert, tatsächlich wurde dann aber vielleicht diskutiert oder Theater gespielt oder ein Konzert aufgeführt. Der Eintritt war günstig, ein Besuch sollte jedem Gettobewohner möglich sein.

Die Mitglieder von JiKOR boten Jiddisch- und andere Weiterbildungskurse vor allem auch für Jugendliche an, ebenso Veranstaltungen über die Großen der jiddischen Literatur, wie Mendele Moicher Sforim oder Scholem Alejchem. Allein zu Ehren von Sforim waren es, so Hersz Wasser, zwischen 127 und 180 Feierlichkeiten, an denen insgesamt etwa 25 000 Personen beteiligt waren. Samstagmorgens fanden öffentliche Vorträge im Saal der ul. Tłomackie 5 statt, zahlreiche Mitarbeiter des Untergrundarchivs traten hier etwa als Redner auf. Die Gruppe betrieb eine geheime Bibliothek und organisierte einen Wettbewerb, in dem die beste literarische oder wissenschaftliche Arbeit über das Getto ausgezeichnet wurde. Wie Hersz Wasser in einem Bericht über die Tätigkeit der Organisation schreibt, ging es anfangs vor allem darum, dass sämtliche Mitarbeiter der jüdischen Hilfsorganisationen im Getto Jiddisch lernen, so sie dies noch nicht gut konnten, doch dann verstanden die JiKOR-Mitarbeiter ihre Aufgabe nach und nach in einem breiteren Sinn.[171] Ähnlich bemühten sich die Tkuma-Aktivisten unter der Leitung von Edmund Menachem Stein, den Gettobewohnern die hebräische Sprache näherzubringen.

Die Untergrundorganisationen nutzten auch die Suppenküchen für künstlerische Darbietungen, und die Hauskomitees waren ebenfalls in diesem Bereich aktiv, auch um dadurch Hilfsleistungen für hungernde Hausbewohner zu erlangen. Innerhalb der Hauskomitees entstanden beispielsweise Amateurtheatergruppen. Mitunter organisierten die Kulturorganisationen gemeinsam mit den Hauskomitees literarische Veranstaltungen zu den Geburts- oder Todestagen bedeutender Dichter. Anlässlich der Eröffnung einer literarischen Veranstaltungsreihe im Herbst 1941 erinnerte ein unbekannter Redner das Publikum an das Elend und die Toten auf den Straßen, daran, dass sie «auf das Niveau von Tieren, von Untermenschen, von Obdachlosen und Verwahrlosten herabgedrückt» worden seien, fasste vor diesem Hintergrund dann aber den eigentlichen Zweck solcher Veranstaltungen als «Beweise unseres starken Lebenswillens» zusammen, die an die Vergangenheit erinnern und zugleich «Hoffnungen auf eine bessere Zukunft wecken» sollten.[172]

Kulturelle Aktivitäten hingen häufig eng mit den Bemühungen zusammen, die Ärmeren zu unterstützen, das Waisenhaus von Janusz Korczak profitierte etwa mehrfach vom Engagement künstlerisch tätiger Gettobewohner. Als im März 1941 das Hauskomitee in der ul. Chłodna 33, wo das Waisenhaus zu dem Zeitpunkt noch untergebracht war, ein großes Konzert organisierte, zu dem es auch den Judenratsvorsitzenden mit seiner Frau einlud, war den Organisatoren vor allem an einem gelegen: hohen Einnahmen zugunsten des Waisenhauses. Korczak widersprach aber dem Ansinnen, Eintrittskarten zu verkaufen, und bestand stur darauf, bei freiem Eintritt auf das Gewissen der Zuschauer zu vertrauen. Er sollte recht behalten: «Es war ein großer Erfolg, künstlerisch und finanziell.» 300 geladene Gäste kamen, die meisten von ihnen gehörten der Oberschicht an. Mehrere professionelle Schauspieler und Musiker wirkten mit, ohne eine Gage zu bekommen. Zwei Musiker hatte Korczak jedoch selbst dazugebeten: einen jungen Violinisten, der sonst auf der Straße spielte und trotz relativ überschaubaren Repertoires stets ein Zuhörermagnet war. Sein Schicksal rührte die Menschen. Er war aus Palästina bei Verwandten zu Besuch gewesen, als der Krieg begann und seine Rückkehr in die Heimat verhinderte. Der andere war ein verarmter Umsiedler, der dafür bekannt war, jiddische Volkslieder auf den Straßen zu singen, vor allem die Lieder des Krakauer Dichters und Komponisten Mordechai Gebirtig, der 1942 im Krakauer Getto erschossen wurde. Es waren die Auftritte dieser beiden Männer, die Janusz Korczak während der Aufführung zu Tränen rührten.[173]

Eine Gruppe Jugendlicher, die sämtlich aus Łódź stammten, hatte sich schon im Sommer 1940 als kleines privates Theaterensemble konstituiert. Sie traten regelmäßig zu guten Zwecken auf und spendeten ihre Einnahmen mitunter an das Waisenhaus von

Janusz Korzcak. Mary Berg gehörte dieser Gruppe an und berichtet regelmäßig in ihrem Tagebuch von den Auftritten, die stets zahlreiche Besucher anzogen.[174]

Liebe und Freundschaft

Gerade in solchen Jugendgruppen gab es etwas, was im Rückblick nur selten mit dem Getto in Verbindung gebracht wird: Momente des Glücks, der Schönheit, der Liebe. Vor allem junge Menschen versuchten, im Getto ein einigermaßen normales Leben zu leben. Sie schufen Jugendclubs in ihren Vierteln, in denen sie diskutierten, lernten, aber auch feierten. Dieser Teil der Geschichte der Gettoinsassen wird in der Rückschau oftmals vergessen bzw. man geht davon aus, dass es solche positiv besetzten Dinge nicht gegeben haben könne. Ein Buch von Marek Edelman, der später als Kämpfer im Aufstand zu einiger Berühmtheit kam, heißt denn auch vielsagend: «Und es gab Liebe im Getto».[175] Junge Menschen feierten private Feste, wenn dort auch ungleich mehr improvisiert werden musste als in Friedenszeiten und auf vieles verzichtet werden musste. Doch gerade unter den besonderen Umständen konnte sich eine sehr besondere Atmosphäre entwickeln. Wenn jemand einen Schallplattenspieler auftreiben und Musik gespielt werden konnte, war dies etwas ganz Besonderes für die Gäste. Es wurde geflirtet und getanzt und das war genauso aufregend wie für Teenager unter anderen Umständen auch. Wegen der Sperrstunde übernachteten manche dort, wo das Fest stattgefunden hatte, manchmal fanden sich hier Paare. Als die äußeren Bedingungen immer dramatischer wurden, mag vielen der Gedanke gekommen sein, dass diese kurze Phase im Getto vielleicht ihre einzige Chance im Leben war, Sexualität und Liebe zu erleben. Auch suchten sie Schutz und Geborgenheit, wollten diese Zeiten nicht allein durchstehen müssen.

Mary Berg berichtet in ihrem Tagebuch immer wieder von ihrem Freund Romek, was er macht, wie es ihm geht und wie sehr sie an ihn denken muss. Janina Bauman schreibt im August 1941 darüber, wie sie ein junges Pärchen beobachtet und sich selbst nach jemandem sehnt. Und später beschreibt sie, wie sie sich in Roman verliebt hat, immer häufiger mit ihm spazieren geht, redet, in Konzerte und auf kleinere Partys geht; aber auch, wie bitter es für das junge Paar war, niemals einen Ort zu haben, an dem sie ungestört, nur für sich sein konnten. Saßen sie auf dem Sofa und hielten sich an den Händen, kamen ständig andere herein, kicherten oder taten sehr bemüht so, gar nichts zu sehen und nicht stören zu wollen. Roman fragte sie eines Tages, ob sie mit ihm allein sein wolle, er wisse, es gebe ein geheimes Hotel, er habe ein wenig Geld gespart, das könnten sie dazu nutzen. Sie zögerte, fand den Gedanken beschämend und sagte schließlich doch zu, am nächsten Tag mitzukommen. Der nächste Tag aber war der 22. Juli 1942 und die Deportationen nach Treblinka begannen.[176] Die beiden trafen sich im April 1945 in den Straßen des zerstörten Warschau zufällig wieder, doch hatten sie sich so verändert, dass sie nicht wieder zueinanderfanden.[177]

Halina Szwambaum schreibt nur einen Monat vor dem Beginn der Deportationen, Ende Juni 1942, ihrer Freundin einen Brief, in dem sie berichtet, sie habe sich verliebt: «Und jetzt ist mein Kopf so eingenommen mit derart wichtigen Dingen, dass ich mich nicht wirklich gut um alle anderen Juden sorgen kann.» Dieser eine spezielle Jude gebe ihr genug Anlass, sich Gedanken zu machen. Sie schildert ein Problem, mit dem die meisten Paare im Getto zu kämpfen hatten: Überall waren Menschen, es gab kaum eine Rückzugsmöglichkeit. Sie und ihr Freund trafen sich manchmal eilig zu einem Essen in einer Gemeindeküche oder sie schaute kurz vor der Sperrstunde bei ihm vorbei, was ihr auf dem Weg nach Hause oftmals Ärger mit einem OD-Mann einbrachte.[178] Die überfüllten Wohnungen führten in vielen Fällen dazu, dass Paare nicht immer darauf Rücksicht nehmen konnten, ob noch andere im Raum waren. Auch Sexualität war im Getto manchmal öffentlich.

Eine sehr bekannte Liebesgeschichte ist die von Teofila, genannt Tosia, und Marcel Reich-Ranicki. Er schreibt darüber in seinen Erinnerungen und auch er reflektiert zunächst über die besonderen Bedingungen der Liebe in diesen Zeiten: «Auf der Liebe im Getto lastete an jedem Tag und in jeder Stunde die Frage, ob wir morgen noch das Leben hatten. Unruhig war sie und schnell, ungeduldig und hastig. Es war die Liebe in den Zeiten des Hungers und des Fleckfiebers, in den Zeiten der schrecklichen Angst und der tiefsten Demütigung.»[179] Marcel und Tosia verbrachten viele Nachmittage in ihrem Zimmer, wenn ihre Mutter nicht da war, fanden also die Zweisamkeit, die vielen jungen Paaren nicht vergönnt war. Sie erzählten sich aus ihrem Leben und lasen einander Gedichte vor: «So gewannen wir einander, und bisweilen unterbrachen wir die Lektüre.»[180]

Literatur und Zeitungen

Kulturelles und geistiges Leben fand im Getto auch im privaten Bereich statt. Viele Gettobewohner organisierten Konzerte oder etwa Lese- und Diskussionsabende. Manchmal dauerten solche Aktivitäten bis zum nächsten Morgen, zu gefährlich war es, eine Veranstaltung nach der Sperrstunde zu verlassen.

Sehr private Formen kulturellen Lebens waren Schreiben und Lesen. Für viele Menschen war gerade das Lesen eine geistige Tätigkeit von besonderer Bedeutung, die sie keineswegs aufgeben wollten, auch oder gerade nicht, wenn sie hungerten und litten. Je nach Geschmack lasen sie literarische Werke auf hohem Niveau, Liebes- oder Kriminalgeschichten oder Abenteuerromane, mit deren Helden sie für einen kurzen Moment aus der Gettorealität fliehen konnten. Halina Birenbaum erinnert sich, dass sie stets bis spät in die Nacht beim schwachen Schein einer Kerze oder eines Gasflämmchens las. Ihre Mutter versuchte, sie zum Schlafen zu bringen, bis sie über den Vertröstungen ihrer Tochter selbst eingeschlafen war und Halina weiterlas: «Ich blieb, oft vor Kälte zitternd, wach und ging erst dann ins Bett, wenn ich mein Buch ausgelesen hatte. Meine Bücher und der Unterricht versetzten mich in diesen schrecklichen Zeiten in eine andere Welt, in eine Welt ohne Nazis, ohne Getto und Mord.»[181] Halina Szwambaum schreibt ihrer Freundin und ehemaligen Lehrerin, dass sie zwar nicht viel lese, aber wenn, dann französische Klassiker. Die Adressatin, Stefania Lilienthal, schickt ihr daraufhin Bücher.[182]

Doch war es nicht ganz einfach, überhaupt an Bücher zu kommen. Jüdische Bibliotheken hatten die deutschen Machthaber ebenso längst verboten wie den offiziellen Verkauf von Büchern durch oder an Juden. Im Frühjahr 1941 erhielt der Judenrat dann aber die Erlaubnis, Buchläden oder Bibliotheken zu eröffnen, in denen Werke in jiddischer, hebräischer und polnischer Sprache angeboten werden durften. Straßenhändler verkauften einige ältere Bücher, außerdem entstanden in einigen Wohnungen geheime Bibliotheken. Literaturbegeisterte Gettobewohner tauschten untereinander oder schufen winzige Büchereien für die Bewohner ihres Hauses. Mobile Bibliotheken lieferten außerdem ihren Kunden die Lektüre auch nach Hause. Wer es sich noch leisten konnte, erwarb Bücher auf den Straßenmärkten, wo in Körben verschiedenste Literatur, auch verbotene Autoren, angeboten wurden. Viele der Verkäufer waren ehemalige Buchhändler, die etwas von ihren Beständen hatten retten können. Zudem wurden durchaus auch Bücher ins Getto geschmuggelt, was angesichts der Lebensgefahr für die Schmuggler den Wert intellektueller Gegenwelten eindrucksvoll unterstreicht.

Die einzige offizielle Zeitung, mit der Gettobewohner sich informieren durften, war die polnischsprachige *Gazeta Żydowska*. Sie war von Generalgouverneur Hans Frank genehmigt und erschien im gesamten Generalgouvernement. Nachrichten aus den Gettos erschienen hier und damit stellte die Zeitung auch eine Art von Kontakt zwischen den verschiedenen Ortschaften dar und man erfuhr beispielsweise etwas über die Zahl der Flüchtlinge und die Fürsorgeaktivitäten dort. Auch literarische Werke und geschäftliche Anzeigen waren in der Zeitung zu finden. Für Millionen polnischer Juden gab es nur eine sehr limitierte Auflage, und so wanderte jedes Exemplar von Hand zu Hand.

Freilich war die *Gazeta Żydowska* zensiert und die Nachrichten, die für das Schicksal der Menschen im Getto von größter Wichtigkeit gewesen wären, nämlich diejenigen über den Kriegsverlauf, durften hier nicht abgedruckt werden. Illegal erscheinende Zeitungen waren daher viel interessanter und wichtiger für die Bevölkerung, die doch so nach Nachrichten von außen gierte. Mehrere Dutzend Untergrundzeitungen wurden im Warschauer Getto auf Polnisch oder Jiddisch publiziert. Heimlich lasen die Menschen diese in vielen Fällen von Hand geschriebenen Zeitungen hinter sorgfältig verschlossenen Türen und gaben sie dann an vertrauenswürdige Personen weiter. Auch deutsche Presse wie die *Krakauer Zeitung* gelangte heimlich ins Getto und wurde gelesen, da sie mitunter für die Gettobewohner interessante Neuigkeiten über das Schicksal anderer Gettos und über die Kriegslage enthielt. «Im Raum war absolute Stille», so beschreibt der Arzt Mordechai Lensky die Treffen mit seinen Kollegen, während derer aus der polnischen Untergrundpresse vorgelesen wurde.[183] Stanisław Adler erinnert sich an den Ablauf solcher Treffen zur geheimen Zeitungslektüre: Erst lasen die etwa ein Dutzend Zuhörer gemeinsam, dann folgten politische Diskussionen über das eben Gehörte. Eine wichtige Verteidigung gegen den psychischen Zusammenbruch sei dabei der Glaube gewesen, dass jemand sie retten würde. Adler war Mitglied einer Gruppe, der auch der Medizinprofessor Ludwik Hirszfeld angehörte, das intellektuelle Niveau dieser Gespräche sei beachtlich gewesen, aber: «Die Mehrheit versuchte den Konsequenzen logischen Denkens zu entfliehen.»[184]

Ebenso wichtig wie die Untergrundzeitungen – und ebenso gefährlich im Fall der Entdeckung durch die Deutschen – war das verbotene Radiohören. Die Menschen waren geradezu abhängig von diesen Nachrichten von außen, wie Jurek Becker in seinem Roman «Jakob der Lügner» so wunderbar gezeigt hat. Radiogeräte hatte die jüdische Bevölkerung beim Beginn der Besatzung bereits abgeben müssen, doch fanden sich durchaus versteckte oder selbst gebastelte Rundfunkgeräte innerhalb der Mauern. Vor allem den britischen Sender BBC hörten die Gettobewohner, so erinnert sich Dawid Wdowinski. Von den Berichten fertigten sie stenographische Abschriften an, die sie unter ihren Freunden und Vertrauten verteilten. Durch diese Abschriften und die Untergrundzeitungen «versuchten wir, in der Gettobevölkerung den Mut aufrechtzuerhalten», die Würde und Selbstachtung der Menschen sollten bewahrt bleiben.[185]

Religiöses Leben

Manche vormals religiösen Juden verloren angesichts von Verfolgung, Gewalt und Tod ihren Glauben, konnten den Gedanken nicht akzeptieren, dass es einen Gott gebe, der dies alles zulasse. Anderen wurde der Glaube hingegen gerade jetzt immer wichtiger. Doch war es nicht ganz einfach, Religion im Getto auszuüben. In der Anfangszeit war es nur unter Umgehung von deutschen Verboten – etwa dem vom Januar 1940, gemeinschaftliche Gebete abzuhalten – möglich, den religiösen Bestimmungen gemäß zu leben, was freilich zahlreiche Juden dennoch taten; so notiert Chaim Kaplan über eine heimliche Channukafeier Ende 1940: «Die polnischen Juden sind hartnäckig: der Feind macht Gesetze, aber man gehorcht ihnen nicht. Das ist das Geheimnis unseres Überlebens.»[186]

In zahlreichen Häusern beteten die Gläubigen heimlich gemeinsam, auch gab es religiösen Geheimunterricht. Doch lockerten die Besatzer die rigiden Bestimmungen in diesem Bereich im Laufe der Zeit und im April 1941 konnte Adam Czerniaków bekannt geben, dass der Schabbat und die hohen jüdischen Feiertage als freie Tage galten. Zudem durften an diesen Tagen Gottesdienste abgehalten werden. Im Juni konnte Czerniaków feierlich die Hauptsynagoge in der ul. Tłomackie wieder eröffnen, im September zwei weitere Synagogen. Im August reaktivierte der Judenrat seine Abteilung für religiöse Fragen und das Rabbinat. Anfang 1942 wurde Shimon Huberband Mitglied des Rabbinats, ein Mitarbeiter des Untergrundarchivs, für das er auch über Probleme religiösen Lebens unter deutscher Besatzung schrieb. Huberband leitete überdies die Sektion Religion innerhalb der Selbsthilfe.

Doch blieb es schwierig, die religiösen Regeln zu befolgen: Der Schabbat konnte trotz allem nicht eingehalten werden, so waren die Straßenhändler selbstverständlich auch an diesem Ruhetag aktiv, egal, wie oft Czerniaków dies durch Plakate untersagte. Einen Schabbes-Goi, einen Nichtjuden also, der alltägliche Arbeiten während des Schabbat verrichtete, hatte auch niemand im Getto. Shimon Huberband berichtet von einer Ausnahme, einer Polin, die seit über dreißig Jahren das Hausmädchen eines Juden war und auch im Getto bei ihm blieb. Am Schabbat ging sie umher, half möglichst vielen Gläubigen.[187]

Nahezu unmöglich war es religiösen Juden, die Speisegesetze einzuhalten. Rabbiner lockerten daher offiziell die Bestimmungen, um diese Last von den Schultern religiöser Juden zu nehmen. Manch einer bemühte sich darum, zumindest manche Regeln einzuhalten, verstand dies als Glaubensbeweis und Akt der Selbstbehauptung.

Eine besondere Bedeutung hatten vor allem die Feiertage mit ihren historisch-religiösen Bezügen, die die Menschen auf die aktuelle Situation übertrugen. Chaim Kaplan beschreibt in seinem Tagebuch im März 1941, wie er das Purimfest in einer zionistischen Suppenküche beging, sie freuten sich «über die Niederlage des Persers Haman» im Buch Esther, das verlesen wurde. Sie sangen und konnten sogar ein kleines Festtagsessen zu sich nehmen: «drei Schnitten Brot mit Butter bestrichen, ein Stückchen vom traditionellen Mohnkuchen und ein Glas süßer Kaffee». Kaplan ordnet die Feier und ihre Bedeutung in die Realität des Gettos ein: «Wir kamen betrübt und gingen betrübt, aber dazwischen hatten wir einige glückliche Augenblicke.»[188]

Doch wurden gerade während der Feiertage auch Erinnerungen an vergangene Zeiten wach. Über das zweite Pessachfest im Getto im April 1942 berichtet Samuel Puterman, dass der Judenrat wieder die Erlaubnis erwirken konnte, Mazzot backen zu lassen. Er beschreibt den Sederabend bei all den Familien, die im Laufe des Jahres Opfer zu beklagen hatten, fragt, was denn das Verlesen der Haggadah, des Schicksals ihrer Brüder Tausende Jahre zuvor, angesichts ihrer Lage überhaupt bedeuten könne: «Letztes Jahr noch waren hier ein Vater, eine Mutter, Brüder, Schwestern, Ehemänner.»[189]

Angesichts des Massensterbens und der Armut der Hinterbliebenen war es kaum möglich, die Toten religiösen Traditionen gemäß zu beerdigen. Tücher wären viel zu kostbar gewesen, um sie als Leichentuch zu verwenden, für die Waschung des Leichnams fehlte die Zeit. Für viele Tote gab es nur noch in einem Massengrab Platz, nackt beerdigten die Mitarbeiter des Bestattungsunternehmens sie dort. Ein Ort der Andacht, religiöser Bräuche konnte der Friedhof unter diesen Umständen gar nicht mehr sein, er war «genauso hektisch wie die belebteste der Straßen des Warschauer Gettos», so Michael Zylberberg nach dem Krieg.[190] Hinzu kamen Leichenfledderei – Diebe brachen nachts Goldzähne heraus – und die ständige Präsenz von Soldaten oder anderen Deutschen, die fotografierten oder sonntags mit ihren Freundinnen herkamen: «Dies war, mehr noch als das Kino, ein Ort der Unterhaltung für sie.»[191] Vor allem der berüchtigte Schuppen auf dem Friedhof, in dem die Leichen bis zur Beerdigung in einem Massengrab aufeinandergestapelt wurden, zog die deutschen Soldaten und Zivilisten offenbar an.

Eine besondere religiöse Gruppe waren die Christen, die nach der Rassenlehre der Nazis als Juden galten und daher im Getto eingesperrt wurden und, so Mary Berg, «vielleicht die tragischsten Figuren unter uns» waren. Sie berichtet von einer Schulkameradin, die erst von ihren jüdischen Wurzeln erfuhr, als sie und ihre Eltern den Befehl bekamen, ins Getto umzuziehen.[192] Im Januar 1941 bekannten sich 1540 Gettobewohner zum katholischen und 148 zum evangelischen Glauben. Die *Caritas* kümmerte sich um die größere Gruppe dieser religiösen Außenseiter der Gettogesellschaft und richtete zum Beispiel im Oktober 1941 eine katholische Grundschule ein. Auch gab es für die Christen eigene Küchen. Zwei Kirchen waren innerhalb des Gettos in Benutzung, im Pfarramt der Allerheiligengemeinde wohnten neben dem prominenten Arzt Ludwig Hirszfeld weitere Mitglieder der polnischen Intelligenz. Hersz Wasser beschreibt in seinem Tagebuch den seltsamen Anblick der Konvertiten und ihrer Kinder auf dem Weg zur Sonntagsmesse – mit der Armbinde zur Kennzeichnung dessen, dass sie als Juden galten.[193] Wie Emanuel Ringelblum im Herbst 1941 berichtet, konvertierten zahlreiche Juden zum Christentum, einerseits, weil sie sich Hilfe von der *Caritas* erhofften, andererseits in der – wenngleich falschen – Erwartung, dass getaufte Juden über kurz oder lang das Getto verlassen dürften.[194] Zwar waren die Christen eine kleine Minderheit, doch nahm die Mehrheitsbevölkerung sie durchaus aufmerksam wahr. Ihre Lage war kompliziert, da sie nirgends wirklich zugehörig waren und manch ein Gettobewohner ihnen gegenüber Vorurteile pflegte, galten sie doch als privilegiert: Viele gehörten zur intellektuellen Elite des Gettos, hatten Posten innerhalb der Verwaltung inne und verfügten über wertvolle Kontakte in den «arischen» Teil der Stadt. Doch so einfach war es nicht.

Michael Zylberberg erinnert sich an die Unsicherheit, wie verfahren werden sollte, wenn ein getaufter Jude starb. Manchmal herrschte hier Uneinigkeit, einige wollten, dass der Tote auf dem Jüdischen Friedhof begraben wurde. In einem Fall, den Zylberberg in seinen Aufzeichnungen schildert, fand dann aber zumindest die Trauerfeier zuvor in einer katholischen Kirche statt und ein konvertierter Jude hielt die Messe. Zylberberg kommt zu einem ähnlichen Schluss wie Mary Berg, wenn er schreibt, dass die Lage der Christen im Getto womöglich noch furchtbarer war als die der Juden selbst: «Sie litten als Juden und starben am Ende als Juden, unfähig, die schreckliche Dichotomie aufzulösen, die aus ihren religiösen und philosophischen Konflikten erwuchs.»[195]

Die Vielfalt der offiziell noch erlaubten kulturellen und religiösen Aktivitäten im Getto wirft die Frage nach Gründen für die, gemessen an den sonst herrschenden Restriktionen, relative Großzügigkeit der Besatzer in diesem Bereich auf. Bis zu einem gewissen Grad, das steht zu vermuten, waren Aktivitäten dieser Art für sie uninteressant, galten ihnen als unwichtig. Eine Rolle wird aber wohl auch ein gewisses Kalkül gespielt haben: Die Illusion von Normalität konnte als Ordnung bildendes Moment verstanden werden, das beruhigend auf die Menschen wirkte und damit den Besatzern ihre Politik der Ausbeutung und später Vernichtung erleichterte.

Für die Gettobewohner selbst handelte es sich keineswegs um eigentlich unbedeutende Aktivitäten. Vielen war diese selbst geschaffene Gegenwelt existenziell wichtig. Letztlich ging es für sie darum, ein Stück der Würde zu wahren, die ihnen die Deutschen tagtäglich zu nehmen trachteten. Ein unbekannter Redner brachte dies auf einer literarischen Veranstaltung im November 1941 auf den Punkt, indem er diese Bemühungen als «Triumph der Menschlichkeit über alles, was unmenschlich ist», bezeichnete.[196]

Die letzte im Getto geplante Theaterpremiere wäre ein Stück mit dem Titel «Der Weg ins Glück» gewesen. Zunächst für den 17. Juli 1942 im Neuen Kammertheater vorgesehen, wurde die Aufführung um fünf Tage verschoben, auf den 22. Juli 1942. Das Symphonieorchester probte im Juli für ein großes Konzert: Beethovens «Neunte Symphonie» sollte aufgeführt, der Text in hebräischer Übersetzung dazu gesungen werden. Beide Veranstaltungen fanden nicht mehr statt. An dem Tag, auf den die Theaterpremiere verschoben worden war, am 22. Juli, begann die Deportation der Warschauer Juden ins Vernichtungslager Treblinka. Die meisten Schauspieler und Musiker wurden dorthin verschleppt und ermordet.

«Unter der Bevölkerung mehren sich beunruhigende Berichte über eine Aussiedlung, Umsiedlungen usw.», so beschreibt Adam Czerniaków im Februar 1942 die Stimmung.[197] In der Folge notiert er mehrfach beunruhigende Nachrichten aus dem Osten in seinem Tagebuch. Doch nicht nur der Vorsitzende des Judenrats wusste sehr konkret Bescheid über die Massenmorde in anderen besetzten Gebieten.

Immer wieder ist in den zeitgenössischen Quellen von den Deportationen aus Lublin – die seit März 1942 als Beginn der «Aktion Reinhardt» in das Vernichtungslager Belzec führten – die Rede, auch aus anderen Gebieten gelangten die Schreckensmeldungen durch verschlüsselte Briefe und Flüchtlinge nach Warschau. Die Auslöschung einer jüdischen Gemeinde nach der anderen nimmt in den Tagebüchern der Warschauer Juden im Frühjahr 1942 breiten Raum ein. Mary Berg vermerkt im Mai 1942, dass die meisten Menschen die Schreckensnachrichten kannten, viele jedoch der Meinung waren, so etwas wie in Lublin könne in Warschau nicht passieren, hier lebten zu viele Menschen. Einer ihrer Bekannten sah dies anders, er sagte, «bald wird hier alles vorbei sein und alle von uns werden ermordet».[198]

Systematisch sammelte die Gruppe *Oneg Schabbat* Nachrichten über den Massenmord. Bereits Ende Januar 1942 war bekannt, dass die Nationalsozialisten Juden aus dem Reichsgau Wartheland im Vernichtungslager Kulmhof (Chełmno) ermordeten. Briefe und Postkarten aus dem Januar 1942, die aus Gettos im Warthegau an Verwandte geschickt worden waren und in denen explizit von der Tötung durch Gas die Rede ist, gelangten ins Archiv.[199] Ein Flüchtling aus dem Vernichtungslager erreichte außerdem Anfang Februar Warschau und berichtete detailliert über die Vorgänge in Kulmhof.[200] Der Druck auf die Mitglieder der Gruppe wuchs durch diese Nachrichten ungeheuer. Abraham Lewin schreibt einmal über eine der Samstagssitzungen, dass sein

Kopf, wenn sie darüber diskutierten, was ihnen angetan würde, so schmerze, als sei der Druck, die Last dieser Berichte, einfach zu groß für ihn.[201]

Diese Last führte dazu, dass die Gruppe um Ringelblum vor einer neuen, großen Aufgabe stand, die nicht wie die Dokumentationstätigkeit in die Zukunft gerichtet, sondern im Gegenteil sehr gegenwartsbezogen war: die Information der Öffentlichkeit über den Massenmord. Ein Komitee wurde ins Leben gerufen, das die Nachrichten sammelte, auswertete und nach außen vermittelte. Noch im Frühjahr 1942 wurden Berichte für die polnische Exilregierung in London an das Informations- und Propagandabüro der Heimatarmee geleitet, Ende Mai 1942 hatten zwei Berichte von *Oneg Schabbat* Großbritannien erreicht und am 2. Juni 1942 brachte die BBC einen Bericht über die Ermordung von 700 000 polnischen Juden, dem weitere folgten. Emanuel Ringelblum notiert in seinem Tagebuch: «Freitag, der 26. Juni 1942, ist für ‹Oneg Schabbat› ein Tag großer Ereignisse. Heute Vormittag brachte das englische Radio eine Sendung über die polnischen Juden. Es wurde alles erwähnt, über das wir hier so gut Bescheid wissen: Słonim und Vilnius, Lemberg und Kulmhof und so weiter. Lange Monate hatten wir befürchtet, dass die Welt taub und stumm gegenüber unserer Tragödie ist» – doch nun kann er eine positive Zwischenbilanz ziehen: «Eines wissen wir: Wir haben unsere Verpflichtung erfüllt. Wir haben alle Schwierigkeiten überwunden und erreicht, was wir vorhatten. Sogar unser Tod wird nicht so sinnlos sein wie der Tod Zehntausender anderer Juden. Wir haben dem Feind einen starken Schlag versetzt. Wir haben seinen teuflischen Plan enthüllt, die polnischen Juden im Geheimen zu vernichten. Wir haben seine Rechnung durchkreuzt und seine Karten aufgedeckt. Und wenn England sein Wort hält und seine Drohungen durchführt, d. h. schon jetzt entsprechende Mittel anwendet, werden wir vielleicht gerettet.»[202]

In polnischen und jüdischen Untergrundzeitungen erschienen konkrete Nachrichten über den Massenmord, auch innerhalb des Gettos stand jetzt die Forderung nach Aufklärung an allererster

Stelle: Die jüdische Bevölkerung musste genauestens informiert werden, damit sie sich bei der nächsten «Aktion» der Deportation widersetzen würde. Und so wurde das vom Ringelblum-Archiv gesammelte und ausgewertete Material zu einer wichtigen Motivation für die Planung des bewaffneten Widerstands von Juden gegen die deutschen Besatzer. Von Anfang an war die Dokumentationstätigkeit des Archivs eng mit der Untergrundarbeit im Getto verbunden. Einige Mitglieder der Gruppe schlossen sich später der Jüdischen Kampforganisation ŻOB (Żydowska Organizacja Bojowa) an.

Nicht nur die Nachrichten, die ins Getto gelangten, versetzten die Menschen in Angst und Schrecken. Auch verschärfte sich der deutsche Terror in diesem Frühjahr 1942. Blutiger Höhepunkt war die Nacht auf den 18. April, als 51 Juden erschossen wurden, vor allem Mitglieder des Untergrunds, etwa Redakteure von geheimen Zeitungen. Czerniaków versuchte, der Sache auf den Grund zu gehen, wies Auerswald gegenüber auf die Panik im Getto hin und darauf, dass «das Wirtschaftsleben aufgrund des psychischen Zusammenbruchs zum Erliegen» komme.[203] Bei der Gestapo erfuhr er, «der Grund für die in jener Nacht angewandten Repressalien seien die im Getto erscheinenden geheimen Schriften, und es würden härtere Maßnahmen ergriffen, falls die Schriften weiter erschienen».[204] Władysław Szpilman erinnert sich, dass am Tag nach den Morden Plakate der deutschen Behörden im Getto an die Wände geklebt worden seien, die darüber informierten, man habe gegen «unerwünschte Elemente» vorgehen müssen, die loyale Bevölkerung sei jedoch keineswegs gefährdet.[205]

Seit dieser Nacht lebte das Getto, so Mary Berg, «unter permanentem Terror»[206] und Emanuel Ringelblum berichtet am 19. Mai 1942 in seinem Tagebuch von «Straßenmorden, die seit dem blutigen Freitag vom 18. April systematisch» geworden waren: Deutsche erschossen regelmäßig Gettobewohner, was unter der Bevölkerung zu begreiflicher Unruhe führte.[207] Die Menschen diskutierten über die Bedeutung dieser Geschehnisse, darüber, ob die

Eskalation der Gewalt nun das Ende einläuten würde. In dieser Phase verstärkte sich die ohnehin vorhandene ständige Anspannung noch dramatisch. Schon vorher hatte jede Kleinigkeit, so Natan Żelichower, die Nerven zum Zerreißen bringen können. Kaum aus dem Haus, waren die Menschen angespannt, versuchten, Gefahren rechtzeitig zu erkennen. Das kleinste Anzeichen von Gefahr, etwa ein Auto, konnte eine eben noch überfüllte Straße innerhalb kürzester Zeit leeren, alle strömten in die Häuser. Zu genau hatten sie lernen müssen, wie rasch eine Situation lebensbedrohlich werden konnte, wenn etwa unvermittelt aus einem Auto geschossen wurde.[208]

Am 12. Mai 1942 vermerkt Abraham Lewin, dass kaum ein Tag vergehe, «ohne dass jüdisches Blut auf den Straßen vergossen wird».[209] Die pausenlose Angst und Unsicherheit zermürbte die Menschen, sie lebten, so wiederum Lewin, ständig «zwischen Existenz und Vernichtung».[210] Am 5. Juli 1942 berichtet Mary Berg, dass kaum noch Jugendliche in die Schule gingen, da sie sich nicht auf die Straßen trauten, um nicht das nächste Opfer der Gewalt zu werden. Sie schreibt außerdem an diesem Tag, dass wieder Gerüchte über die Deportation der Warschauer Juden kursierten.[211] Die Anspannung steigerte sich weiter durch brutale Terrorakte seitens der deutschen Besatzer. Am 30. Mai 1942 ist im Tagebuch von Chaim Kaplan zu lesen: «Wieder eine Nacht des Gemetzels. Diesmal wurden nur elf Opfer gezählt. Wiederum Schmerz und Sorge in jedem Gesicht.» Und er schildert die düstere Stimmung: «Man ist sich sicher, daß die Todesurteile bereits gefällt sind; es heißt nur mehr warten, wann man an die Reihe kommt – wann man sterben muß. Vielleicht heute nacht, vielleicht in ein paar Nächten erst, aber seinem Schicksal wird man nicht entgehen.»[212] Und doch: Nur eine Woche später beschreibt er die Hoffnung unter der jüdischen Bevölkerung auf ein baldiges Ende der Nationalsozialisten und damit ihre Rettung.[213] Am 9. Juni 1942 berichtet aber ein unbekannter Diarist davon, dass die Nacht wieder einmal unruhig gewesen sei, mehrere Menschen seien erschossen worden. Die Gerüchte würden immer schrecklicher.[214]

Mitten in diese zermürbende Phase platzte ein deutsches Kamerateam und sorgte für Unruhe. Am 1. Mai 1942 schreibt Adam Czerniaków: «Morgens vor 8 ein Anruf vom Kommissar, ich solle um 8 im Palais Brühl sein. In Verbindung mit der gestrigen Panik durfte ich befürchten, daß irgend etwas Schlimmes zu erwarten ist. Es stellte sich heraus, daß Propagandafunktionäre angekommen sind. Der Kommissar verlangte, daß ich vor ihren Augen einen Lagebericht über den Wohnbezirk abgebe, was ich getan habe. Sie beabsichtigen, diverse Abteilungen des Rats und den Wohnbezirk zu filmen.»[215] Zahlreiche Diaristen berichten über diese Filmaufnahmen im Mai 1942, äußern ihren Widerwillen und Ekel darüber, wie sich hier die ohnehin gedemütigten Juden zu gestellten Aufnahmen angeblich in ein rituelles Bad – Männer und Frauen gemeinsam – begeben mussten, wie rauschende Feste inszeniert wurden, um die Ungleichheiten im Getto als selbst verschuldetes jüdisches Problem darzustellen.[216]

Am 27. Juni 1942 schreibt Chaim Kaplan resigniert in sein Tagebuch: «Ich übertreibe nicht, wenn ich sage, daß wir einen Zustand erreicht haben, in dem uns der Atem ausgeht. Es ist einfach keine Luft mehr da.» Und er stellt fest: «Bis heute hielten uns die materiellen und geistigen Kräfte, die wir aufgespeichert hatten [...] am Leben. Heute sind wir arm und ausgehöhlt.»[217]

Am 28. Juni 1942 fand die letzte offizielle öffentliche Sitzung des Judenrats statt. «Der Saal war brechend voll», wie der Vorsitzende notiert.[218] Ludwik Hirszfeld nahm an dieser Sitzung teil und hat sie in seinen Erinnerungen als sehr bewegend beschrieben. Czerniaków hielt eine Rede, in deren Verlauf er auch aus seinem Tagebuch vorlas. In der Sitzungspause spielte ein Pianist, alle damit zusammenhängenden Gefahren ignorierend, eine Auswahl aus dem «Préludes» von Chopin und durchsetzte sie mit Akkorden der polnischen Nationalhymne.[219]

Am 3. Juli 1942 hielt Dawid Wdowinski eine Vorlesung über mentale Störungen während und nach Fleckfieber-Erkrankungen. Es war, wie er später sah, die letzte dieser Sitzungen, da die Stimmung im Getto nun immer unsicherer wurde – niemand hatte mehr die Ruhe, sich wissenschaftliche Vorträge anzuhören.[220]

Auf den Tag zwei Wochen vor Beginn der Deportation denkt Czerniaków in seinen Aufzeichnungen über Kritik daran nach, dass er in dieser schlimmen Phase Kinderfeste veranstalte und ein Orchester spielen lasse. Er kommentiert dies: «Ich erinnere mich an einen Film: das Schiff sinkt, doch der Kapitän befiehlt der Jazzband zu spielen, um den Passagieren Mut zu machen. Ich habe beschlossen, dem Beispiel dieses Kapitäns zu folgen.»[221]

Und noch knapper vor dem Beginn der großen Mordaktion, am 18. Juli 1942, traf sich die Führungsgruppe von *Oneg Schabbat* und diskutierte die Frage, wie die Sicherheit der gesammelten Dokumente gewährleistet werden könne. Sie entwickelte einen Plan, der nach Beginn der Deportationen umgesetzt wurde, indem Israel Lichtenstein Anfang August große Teile des Archivs vergrub.

Einen Tag nach dieser Sitzung des Untergrundarchivs, am 19. Juli 1942, schreibt Chaim Kaplan: «Das Getto schwebt über dem Nichts.»[222] Am Folgetag notiert er, die schlimmen Nachrichten seien nur Gerüchte gewesen, dann jedoch wiederum einen Tag später: «Wir werden umkommen.» Am 22. Juli schließlich muss Chaim Kaplan in sein Tagebuch schreiben: «Ich habe nicht die Kraft, eine Feder in meiner Hand zu halten. Ich bin gebrochen, zerschmettert. Meine Gedanken gehen durcheinander. Ich weiß nicht, wo ich beginnen oder aufhören soll. Ich habe das jüdische Warschau in vierzig ereignisvollen Jahren gesehen, aber niemals bot sich mir ein solcher Anblick. Eine ganze Gemeinschaft von 400 000 Menschen ist zur Ausweisung bestimmt.»[223]

III. Vernichtung

Czerniaków selbst war vollkommen im Ungewissen und versuchte Klarheit zu erlangen. Am 18. Juli fragte er ausdrücklich bei Gettokommissar Auerswald nach, ob etwas an dem Gerede über eine unmittelbar bevorstehende Deportation dran sei. Auerswald verneinte und versicherte noch, er glaube auch nicht daran.[1] Die sich inzwischen zur Panik steigernde Unruhe in Teilen der Bevölkerung versuchte Czerniaków daraufhin zu mäßigen. «Ich weiß nicht, ob es mir gelungen ist, die Bevölkerung zu beruhigen», schreibt er am Abend in sein Tagebuch und fährt fort: «Das Meinige habe ich jedoch getan. Ich versuche, den Abordnungen, die zu mir kommen, Mut zuzusprechen. Was mich das kostet, sehen sie nicht. Heute habe ich 2 Kopfschmerzpulver, 1 Cybalgin und Baldriantropfen eingenommen. Trotzdem will mir der Kopf zerspringen. Ich gebe mir Mühe, daß ein Lächeln nie mein Gesicht verläßt.»[2]

Czerniaków ging den Gerüchten weiter nach, doch auch bei der Gestapo beschwichtigte man ihn; niemand dort wollte etwas von geplanten Deportationen wissen. Tatsächlich aber waren die Vorbereitungen dafür bereits in vollem Gange. Am 15. Juli war das sogenannte Vernichtungskommando vom SS- und Polizeiführer des Distrikts Lublin, Odilo Globocnik, der die seit März 1942 unter der Bezeichnung «Aktion Reinhardt» laufende Ermordung der Juden in den Vernichtungslagern leitete, nach Warschau gekommen und machte sich an die Organisation der kurz bevorstehenden Deportation des Großteils der Juden aus Warschau.

Am 21. Juli spitzte sich die Lage zu. Sicherheitspolizisten erschienen beim Judenrat und ließen dessen Mitglieder zusammenrufen. Einige von ihnen und weitere Persönlichkeiten aus der jüdischen Verwaltung, insgesamt etwa 60 Personen, nahmen sie als Geiseln fest. In der Nacht und am Tag darauf wurde offenbar, dass die Gerüchte nicht haltlos waren. Die Grenzen des Gettos waren nun zusätzlich von polnischer Polizei sowie Verbänden der SS umstellt. Morgens um 10 Uhr kam schließlich Hermann Höfle, der in Lublin die «Aktion Reinhardt» koordinierte, zu Czerniaków und ließ den Judenrat zusammenkommen. Auch Marcel Reich-Ranicki wurde hinzugezogen, um Protokoll zu führen. «Im ganzen Gebäude», erinnert er sich, «wurde es schlagartig still, beklemmend still.»[3]

Auf der Sitzung gab Höfle bekannt, dass die «Aussiedlung» der Juden aus Warschau beginne. Nur Arbeitsfähige, die kaserniert werden sollten, Mitarbeiter des Judenrats, des Ordnungsdienstes sowie der Jüdischen Sozialen Selbsthilfe, das Krankenhauspersonal und die bei deutschen Betrieben Beschäftigten mit ihren Familienangehörigen dürften vorläufig im Getto bleiben. Bis nachmittags um 16 Uhr musste der Ordnungsdienst 6000 Menschen zum Umschlagplatz bringen und so sollte es auch in den nächsten Tagen sein. Lediglich 15 Kilogramm Gepäck waren erlaubt. «Czerniaków», erinnert sich Marcel Reich-Ranicki, «saß ruhig und beherrscht, er schwieg.»[4] Höfle unterstrich seinen Befehl mit Drohungen gegen die Judenratsmitglieder und Czerniaków persönlich, dem er sagte, seine Frau werde erschossen, wenn nicht alles wunschgemäß verlaufe.

Die Anordnung Höfles mit den Ausnahmen plakatierte der Judenrat noch am gleichen Tag. Im Getto machte sich eine unbeschreibliche Panik breit. Manche, wie etwa Chaim Kaplan, erhoben Anschuldigen gegen den Judenrat, von dem sie sich in den vergangenen Tagen böse getäuscht wähnten.[5] Halina Birenbaum klagt den Judenrat, der vor den Deportationen jeden Widerstandsgeist erstickt habe, in ihren Erinnerungen hart an: «Der Judenrat – schwach und den Befehlen der deutschen Faschisten gehorsam, gefühllos für die Klagen und Tränen der Menschen – hatte nur danach getrachtet, den Henkern zu gefallen und im

Tausch für ihren Gehorsam die eigene Haut, das Leben ihrer Familien, ihrer Angehörigen und Freunde zu retten und die zu schützen, die in der Lage waren, gut dafür zu zahlen.»[6]

Die Menschen setzten alles daran, noch im letzten Augenblick eines der Ausnahmekriterien zu erfüllen. Ein Ansturm auf die Betriebe setzte ein, viele Ehen mit Mitarbeitern des Judenrats oder OD-Männern wurden eilig geschlossen. Nachdem Marcel Reich-Ranicki aus der Sitzung gekommen war, um seiner Kollegin, der Schriftstellerin Gustawa Jarecka, den Text der Anordnung zu diktieren, meinte diese zu ihm: «Du solltest Tosia noch heute heiraten.»[7] Er schickte einen Boten zu ihr, damit sie mit ihrer Geburtsurkunde komme. Wenig später war sie da und die beiden heirateten und erhielten zur Sicherheit eine rückdatierte Bescheinigung. So wie die beiden machten es viele in den ersten Tagen der Deportationsaktion. Frederick Weinstein zum Beispiel ging eine Scheinehe mit der Tochter von Bekannten ein.

Weil die Nachrichten von außerhalb über die Ermordung der Juden nicht von allen tatsächlich geglaubt wurden, meldeten sich an diesem ersten Tag relativ viele Freiwillige zur «Aussiedlung». Vor allem aber waren es die Schwachen und Wehrlosen, die Flüchtlinge, Obdachlosen, Gefängnisinsassen sowie die Bewohner der Umsiedlerheime, die die OD-Männer zum Umschlagplatz brachten.

Von der Deportation der Flüchtlinge aus der ul. Dzika 3 zeugt ein undatierter Bericht aus dem Untergrundarchiv: In dem Umsiedlerheim, das direkt an den Umschlagplatz grenzte, wohnten circa 1200 Flüchtlinge und 300 Kinder. OD-Männer umstellten das Gebäude und bildeten vom Eingang ein Spalier direkt zum Umschlagplatz. Die meisten gingen widerstandslos, einzig eine Reihe Jugendlicher wehrte sich, wurde aber schließlich auch von den jüdischen Polizisten abgeführt. In nur drei Stunden räumte der OD das Haus, lediglich 15 Personen blieben zurück – entweder hatten sie sich verstecken oder eine gute Arbeitsbescheinigung vorweisen können.[8] In nur wenigen Stunden versammelte der Ordnungsdienst so, auch aus anderen Flüchtlingsunterkünften und von der Straße weg, 6250 Menschen auf dem Platz, die dort in den bereitstehenden Zug steigen mussten, der sie in das Vernichtungslager Treblinka brachte, wo sie ermordet wurden.

Zu den schwächsten und hilflosesten Bewohnern des Gettos gehörten die Kinder, vor allem die Waisenkinder. Gerade um sie war Czerniaków tief besorgt. «Das tragischste Problem ist das der Kinder in den Waisenhäusern usw.», schreibt er am 22. Juli nach der Sitzung mit Höfle in sein Tagebuch. «Ich habe es zur Sprache gebracht – vielleicht läßt sich etwas machen.»[9] Hatte er da schon nur noch wenig Hoffnung, zerstob diese am nächsten Tag vollends, als man im Hauptquartier der Gestapo von ihm forderte, für den folgenden Tag einen Kindertransport zusammenzustellen. Nun erkannte er wohl in letzter Schärfe die Aussichtslosigkeit seiner Lage. Seine Hand auch noch für die Ermordung der Kinder reichen wollte er nicht; er nahm sich das Leben. In seinem Abschiedsbrief schreibt er: «Damit ist mein bitterer Kelch bis zum Rand gefüllt, denn ich kann doch nicht wehrlose Kinder dem Tod ausliefern. Ich habe beschlossen abzutreten.»[10] Noch in der Nacht wurde Marek Lichtenbaum zu seinem Nachfolger gewählt.

Vom Selbstmord Czerniakóẁs erfuhr das Getto am nächsten Tag. «Alle waren erschüttert», schreibt Marcel Reich-Ranicki, «auch seine Kritiker, seine Gegner und Feinde, auch jene, die ihn noch gestern verspottet und verachtet hatten. Man verstand seine Tat, wie sie von ihm gemeint war: als Zeichen, als Signal, daß die Lage der Juden Warschaus hoffnungslos sei.»[11] Selbst ein so harscher Kritiker Czerniakóws wie Chaim Kaplan zollte diesem nach seinem Tod für diesen Schritt Anerkennung, wenngleich er auch dann nicht alles guthieß, was Czerniaków getan hatte und wofür er die Verantwortung trug. «Er verewigte seinen Namen durch seinen Tod mehr als durch sein Leben», schreibt Kaplan. «Sein Ende beweist, daß er für das Wohl seines Volkes wirkte und arbeitete, daß er sein Wohl und seinen Fortbestand wollte, selbst wenn nicht alles, was in seinem Namen geschah, Lob verdient. [...] Er hatte kein gutes Leben, aber er hatte einen schönen Tod. Möge sein Tod für das Unrecht sühnen, das er seinem Volke antat, als er Präsident wurde. Es gibt Menschen, die sich die Unsterblichkeit in einer einzigen Stunde verdienen. Der Präsident Czerniaków verdiente sich seine Unsterblichkeit in einem einzigen Augenblick.»[12]

Ganz verstummte die Kritik an Czerniaków auch nach dessen Tod nicht. Zwar konnte dieser durchaus als ein Signal verstanden werden, dass die Lage ernst, wenn nicht gar aussichtslos war, gleichwohl sahen manche darin nur einen verspäteten symbolischen Akt. Ende Oktober 1942 bewertet Emanuel Ringelblum Czerniakóws Selbstmord als «zu spät, Beweis seiner Schwäche». «Er hätte», so Ringelblum weiter, «zum Widerstand aufrufen sollen. Ein schwacher Mensch.»[13] Diese Meinung teilten Marek Edelman und andere Widerstandskämpfer. Sie warfen Czerniaków vor, dass «er aus seinem Tod eine eigene, private Angelegenheit gemacht hat», anstatt zum Kampf aufzufordern.[14]

Ob ein Aufruf zum Widerstand viel Wirkung gezeitigt hätte, ist fraglich. Die organisierten Untergrundgruppierungen jedenfalls waren mit ihrer konspirativen Arbeit noch nicht so weit fortgeschritten, dass sie sich den Deportationen im aktiven Kampf hätten widersetzen können. Noch verfügten sie kaum über tragfähige Strukturen. Zwar waren schon Wochen vorher der Antifaschistische Block und auch die Kampforganisation gegründet worden, aber sie vereinten längst nicht alle Gruppen und agierten vereinzelt. Für bewaffnete Aktionen gegen SS und Polizei fehlten ihnen vor allem Waffen, aber auch eine ausreichende Zahl von Anhängern. Überdies waren auch sie, wie die gesamte Gettobevölkerung, vom Beginn der Deportationen überrascht worden. Noch am 22. oder am 23. Juli trafen sich verschiedene Untergrundaktivisten und beratschlagten über die neue Situation. Über den wahren Zweck der Deportationen, erinnert sich Bernard Goldstein, waren sie kaum im Zweifel, wenngleich auch sie keine letzte Gewissheit darüber hatten. Da Waffen fehlten, beschlossen sie, wenigstens möglichst viele Menschen, vor allem auch ihre eigenen Mitglieder, zu retten und die Bevölkerung aufzuklären.[15] Schon am 24. Juli kursierten die ersten Flugblätter der zionistischen *Haschomer Hazair*, in denen sie zum Widerstand aufrief und die Menschen davor warnte, den Versprechungen der Deutschen zu glauben.

Um eindeutige Gewissheit darüber zu erlangen, was mit den deportierten Menschen geschah, beauftragte der Untergrund Zalmen Frydrych damit, einem Transport zu folgen. Frydrych gelangte bis nach Sokołów, in die Nähe Treblinkas, wo ihm polnische Eisenbahner Näheres berichten konnten. Außerdem traf er durch Zufall auf zwei Flüchtlinge aus Treblinka, die ihm vom Morden im Vernichtungslager erzählten. Ins Getto zurückgekehrt, nutzten die Untergrundorganisationen diese Informationen aus erster Hand für eine weitere Aufklärung der Bevölkerung.

Vereinzelt trat der Widerstand in Aktion, wenngleich er noch die direkte Konfrontation mit den deutschen Einheiten mied. Vielmehr verlegte er sich auf Unternehmen gegen tatsächliche oder vermeintliche jüdische Kollaborateure. Die wohl spektakulärste Tat war am 20. August der Anschlag auf den im Juli freigelassenen und wieder ins Amt eingesetzten Leiter des Ordnungsdienstes Szeryński, der allerdings mit einer Verwundung davonkam. Im Januar 1943 soll er sich das Leben genommen haben.

Letztlich aber hatten die Aufklärungsbemühungen und derartige Aktionen keinen Einfluss auf den Ablauf der Menschenjagden im Getto und die Deportationen. Diese liefen unvermindert fort, eher mit noch wachsender Brutalität und Willkür. Der Ordnungsdienst sperrte ein Haus oder einen Häuserblock und brachte alle, die keine Arbeitsbescheinigung vorweisen konnten, zum Umschlagplatz. Dort fand eine Selektion statt, nach der die meisten Menschen ins Vernichtungslager deportiert und dort getötet wurden und manche zur Zwangsarbeit in ein anderes Lager kamen.

Obwohl die OD-Männer bei den Razzien für die Arbeitslager früher schon mitunter Gewalt angewandt hatten, war die Art und Weise, wie viele jüdische Polizisten nun scheinbar bereitwillig ihren Teil zu den Deportationen beitrugen, ein Schock für die

Gettobevölkerung, zumal in den ersten Tagen der «Aktion» die Deutschen und ihre Verbände nicht offen in Erscheinung traten. Zum vermeintlichen Eifer der OD-Männer trug nicht zuletzt der Druck, unter dem sie standen, bei; jeder von ihnen musste eine bestimmte Zahl von Menschen zum Umschlagplatz bringen, andernfalls drohte ihnen selbst die Deportation. Allerdings nutzten viele ihre Position aus, ließen sich bestechen, raubten die Menschen aus oder plünderten die geräumten Wohnungen: «Wenn sie Leute aufstöberten, die sich, anstatt in den Hof hinunterzugehen, irgendwo versteckt hielten», schreibt Władysław Szpilman über die OD-Männer, «ließen sie sich leicht bestechen, aber nur mit Geld. Tränen, Flehen, selbst das verzweifelte Schreien der Kinder waren nicht imstande, sie zu rühren.»[16]

Die Empörung darüber steigerte sich rasch zum Hass. Chaim Kaplan war fassungslos darüber, dass Juden sich für diese Arbeit hergaben. Ihre Grausamkeit, urteilte er, stehe derjenigen der Nationalsozialisten nicht nach.[17] Entsetzt schreibt Eugenia Szajn-Lewin, vor dem Krieg Journalistin, über das Treiben des Ordnungsdienstes: «Polizeikolonnen ziehen durch die Straßen, riegeln sie mit einem Kordon ab. Juden kämpfen gegen Juden. Die in den dunkelblauen Mützen werden ungeduldig, schreien, drohen. Die Polizei zerrt Widerstrebende auf Wagen. Die Straße schreit. Der Haß richtet sich gegen die Polizisten.»[18] Viele Menschen berichten in ihren Tagebüchern oder Erinnerungen von der Gier und Brutalität jüdischer Polizisten während der Deportationen. Manche zeitgenössischen Chronisten aber halten auch abweichendes Verhalten und die Gewissensqualen Einzelner fest. Mary Berg schreibt von einem Bekannten beim OD, der mit der Last seiner Aufgabe nicht fertig wurde und bei Mary und ihrer Mutter um Rat nachsuchte.[19] Andere zerbrachen an ihren Gewissensnöten und nahmen sich das Leben. Manche OD-Männer nutzten ihre Stellung schließlich auch, um Menschen zu retten. Von Nachum Remba, der als diensthabender Beamter des Judenrats auf dem Umschlagplatz war, heißt es, er habe Hunderte von dort rausgeschleust und so vorläufig gerettet.[20]

In der ersten Woche wurden Tag für Tag 6000 bis 7000 Menschen vom Umschlagplatz aus nach Treblinka deportiert und dort ermordet; anfangs meldeten sich noch viele freiwillig, die Übrigen griff der Ordnungsdienst bei den Blockaden der Häuser auf. Bald jedoch zeigte sich die SS unzufrieden mit dem Verlauf und trat selbst in Aktion. Überdies veröffentlichte der Chef des Ordnungsdienstes Ende Juli eine Bekanntmachung, durch die Menschen mit Versprechungen dazu bewegt werden sollten, sich zu melden: Drei Kilogramm Brot und ein Kilogramm Marmelade sollte jeder erhalten. Der Hunger und die Not waren so groß, dass diese Verlockung wirkte, wie Frederick Weinstein, der erst seit einigen Wochen wieder in Warschau war, von Bekannten berichtet.[21] Seit Beginn der Deportationen war der Schmuggel für längere Zeit fast restlos zum Erliegen gekommen, da das Getto in dieser Zeit erheblich stärker bewacht wurde. Die Preise für alle möglichen Waren, insbesondere aber für Lebensmittel, explodierten; der Preis für ein Kilogramm Brot zum Beispiel stieg von zehn auf 60 bis 70 Złoty.

Unterdessen wüteten die SS und ihre litauischen und ukrainischen Hilfstruppen im Getto. «Eine besessene Jagd auf die Juden hatte begonnen», erinnert sich Halina Birenbaum.[22] Die Blockaden wurden brutaler, außerdem erwies sich die gewonnene Sicherheit durch eine Arbeit in einem der Shops oder außerhalb des Gettos in deutschen Betrieben als trügerisch. Zunehmend herrschte Willkür; die Männer des Vernichtungskommandos scherten sich immer seltener um Arbeitsbescheinigungen. «Meine ganze sechstägige Anstrengung zum Zwecke ihres Erwerbs war vergebens gewesen», musste Władysław Szpilman erkennen.[23] Auch Mitarbeiter der jüdischen Verwaltung und ihre Angehörigen sowie die Eltern der OD-Männer waren nicht mehr ausgenommen.

Wer keine Arbeit hatte, harrte tagsüber in der Wohnung oder in notdürftig hergerichteten Verstecken aus und mied die Straße, in der ständigen Ungewissheit, ob und wann das eigene Haus von einer Blockade betroffen war. Die Erlebnisse der dreizehnjährigen Halina Birenbaum und ihrer Familie in den Wochen der Deportationsaktion sind ein Beispiel für die Erfahrungen Tausender. «Auf der Treppe hörten wir das Stampfen von Soldatenstiefeln, das Krachen aufgebrochener Türen in den umliegenden Wohnungen, Klagen, Schreien, Flehen um Erbarmen», beschreibt sie eine Blockade ihres Hauses. «Schweißgebadet, mit angehaltenem Atem und hämmerndem Herzen warteten wir auf den Moment, daß sie klopfen würden ... jeden Augenblick rechneten wir damit und bebten vor Angst.»[24] Diesmal kamen sie davon, doch war die Familie der Habgier von OD-Leuten ausgesetzt, die Bestechungsgelder dafür verlangten, sie unbehelligt zu lassen.

Nach einigen Tagen sahen sie sich genötigt, die Wohnung zu verlassen. Es gelang ihnen, sich im Betrieb des Vaters, der bei Többens arbeitete, zu verstecken. Dort brachten sie, verkrochen in einer Ecke der Werkstatt, Tage zu, «ohne uns zu waschen und uns auszuziehen, nicht einmal die Schuhe legten wir ab. Wir mußten für jeden Fall gerüstet sein.»[25] Wenige Tage später aber warf der jüdische Werkstattleiter sie raus, da er in ihnen eine Gefahr für alle sah. Sie konnten sich auf einem benachbarten Dachboden verstecken. Während das Getto zusehends leerer wurde, wechselte Halina mit ihrer Familie ständig den Unterschlupf. Eines Tages aber, als sie abends ihr Versteck verlassen hatten, wurden sie gefasst und zum Umschlagplatz geführt. «Eine hohe Mauer», erinnert sie sich, «und eine lebende Sperre von Polizisten und Nazis, die nicht einmal so zahlreich, dafür aber bis an die Zähne bewaffnet waren, trennten uns vom Getto und seinen Schlupfwinkeln.»[26]

Sie hofften darauf, als Angehörige eines Többens-Arbeiters doch noch freizukommen, zumal auch ihr Bruder Chilek gute Papiere und einen Passierschein für den Umschlagplatz besaß, da er dort arbeitete und die Leichen wegschaffte. Als jedoch der Deportationszug kam, trieben OD-Männer die Menschenmenge mit Stöcken dorthin, ohne noch einmal Papiere zu überprüfen. Kurz entschlossen drängte Halinas Mutter in die entgegengesetzte Richtung und zog ihre Familie mit sich. Halinas Vater und Chilek glaubten noch fest an die Sicherheit, die ihre Arbeitspapiere ihnen zu geben schienen, und wollten zum Zug, in der festen Erwartung, dass dort eine Kontrolle stattfinde und sie so freikommen könnten. Nach einiger Diskussion verließ der Vater schließlich die Familie und ging zum Zug. «Das war das letzte Mal, daß ich meinen Vater sah», erinnert sich Halina Birenbaum, «wie er dort gebeugt, hilflos unter den Schlägen der Polizisten zu den Waggons ging.»[27] Die anderen mussten sich immer wieder aus dem Griff von OD-Männern befreien und verbargen sich bis zur Abfahrt des Zuges in verschiedenen Schlupfwinkeln. Ihnen bot sich ein gespenstischer Anblick: «Der Platz lag verlassen da. In der Dunkelheit zeichneten sich zurückgelassene Gegenstände ab: Kinderwagen, Kissen, Kleidungsstücke, einzelne Schuhe. Wir waren ganz allein auf dieser großen, stummen, schrecklichen Todesstätte.»[28]

Nach einigem Hin und Her konnten sie einen jüdischen Polizisten bestechen, sie vom Umschlagplatz ins Getto zurückkehren zu lassen. Da die Deportationen auch in den folgenden Tagen fortgesetzt wurden, war Familie Birenbaum nicht außer Gefahr. «Angst, Hunger und Flucht, die Suche nach Verstecken und der verbissene Kampf um jeden Augenblick unseres Lebens wurden wieder zum Inhalt unserer Tage», fasst Halina nach dem Krieg die darauffolgende Zeit zusammen.[29]

Władysław Szpilman wurde mit seiner Familie im August zum Umschlagplatz gebracht. Dort angekommen, harrten sie stundenlang in der Hitze aus, während immer mehr Menschen gebracht wurden. Hunger und Durst plagten die Wartenden, auch die Ungewissheit, was mit ihnen würde, quälte sie. Noch einmal führten die Deutschen eine Selektion durch. Als schließlich der Zug eintraf, verstärkten sie die Kette von SS- und OD-Männern. Als Szpilman und seine Familie dicht an die Waggons herankamen, zog ihn plötzlich ein jüdischer Polizist, der ihn offenbar erkannt hatte, aus der Menge. Vergeblich versuchte Szpilman, zu seiner Familie zurückzukommen. «Ich sah zwischen den Köpfen der Polizisten hindurch, wie Mutter und Regina, von Halina und Henryk hochgehoben, in die Waggons stiegen, während sich

Vater nach mir umschaute», erinnert er sich nach dem Krieg an diesen Moment, in dem er seine Familie zum letzten Mal sah.[30]

Immer wieder versuchte er, die Polizeikette zu durchdringen und zu seiner Familie zu gelangen, bis ihn schließlich der Polizist anraunte, er solle sich schleunigst retten. Wie von Sinnen flüchtete Szpilman und konnte den Umschlagplatz verlassen. Aus der Ferne sah er noch, wie der Zug abfuhr: «Ich wandte mich ab und wankte, laut weinend, mitten auf der menschenleeren Straße einher, verfolgt von dem immer leiser werdenden Schrei der in den Waggons Eingeschlossenen, der wie das Piepsen in Käfigen zusammengepferchter Vögel in Todesnot klang.»[31]

Angesichts der furchtbaren Szenen, die sich Tag für Tag auf den Straßen abspielten, angesichts der totalen Vernichtungswut der Nationalsozialisten trafen die Chronisten um Ringelblum nach Beginn der Deportationen Vorsorge, ihr Archiv für die Nachwelt zu bewahren und ihre Sammlung sicher zu verstecken, damit sie nach dem Ende der deutschen Besatzung geborgen werden könnte. Es ging ihnen aber nicht nur um das Bewahren des bereits Gesammelten, sondern – wie zuvor auch immer – um die Dokumentation des Gegenwärtigen. Eilig verfassten verschiedene Autoren Berichte und stellten diesen autobiographische Notizen für die Nachwelt voran. Israel Lichtenstein, der auf Anweisung von Ringelblum und Hersz Wasser den ersten Teil des Archivs Mitte August versteckte, schreibt: «Ich will nur, dass man sich an mich erinnert.» Und er fügt hinzu: «Ich möchte, dass an meine Frau erinnert wird, Gele Sekstein. Sie hat während der Kriegsjahre als Erzieherin und Lehrerin mit Kindern gearbeitet, sie hat Bühnenbilder und Kostüme für das Kindertheater entworfen ... wir bereiten uns beide auf den Tod vor. Ich möchte, dass an meine kleine Tochter erinnert wird. Margalit ist heute 20 Monate alt. Sie hat schon Jiddisch gelernt und spricht es perfekt. [...] Ich beklage nicht mein eigenes Leben oder das meiner Frau. Mir tut es nur um dieses kleine schöne und talentierte Mädchen leid. Sie hat es auch verdient, erinnert zu werden.»[32]

Zuvor hatte er einen Bericht über die ersten Tage der Deportationen verfasst, der nicht nur die schrecklichen Ereignisse dieser Zeit darstellt und das Verhalten der OD-Männer anklagt, sondern vor allem auch ein Zeugnis des Widerstands ist. Vergeblich hatte Lichtenstein sich bemüht, andere von der Notwendigkeit, sich den Deutschen aktiv zu widersetzen, zu überzeugen. Jedes Hauskomitee, forderte er, sollte sein Haus niederbrennen, alle sollten bewaffnet mit Äxten, Messern oder Steinen die Mauer stürmen und gegen die Nationalsozialisten kämpfen. «Sollen sie uns zusammen mit unseren Frauen und Kindern erschießen», schreibt Lichtenstein, «wir können bestimmt auch einige von ihnen erwischen. Lasst das Getto in einer großen Feuersbrunst brennen, lasst Maschinengewehre bellen, lasst Bomben hochgehen – wen interessiert es. Lasst uns freudig und triumphal in unseren Tod marschieren, sterben – aber als Helden, nicht wie Vieh.»[33] Seine Appelle verhallten noch ungehört.

Der Andrang, um bei den Shops einen Arbeitsplatz zu ergattern, war seit Beginn der Deportationen ungebrochen, da jeder sich an die Hoffnung klammerte, damit ein bisschen mehr Sicherheit zu erlangen. Chaim Kaplan spricht Ende Juli von einer regelrechten «Fabrikpanik». Die unsichere Lage, in der es nicht mehr um längerfristige Sicherheit gehen konnte, bringt er auf den Punkt: «Die ganze Sache ist zweifelhaft, und niemand weiß, was der Tag noch bringt; aber die Menschen des Gettos, die den Tod vor Augen haben, suchen nicht die Sicherheit des Tags, sondern der Stunde.»[34] Die Brutalität, mit der die Jagd auf Menschen durchgeführt wurde, die zahlreichen Toten und nicht zuletzt die schlimmen Befürchtungen über das Schicksal der Deportierten trugen erheblich dazu bei. Im Laufe des August 1942 wurde für viele aus den Gerüchten immer mehr die Gewissheit, dass die Verschleppten ermordet werden, zumal die ersten Flüchtlinge aus Treblinka im Getto davon berichteten.

Nachdem Eugenia Szajn-Lewin in knapper Not mit Hilfe eines OD-Mannes der Deportation entgangen war, suchte sie mit ihrer Familie mit Nachdruck nach Arbeit. Nur mit Hilfe von Bestechungsgeldern gelang es, bei Schultz in der Produktion von Wollsocken für die Wehrmacht Arbeit zu finden. Der Betrieb erschien ihnen fast als sichere Oase, da er von einem Zaun umgeben war und der Eingang von jüdischen Polizisten kontrolliert wurde. «Zwischen den Socken schweigen die Sorgen still», schreibt Eugenia Szajn-Lewin über ihre Situation. «Sie arbeiten für die Deutschen, für den Feind, aber weil der sie braucht – werden sie weiterleben.»[35] Der allgemeinen Not und Unterversorgung waren sie damit aber nicht entronnen. Die Arbeit war oft sehr hart und die Rationen unzureichend, bisweilen nur 250 Gramm Brot und eine Suppe am Tag. «Wir sind als Sklaven an einen Haufen deutscher Fabrikanten verkauft worden», merkt Abraham Lewin bitter in seinem Tagebuch an.[36]

Hat die Arbeit aber zumindest ein Gefühl von Sicherheit vermittelt, war auch das nur von vorübergehender Dauer. Am 9. August erging der Befehl, dass alle Bewohner des Kleinen Gettos bis zum nächsten Tag ihre Wohnungen verlassen mussten; auch der Judenrat musste umziehen und überdies sein Personal um 50 Prozent reduzieren. Nur die Arbeiter von Többens und eines anderen Betriebs sollten im Kleinen Getto zurückbleiben. Am Tag darauf erklärten die Besatzer die bisherigen Dokumente für ungültig, eine Aufenthaltsberechtigung sollte fortan nur derjenige haben, der einen neuen Stempel des Sicherheitsdienstes in seinen Papieren vorweisen konnte.

Etwa zur gleichen Zeit bekamen die Arbeitskräfte der Shops und ihre Familien jeweils bestimmte Wohnblocks zugewiesen, in die sie ziehen mussten. Bis zum 18. August fanden fast täglich Blockaden und Selektionen bei den Shops und in den ihnen zugewiesenen Häuserblocks statt. Kaum hatte Eugenia Szajn-Lewin eine Selektion glücklich überstanden, mussten die Arbeitskräfte am nächsten Tag erneut antreten, um ihre Arbeitsbescheinigungen abstempeln zu lassen. Nur wer auf vorbereiteten Listen stand, bekam den lebensnotwendigen Stempel; allen Übrigen wurden die Papiere abgenommen. Eugenia hatte Glück, sie stand auf der

Liste, sie durfte vorläufig weiterleben. Erschrocken über ihre eigenen Gefühle, schreibt sie: «Kann man sich so grenzenlos glücklich fühlen inmitten des allgemeinen Unglücks?»[37]

Kinder

Täglich wurden mehrere tausend Menschen deportiert, Hunderte im Getto oder auf dem jüdischen Friedhof erschossen. Vor allem aber das Schicksal der Kinder bewegte die Menschen. Eltern wurden von ihren Kindern getrennt, manche konnten ihren Kleinen «freiwillig» in den Tod folgen; andere ließen sie verzweifelt zurück, um ihr eigenes Leben zu retten. Manche Kinder wurden aus dem Getto geschmuggelt und fanden Zuflucht bei polnischen Bekannten oder in Klöstern. Manche Kinder kamen tragisch ums Leben, da ihre Eltern ihnen zu viel Beruhigungsmittel gaben oder ihnen zu lange und zu fest den Mund zuhielten, damit sie nicht das Versteck der Familie durch Weinen oder Schreien verraten konnten.

Wie die Eltern waren auch die Kinder der Arbeitskräfte nicht länger sicher. Eugenia Szajn-Lewin berichtet, dass Deutsche und Ukrainer eines Tages den Kindergarten der Többens-Arbeiter im Kleinen Getto heimsuchten, während die Eltern arbeiteten. Manche OD-Männer, die rechtzeitig davon hörten, versuchten noch, ihre eigenen Kinder zu retten. Ein jüdischer Polizist, erzählt Szajn-Lewin, schmiss den Deutschen seine Mütze und seine OD-Binde hin, nahm sein Kind auf den Arm und schloss sich den Kindern an.[38]

Berühmt geworden, auch schon im Sommer 1942, ist der Fall von Janusz Korczak. Anfang August, am 5. oder 6., sollten die Waisenkinder deportiert werden. Korczak, der die Möglichkeit gehabt hätte, sich der Deportation vorläufig zu entziehen, blieb bei ihnen. «Lange Jahre seines Lebens hatte er mit Kindern verbracht», schreibt Władysław Szpilman, «und auch jetzt, auf dem letzten Weg, wollte er sie nicht allein lassen. Er wollte es ihnen leichter machen.»[39] Korczak erzählte den Kindern, sie führen aufs Land, wo sie es besser hätten. Die Kinder legten ihre beste Kleidung an und zogen, begleitet von einem SS-Mann, fröhlich los. Als Szpilman dem Kinderzug unterwegs begegnete, sangen die Kinder und Korczak trug zwei kleine Kinder auf dem Arm.[40] Mary Berg konnte aus ihrer Zelle im Pawiak-Gefängnis, wo sie aufgrund der amerikanischen Staatsbürgerschaft ihrer Mutter auf ihre Ausreise wartete, den Auszug der Kinder aus dem Waisenheim beobachten und auch sie sah, wie sie lächelnd mit ihren Bündeln das Haus verließen, mit Korczak und einem Doktor am Ende des Zuges.[41]

Nachum Remba, der auf dem Umschlagplatz war, sah die Waisenkinder und führte sie an die Seite in den Schatten einer Mauer, in der Hoffnung, sie an diesem Tag vielleicht doch noch vor der Deportation bewahren zu können. Korczak bot er an, mit ihm zur Gemeinde zu gehen, doch dieser wollte die Kinder keinen Augenblick alleine lassen. Als die Menschen in die Waggons getrieben wurden, informierte sich Remba ständig, ob die für diesen Tag erforderliche Zahl schon erreicht sei. Schließlich aber mussten auch die Waisenkinder zum Deportationszug; Korczak ging ihnen voran. «Diesen Anblick werde ich nie vergessen», berichtet Remba nach dem Krieg, «das war kein Marsch zu den Waggons, das war ein organisierter, stummer Protest gegen das Banditentum! Im Gegensatz zu der gedrängten Masse, die wie Vieh zur Schlachtbank ging, setzte sich ein Marsch in Bewegung, wie es ihn nie zuvor gegeben hatte. Alle Kinder waren in Viererreihen aufgestellt, an der Spitze führte Korczak, die Augen nach oben gerichtet, mit zwei Kindern auf dem Arm, den Zug an.»[42] Korczak und die Kinder wurden nach Treblinka deportiert und dort in den Gaskammern ermordet.

Adina Blady Szwajgier, deren Kinderkrankenhaus an den Umschlagplatz verlegt worden war, sah dort Tag für Tag die Menschenmassen, die in die Züge geprügelt und deportiert wurden. Abends holte sie zurückgebliebene Kinder zu sich ins Krankenhaus. Einem ukrainischen Wachmann gab sie dann immer Wodka, um unbehelligt die Kinder nehmen zu können. «Eines Tages», berichtet sie über ein Erlebnis mit ihm, «sprach er mit mir, als ein kleines Mädchen an einem Fenster am Umschlagplatz erschien. Er riß das Gewehr hoch, erschoß die Kleine und redete weiter.»[43] Über das Schicksal ihrer kleinen Patienten konnte sie sich bald keine Illusionen mehr machen. Als schließlich Anfang September alle Kinder aus dem Krankenhaus deportiert werden sollten, entschloss sich Adina Blady Szwajgier schweren Herzens, ihnen das zu ersparen. Sie verabreichte den Kindern eine Dosis Morphium: «Und genau so, wie ich mich während der zwei Jahre meiner täglichen Arbeit über die kleinen Betten gebeugt hatte, flößte ich nun diesen kleinen Mündern die letzte Medizin ein. [...] Danach gingen wir zu den älteren Kindern und sagten ihnen, daß diese Medizin ihnen die Schmerzen nehmen werde. Sie glaubten uns und tranken die erforderliche Menge aus Gläsern.»[44]

Arbeit und Deportation

Angesichts der fortwährenden Selektionen auch in den Shops schienen Arbeitsplätze außerhalb des Gettos mehr Sicherheit zu versprechen. Außerdem boten sie die Gelegenheit, Lebensmittel ins Getto zu schmuggeln oder Kontakt nach draußen zu halten, zum Beispiel um eine Flucht und ein Versteck im «arischen» Teil der Stadt vorzubereiten. Halina Birenbaums Bruder Chilek etwa konnte, nachdem die Familie im Block der Többens-Arbeiter untergekommen war, Arbeit in der «Ursus»-Fabrik bekommen. Er brachte regelmäßig Lebensmittel mit, so dass sich die Situation der Familie besserte, zumal auch die Mutter nach einiger Zeit in der Schneiderei von Schultz eine Stelle bekam. Ungeachtet der «guten» Arbeitsbescheinigungen waren sie weiterhin der Gefahr ausgesetzt, aufgegriffen und deportiert zu werden, vor allem Halina, die den Tag über in der Wohnung zubrachte.[45]

Auch für Frederick Weinstein war eine Stelle bei «Ursus» ab Ende Juli ein Ausweg aus seiner prekären Lage. Er war erst kurz vor Beginn der Deportationen aus der Provinz nach Warschau zurückgekehrt, lebte «illegal» im Getto und konnte daher nur mit Hilfe eines Fälschers an eine Meldebescheinigung kommen, die für eine Arbeitsstelle unabdingbar war. In den ersten Tagen bei «Ursus», berichtet Weinstein, war es besonders einfach, Waren ins Getto zu schmuggeln, da die Wachen die heraus- und hereinkommenden Arbeitskräfte nur zählten. Bald jedoch verschärften sie die Kontrollen am Gettotor.[46]

Die Arbeit in der Fabrik war hart. Weinstein musste frühmorgens noch vor 5 Uhr aufstehen, die Nervenanspannung am Gettotor aushalten, wenn er Waren schmuggelte, und den langen Weg zur Arbeit zu Fuß gehen. Dort schuftete er viele Stunden, trieb zwischendurch Handel und musste dann wieder den Rückweg antreten. Mitunter warteten die Arbeiterkolonnen stundenlang auf Einlass ins Getto, sei es aus Schikane oder weil die Wachen streng kontrollierten. Den ganzen Tag über lebten die Arbeiter überdies in der Ungewissheit, wen und was sie bei ihrer Rückkehr überhaupt noch antrafen. Immer wieder sahen sie Blutlachen auf der Straße, waren andere Häuser von einer Blockade betroffen. Mitte September dann fanden die «Ursus»-Arbeiter nach der Arbeit ein Bild des Schreckens vor. «Wir kehren in den Wohnblock zurück», erinnert sich Weinstein später im Versteck, «tiefe Verzweiflung! Fast alle Frauen (90%!) und die noch übriggebliebenen Kinder sind weggebracht worden. Weinen. Wahrhaftes Brüllen. Das Jüngste Gericht!»[47]

Allein in den ersten drei Augustwochen deportierten die Nationalsozialisten mindestens 106 000 Menschen nach Treblinka. Am 19. August schien plötzlich Ruhe einzukehren und die noch verbliebenen Menschen im Getto schöpften neue Hoffnung. Das Vernichtungskommando war für einige Tage in die Provinz abgezogen und deportierte Menschen aus der Region östlich von Warschau. Außerdem gab es in dieser Zeit Luftangriffe auf Warschau. «Vielleicht wird unsere Erlösung kommen», hofft Abraham Lewin, «vielleicht wird diese böse Macht gebrochen.»[48] Auch Eugenia Szajn-Lewin sah Grund zur Zuversicht. «Das Leben in der

Fabrik bekommt allmählich den Anschein von Sicherheit», schreibt sie. Die Arbeiter haben namentliche Brotkarten erhalten, sie bekamen weitere Rationen. «In den Herzen zieht die Hoffnung ein – es wird schon irgendwie weitergehen, bis der Krieg vorbei ist.»[49]

Nun wurde eine Höchstzahl von Beschäftigten für die einzelnen Shops festgesetzt. Bis zum 5. September gab es erneut Blockaden der Shops, in denen die Belegschaft einer Selektion unterzogen wurde. Täglich sonderten die SS-Leute Tausende Menschen aus und deportierten sie. Die Zurückgebliebenen, von denen manche nun erleichtert das Schlimmste hinter sich wähnten, schockierte am 5. September eine Bekanntmachung, die größte Befürchtungen hervorrief: Am 6. September hätten sich, so hieß es, alle Gettobewohner mit ausreichender Verpflegung für zwei Tage an bestimmten Straßen einzufinden. Ihre Wohnungen sollten unverschlossen bleiben. Jeder, der danach anderswo angetroffen würde, würde erschossen. Zugleich veröffentlichte der Höhere SS- und Polizeiführer des Distrikts Warschau eine Bekanntmachung an die polnische Bevölkerung, in der er daran erinnerte, dass auf die Hilfe für versteckte Juden außerhalb des Gettos die Todesstrafe stehe. Juden sollten, so mahnte er, der Polizei übergeben werden und er räumte zugleich denjenigen, die bisher geholfen hatten, eine letzte Frist bis zum 9. September ein.[50]

Nur noch rund 32 000 Menschen sollten im Getto leben dürfen. Das war die Menge an sogenannten Lebensnummern, die vom 6. bis zum 11. September bei der allgemeinen Registrierung ausgegeben werden durften. Sie alleine berechtigten zum weiteren Aufenthalt im Warschauer Getto. Die Nummern, versehen mit Stempel und Unterschrift des Judenrats, mussten um den Hals getragen werden. Die Leiter der Institutionen und Betriebe bekamen ein bestimmtes Kontingent zugewiesen und erstellten Listen derjenigen Personen, die eine Nummer erhielten. Alle Übrigen waren für die Deportation bestimmt. Die Patienten der Krankenhäuser samt deren Personal sollten ohnehin deportiert werden.

Während dieser Registrierung herrschten unbeschreibliche Zustände; ein Kampf um Leben und Tod setzte ein, viele versuchten sich in Verstecke zu retten. Aus Eugenia Szajn-Lewins Betrieb konnten nur 800 Mitarbeiter eine Nummer bekommen. Manche von ihnen, berichtet sie, ließen ihre Kinder zurück, andere schlossen sich diesen an, wiederum andere schmuggelten sie in Rucksäcken durch die Kontrollen.[51] Höllenqualen musste die Familie von Halina Birenbaum in dieser Zeit durchleiden. Ihre Mutter hatte zwar eine Nummer erhalten, diese aber verloren. Sie konnten sich aber in das Haus der «Ursus»-Arbeiter retten und dort bis zum Ende der großen Blockade verborgen halten. Als sie danach wieder in ihre Wohnung kamen, fanden sie dort die Nummer wieder.[52]

Marcel Reich-Ranicki und seine Frau hatten Glück, sie hatten eine Nummer erhalten, seine Eltern aber nicht. «Mein Vater blickte mich ratlos an», erinnert er sich nach dem Krieg an die letzten gemeinsamen Momente, «meine Mutter erstaunlich ruhig. Sie war sorgfältig gekleidet: Sie trug einen hellen Regenmantel, den sie aus Berlin mitgebracht hatte. Ich wußte, daß ich sie zum letzten Mal sah.»[53] Bernard Goldstein, der bis dahin mit einer gefälschten Arbeitskarte überwiegend in Verstecken überdauert hatte, erhielt keine «Lebensnummer». Er ging mit einer Kolonne Richtung Umschlagplatz, von wo sie deportiert werden sollten. In einem günstigen Moment aber sprang er unbemerkt aus der Menge und flüchtete sich in ein Haus. Verborgen in einem Versteck bei einem Betrieb, konnte er die Zeit der letzten Deportationen überstehen.[54]

Innerhalb dieser wenigen Tage im September 1942 deportierten die SS-Leute fast 55 000 Menschen, rund 2700 erschossen sie an Ort und Stelle. Danach lebten ungefähr 30 000 Menschen «legal» im Getto, in etwa noch einmal so viele waren als «Wilde» zurückgeblieben und hausten in irgendwelchen Verstecken. Das Getto wurde deutlich verkleinert und umfasste nur noch einige Straßenzüge im ehemaligen nördlichen Teil; einzelne Shops allerdings, jeweils umzäunt und bewacht, lagen außerhalb dieses Gebiets weiter südlich. Hier lebten die meisten Menschen.

Nach der großen Selektion Anfang September gab es noch vereinzelte Deportationen. Eines Morgens hörte Marcel Reich-Ranicki im Büro, dass seine Frau aufgegriffen und zum Umschlagplatz gebracht worden sei. «Niemand konnte wissen, wann der nächste Zug abgehen würde», beschreibt er die Dramatik. «Man mußte sofort handeln.»[55] Er eilte zum Umschlagplatz und suchte den dortigen Kommandanten des Ordnungsdienstes, den er kannte. Er hatte Glück, weil an diesem Tag keine SS-Leute auf dem Platz waren. Schließlich konnte er ihn finden und dieser ließ Tosia frei.

Kurze Zeit später, am 21. September, traf es schließlich diejenigen, die sich aufgrund ihrer Position am sichersten wähnen konnten: Die SS reduzierte den Ordnungsdienst von 2400 auf nur noch 380 Mann und deportierte die Ausgesonderten. Am 24. September wurde dem Judenrat offiziell mitgeteilt, dass die Deportationen beendet seien. Insgesamt deportierten Höfles SS-Leute innerhalb eines Monats deutschen Quellen zufolge fast 254 000 Männer, Frauen und Kinder; nach jüdischen Quellen waren es mehr als 300 000 Menschen.

IV. Im «Rest-Getto»

Nach dem Ende der Deportationen bot sich den Menschen ein Bild der Verwüstung, das Bernard Goldstein unmittelbar nach dem Krieg so beschreibt: «Schuppen und Läger standen offen und leer. Die Häuser waren verlassen. In den Hinterhöfen lagen hier und da Hausgeräte herum, zerbrochene Möbelstücke und Kleiderfetzen. Dumpfe Verlassenheit hing über allem. [...] Ein Wirbelsturm war über das Getto hinweggegangen, hatte alles auf seiner Bahn zerschmettert und eine öde Wildnis bereitet.»[1] Simha Rotem, der sich später dem Widerstand anschloss und bislang relativ unbehelligt bei Verwandten auf dem Land gelebt hatte, kam nach den Deportationen zurück nach Warschau. «Der Anblick, der sich meinen Augen bot, war der einer Geisterstadt», beschreibt er seinen Eindruck.[2]

Dennoch war die Erleichterung groß. «Das zentrale Getto lebt auf», schreibt Eugenia Szajn-Lewin. «Die Menschen gehen auf die Straße. Der Handel kommt in Gang.»[3] Auch der Schmuggel setzte wieder ein. In den Häusern eröffneten die Menschen wieder kleine private Werkstätten, Bäckereien und dergleichen; junge Frauen schminkten sich, man traf sich wieder. Hoffnung keimte auf, das Schlimmste überstanden zu haben. «Jetzt wird es ruhig bleiben», schreibt Eugenia Szajn-Lewin voller Zuversicht und fasst diese Zeit zusammen: «Das Leben im Getto erinnert wieder an jenes andere, das vor der Aktion.»[4] Diese Erleichterung teilten viele. Auch Frederick Weinstein sieht wieder «Normalität» einkehren: «Die Aktion ist beendet. Das Leben geht wieder seinen normalen Gang.»[5]

Aber nicht nur Erleichterung und eine gewisse Zuversicht herrschten vor. In diese Gefühle mischten sich auch Trauer und Verzweiflung; Trauer um all diejenigen, die deportiert und ermordet worden waren, und Verzweiflung angesichts der aussichtslosen Lage und der Gleichgültigkeit der Welt. «Warum ist dies geschehen?», fragt Abraham Lewin fassungslos in seinem Tagebuch. «Und warum ist die ganze Welt taub für unsere Schreie? Erde, Erde, bedecke nicht unser Blut und lasse keinen Ort ohne unsere Schreie!»[6]

Das Getto hatte nach dem Ende der Deportationen vollkommen sein Gesicht gewandelt. Mit dem Sommer 1942 übernahm die SS in der Praxis die Zuständigkeit; die Dienststelle des Kommissars und auch die Transferstelle befanden sich in Auflösung. Letztlich war das Getto nach dem Sommer 1942 ein Arbeitslager, das aus verstreuten Produktionsorten bestand. Es war kein in sich geschlossenes Gebiet mehr. Verteilt auf Dutzende Arbeits- und Wohnorte, lebten nun die Menschen in jeweils abgegrenzten Bereichen. Rund 13 000 Menschen mit der notwendigen «Lebensnummer» wohnten nun in dem deutlich verkleinerten ursprünglichen Gettogebiet, dem sogenannten zentralen Getto, weitere 23 000 lebten und arbeiteten in den verstreuten Wohnblocks und Shops.

Mindestens 30 000 Menschen fristeten ihr Dasein als «Illegale» in verlassenen Wohnungen oder Verstecken; im Laufe des Herbstes vergrößerte sich ihre Zahl durch diejenigen, die aus dem «arischen» Teil der Stadt zurückkehrten, weil sie dort keine sichere Bleibe mehr fanden oder sich wegen der dort fortwährenden Gefahren im Getto sicherer wähnten. «Illegale», schreibt Emanuel Ringelblum Anfang Dezember 1942 in seinem Tagebuch, «sind Menschen ohne Nummern, Menschen, die dem Sinn des Rechts nach auf dem Umschlagplatz sein müssten, die aber leben. Wie viele es sind, weiß niemand. Verschiedene Zahlen werden genannt: Manche schätzen die Zahl der Illegalen auf 7000, andere auf 10 000 und sogar auf 15 000. Fakt ist, dass sie da sind!»[7] Ein Großteil von ihnen waren Familienangehörige der Arbeiter, der

OD-Männer und der Judenratsmitarbeiter; aber es waren auch «einfache» Leute darunter, die sich verstecken konnten.

Tagsüber waren die Straßen leer, weil die Menschen arbeiteten und es verboten war, sich in dieser Zeit dort aufzuhalten. Die vielen illegal im Getto lebenden Menschen verließen ihre Verstecke nur im Schutze der Dämmerung. Morgens von 6 bis 8 Uhr allerdings herrschte reger Betrieb auf den Straßen, da die Kolonnen zu ihren Arbeitsstätten aufbrachen, zu den Shops oder den Werkstätten und Fabriken auf der «arischen» Seite. Ungefähr 48 Firmen beschäftigten im November 1942 Juden, sei es innerhalb der Mauern oder außerhalb. Die größten waren die Betriebe von Fritz Schultz in der ul. Nowolipie sowie die von Walther Többens in der ul. Leszno und der ul. Prosta, die jeweils 8000 Menschen beschäftigten. Bei der sogenannten Werterfassung arbeiteten 4000 Juden, die noch verwertbare Möbel und sonstige Gegenstände, die nach den Deportationen in den verlassenen Gettoteilen lagen, sichern und in das zentrale Lager, das ehemalige Waisenheim von Janusz Korczak, bringen mussten. Bewacht wurden die Shops vom Werkschutz, der aus Juden, Ukrainern und Volksdeutschen bestand.

Die Arbeitsbedingungen waren hart, oft war es Akkordarbeit im Schichtwechsel. Die Unternehmer pressten alles aus ihren Arbeitern heraus und machten große Profite; nicht selten gab es gar keine Bezahlung. Auch an der Versorgung wurde gespart, Teile der Rationen bisweilen gewinnbringend auf dem Schwarzmarkt verkauft. Außerhalb des Gettos wurden die Arbeitskräfte häufig von polnischen Vorarbeitern oder auf dem Weg zurück von Passanten geschlagen, wie Frederick Weinstein berichtet.[8] Mittags kam wieder etwas Bewegung auf die Straße, wenn die Suppenwagen zu den Shops unterwegs waren, um das Essen zu bringen. Abends, meist nach 20 Uhr, kehrten die Arbeiter nach Hause zurück. Erst jetzt gab es für kurze Zeit die Gelegenheit für Besorgungen oder gegenseitige Besuche.

So hart und wenig einträglich die Arbeit auch schien, war sie doch lebensnotwendig; immerhin gab es dort etwas zu essen.

Noch wichtiger aber war nach wie vor etwas anderes, das Emanuel Ringelblum in seinem Tagebuch auf den Punkt bringt: «Das Damoklesschwert der Vernichtung hängt weiter über den Köpfen der Warschauer Juden. Ihr Schicksal hängt von den ‹Shops› ab. Solange sie ihnen Aufträge geben, so lange haben die Juden ein Recht auf Leben. [...] Wenn der ‹Shop› aufhört zu bestehen, verlieren sie ihr Recht auf Leben. Sie werden Menschen ohne Nummern, ohne Wohnungen, ohne Lebensmittelkarten.»[9]

Die Furcht um den Arbeitsplatz und damit letztlich um das Überleben begleitete die Menschen im Getto auch im Herbst 1942 ständig. Dabei zeigte sich auch, dass nicht alle Unternehmer kaltherzig nur auf ihren eigenen Profit aus waren. Eugenia Szajn-Lewin erzählt von der Schneiderwerkstatt von Wilfried Hoffmann, der sehr darum bemüht war, alte Soldatenuniformen zur Ausbesserung aufzutreiben, um den Betrieb aufrechterhalten zu können. Er warnte seine Arbeiter vor einer überraschenden Blockade und ließ sie ihre Kinder verstecken. Schließlich stand im November die Auflösung der Werkstatt bevor. Hoffmann schickte seine Leute weg; diese waren ratlos, zumal noch Arbeit da war. Manche gingen ins zentrale Getto, andere blieben. Dann kam die SS und nahm diejenigen mit, die sie vorfand. Da sie dort nur wenige antraf, führte sie daraufhin eine Blockade bei Többens durch und holte viele Arbeiter von den Maschinen weg.[10] Dies war der Anfang der Verlagerung von Arbeitskräften mitsamt ihren Maschinen aus dem Warschauer Getto in Arbeitslager im Distrikt Lublin, die Himmler im Oktober 1942 angeordnet hatte. Er wollte die deutschen Betriebe ausschalten und die Produktion mit Hilfe jüdischer Arbeitskräfte in seinem Apparat konzentrieren. Die Umsetzung des Befehls verlief jedoch bis Januar 1943 nur schleppend.

Die zurückgelassene Habe der Ermordeten spielte eine große Rolle für das Leben der Menschen im Getto. Vielen brachte die Arbeit bei der Werterfassung die nötige offizielle Aufenthaltsberechtigung und damit existenzielle Versorgung. Aus ihrer Zelle im Pawiak-Gefängnis konnte Mary Berg direkt auf das ehemalige

Waisenhaus schauen und die unablässig ankommenden Wagen mit Möbeln und anderen Dinge beobachten. Vor allem Intellektuelle, Ärzte oder Anwälte, so Mary Berg, wurden augenscheinlich für diese schweren Arbeiten ausgewählt. Auf einem der Wagen glaubte sie, den Pianisten Władysław Szpilman zu erkennen: «Sein Anblick ließ mich schaudern. Er war dünn und erschöpft, sein Anzug hing lose herunter. Seine Ärmel waren voll mit Flicken und sein Kragen abgerissen. [...] Seine Augen waren ausgehöhlt und er schien kaum zu atmen.»[11]

Szpilman hatte über einen Bekannten noch während der Deportationsaktion eine Arbeit bei der Werterfassung finden können. «Von morgens bis abends schleppte ich Möbel, Spiegel, Teppiche, Leib- und Bettwäsche oder auch Kleidungsstücke – Sachen, die noch vor wenigen Tagen jemandem gehört und das individuelle Gesicht eines Interieurs ausgemacht hatten, bewohnt von Menschen mit Geschmack oder ohne, vermögenden oder armen, guten oder bösen», erinnert sich Szpilman nach dem Krieg an seine Arbeit.[12] So schuftete er tagaus, tagein unter den Schlägen der deutschen Aufseher.

Vor allem aber blühte ein schwunghafter Schwarzhandel mit den zurückgelassenen Habseligkeiten, die es in Hülle und Fülle zu finden gab, wie Eugenia Szajn-Lewin berichtet. «Man verkauft die Kleider und die anderen Dinge, die die Weggeschleppten zurückgelassen haben, und für das Geld kauft man Lebensmittel, die von der arischen Seite hereingeschmuggelt werden.»[13] An die spürbar bessere Versorgung, die dies nach sich zog, erinnert sich auch Halina Birenbaum nach dem Krieg noch; in diesen Monaten habe sie sich endlich wieder satt essen können.[14]

Von diesem Handel profitierten aber bei Weitem nicht alle im Getto. Vor allem die vielen «Wilden», wie die Menschen ohne «Lebensnummer» auch genannt wurden, lebten in ihren Verstecken in äußerst schwierigen Verhältnissen. Überdies gab es auch in dieser Zeit weiterhin starke Gegensätze in der Gettogesellschaft. Eine neue Elite hatte sich herausgebildet, zu der weiterhin die Schmuggler, die jüdischen Betriebsleiter und nun auch Angehörige des Werkschutzes gehörten. Sie verfügten über relativen Reichtum, Lebensmittel und zuletzt über entscheidenden Einfluss, der ihnen zusätzliche Einnahmen durch Bestechungen sicherte.

Die meisten Menschen aber lebten nach wie vor äußerst beengt, oft ohne Licht, Gas und Heizung; sie litten unter den harten Arbeitsbedingungen und mussten irgendwie mit dem Verlust von Angehörigen – Eltern, Kindern, Eheleuten, Verwandten – und Freunden fertig werden. Überdies lebten sie fortwährend in der Ungewissheit, was der nächste Tag bringe, ob das Ärgste überstanden sei. «Lassen sie uns hier oder nicht?», fragt sich auch Emanuel Ringelblum im Dezember 1942 und fährt fort: «Wir durchleben gegenwärtig eine schreckliche Zeit.»[15]

Die Menschen versuchten aber, die Sorgen und traurigen Erinnerungen beiseitezuschieben, neuen Mut zu fassen und sich unter den Bedingungen, so gut es eben ging, einzurichten. «Die, die dem Tod ins Auge geblickt haben», so Eugenia Szajn-Lewin, «genießen das Leben jetzt in vollen Zügen.»[16] Viele allein Zurückgebliebene suchten die Nähe zu anderen; es gab, wie Ringelblum berichtet, eine regelrechte Welle von Hochzeiten, darunter auch viele fiktive, etwa zwischen Söhnen und ihren Müttern oder zwischen Geschwistern, geschlossen in der Hoffnung, so einander retten zu können.[17]

Vor allem die jungen Menschen suchten in diesen Monaten abends und am Wochenende das ausgelassene Vergnügen. «Die Mädchen sorgen für Brot», beschreibt Eugenia Szajn-Lewin solche Abende, «die Jungs beschaffen den Wodka. Adaś Bulko spielt Tango und Foxtrott auf seinem Akkordeon. Sie müssen viel trinken, um richtig fröhlich zu werden, und wenn sie dann genügend getrunken haben, verschwinden sie paarweise in den Ecken der Wohnung.»[18]

Unterdessen versuchten Emanuel Ringelblum und seine Mitstreiter von *Oneg Schabbat*, ihre Dokumentationsarbeit fortzusetzen und die Welt über das, was sich in Warschau und andernorts im besetzten Polen zutrug, weiter aufzuklären. Ringelblum konnte zum Beispiel die Schriftstellerin Gustawa Jarecka, die Kollegin Marcel Reich-Ranickis im Judenrat, dazu bringen, einen Bericht über die letzten Monate im Getto vor dem Sommer 1942 und über die Anfänge der Deportationen zu schreiben. In ihrem Essay «Die letzte Etappe der Umsiedlung ist der Tod» ringt die Schriftstellerin um Worte für das Erlittene: «Der Drang zu schreiben ist heute ebenso stark wie der Ekel vor den Wörtern. Wir hassen sie, denn oft genug haben sie ein Nichts oder eine Niedertracht verdeckt. Wir verachten sie, denn sie sind blaß angesichts der Gefühle, die uns zerreißen. Und einst bedeutete doch das Wort die Würde des Menschen und war das Beste, was er besaß, war Werkzeug der Verständigung zwischen ihm und seinesgleichen.»[19]

Dennoch schrieb sie und schrieben andere, denn mehr vielleicht als je zuvor ging es darum, Spuren zu hinterlassen, das Geschehene zu dokumentieren: «Denn die ‹Umsiedlung› geht weiter», so Jarecka einleitend, «jeden Moment kann sie wieder ihren Lauf nehmen, ihr Prozeß ist noch nicht abgeschlossen. Diese Aufzeichnungen entstehen deshalb aus dem instinktiven Drang, eine Spur zu hinterlassen, aus der Verzweiflung, die einen zuweilen schreien lassen will, und aus dem Willen sein Leben zu rechtfertigen, das in tödlicher Unsicherheit weiter andauert. Wir haben den Hals in der Schlinge, und wenn ihr Druck einen Moment nachläßt, drängt sich ein Schrei heraus.»[20] Ihre Aufzeichnungen flossen später in einen Bericht für die Außenwelt ein.

Überdies wurde das Untergrundarchiv, nachdem bereits früher Kontakte bestanden hatten, als Archivkommission des Jüdischen Nationalkomitees der zionistischen Organisationen und der Polnischen Arbeiterpartei im Getto integraler Bestandteil des Widerstands. Der Untergrund musste sich nach den Deportationen erst neu formieren. Viele Mitglieder waren deportiert worden, außerdem war er nach wie vor durch eine Zersplitterung geschwächt. Das Hauptproblem blieb, Waffen zu beschaffen.

Die Gründung des Jüdischen Nationalkomitees im Oktober 1942 war ein wichtiger Schritt zur Bündelung der Kräfte, auch wenn mit dem *Bund* eine wichtige Organisation darin nicht vertreten war. Diesen einzubinden gelang erst Anfang Dezember 1942, als die Jüdische Kampforganisation ŻOB (Żydowska Organizacja Bojowa) ins Leben gerufen wurde. Gerade der *Bund* verfügte über gute Kontakte zu den polnischen Sozialisten im «arischen» Teil der Stadt. Der *Bund*-Aktivist Bernard Goldstein wurde im November aus dem Getto geschleust, um als Verbindungsmann zu fungieren. Neben der Kampforganisation konstituierte sich die Jüdische Koordinierungskommission, die vor allem die Propaganda der einzelnen Gruppierungen bündeln sollte und für die Finanzen zuständig war. Das Hauptziel war nun die Vorbereitung eines bewaffneten Kampfes, daneben aber auch die Dokumentation, Aktionen gegen Spitzel und Kollaborateure sowie Hilfe für versteckte Juden. Man bildete kleine Einheiten, teilweise verteilt über die Shops. Neben der Kampforganisation mit ihren rund 500 Mitgliedern existierte unabhängig davon der Jüdische Militärverband unter Dawid Apfelbaum, dem etwa 250 Personen angehörten.

Die Mordaktion im Sommer 1942 hatte die Ausgangsvoraussetzungen grundlegend verändert. Kaum jemand hatte nun noch Illusionen über die Absichten der Nationalsozialisten. Daher gab es erheblichen Zulauf, vor allem junge Menschen um die 20 Jahre alt, die oft schon vor dem Krieg in zionistischen Jugendorganisationen wie der *Haschomer Hazair* oder *Akiba* aktiv gewesen waren. Shmuel Ron, der eng mit dem späteren Kommandanten des Aufstands, Mordechai Anielewicz, zusammenarbeitete, beschreibt diese Entwicklung: «Wir waren eine kleine Gruppe junger Menschen mit erhabenen und schönen Ideen, und plötzlich – plötzlich mußten wir lernen zu hassen, um uns verteidigen zu können; wir mußten lernen zu kämpfen. Außer Ideen brauchten wir jetzt Augen – Augen, um zu sehen, wie die Deutschen die Kinder ermordeten – und geschärfte Sinne, die wir brauchten, um heimlich aktiv zu sein.» Er benennt die zentrale Aufgabe: «Es war wichtig, die jüdischen Massen von ihrer Pflicht zur Verteidigung zu überzeugen, und sei es auch nur mit einer Axt in der Hand.»[21]

Und Emanuel Ringelblum schreibt über die neue Lage: «Morituri – das ist die passende Beschreibung für die Warschauer Juden. Die Mehrheit ist zum Widerstand entschlossen. Es scheint mir, dass sie nicht mehr wie Schafe zur Schlachtbank laufen werden. Sie wollen, dass der Feind teuer bezahlt für ihr Leben.»[22]

Ein deutliches Signal war bereits im Oktober an diejenigen, die der Untergrund als Handlanger der Nationalsozialisten ansah, ergangen: Ende Oktober wurde Jakub Lejkin, der Chef des Ordnungsdienstes, getötet. Der Widerstand machte dies in einer Bekanntmachung öffentlich. Versehen war diese mit der Anklage weiterer Personen: der Führung des Judenrats wegen Kollaboration und Unterzeichnung der Deportationsanordnung, der Leiter der Shops und deren leitender Mitarbeiter wegen der Ausbeutung der Arbeiter sowie der Führer und Funktionäre des Werkschutzes wegen ihrer brutalen Behandlung der Arbeiter und der Illegalen.[23] Auch solche öffentlichkeitswirksamen Aktionen dürften zu dem verstärkten Zulauf beigetragen haben.

Viele im Getto zogen, auch wenn sie sich nicht dem aktiven Widerstand anschlossen, ihre Konsequenzen aus dem Sommer 1942. Ein weiteres Mal sollten Deportationen sie nicht überraschend und unvorbereitet treffen. Daher legten sich viele Verstecke an, einige gar mit professioneller Hilfe jüdischer Ingenieure, wie Henryk Bryskier berichtet: In einem Haus mit identisch geschnittenen Wohnungen wurde in jeder Wohnung ein Teil abgetrennt und getarnt. Untereinander waren diese gleichen Verstecke durch Löcher in der Decke verbunden; unten gab es einen Notausgang und einen Tunnel.[24] Überall schufen die Menschen Unterschlüpfe, auf Dachböden und in den Kellern, hinter doppelten Wänden in den Wohnungen und unter Treppen. Mit Blick auf die zahlreichen Gettoliquidierungen im ganzen besetzten Polen im Herbst 1942 schreibt Ringelblum: «Die Erfahrung der Provinz lehrt, dass man sich verstecken muss.»[25]

Viel Zeit hatten weder die Menschen für den Bau ihrer Verstecke noch die Widerstandsorganisationen für ihre Vorbereitungen. Anfang Januar 1943 kursierten beunruhigende Nachrichten und Gerüchte. Am 4. Januar schreibt Abraham Lewin in seinem Tagebuch darüber, dass wenige Tage zuvor Ukrainer in Warschau angekommen seien, was für große Unruhe und Spekulationen gesorgt habe.[26] Drei Tage später notiert er: «Die Bedingungen hier haben sich nicht geändert, weder zum Besseren noch zum Schlechteren. Wir sind immer noch verzehrt von Furcht und Angst. Wir wissen nicht, ob heute unser letzter Tag sein wird, ob sie kommen werden, das Getto umstellen und uns in den Tod bringen.»[27] Die Ungewissheit hielt an, die Gerüchteküche brodelte und die Angst vor einer neuen Deportation raubte vielen den Schlaf, wie er Mitte Januar festhält.[28]

Die Nationalsozialisten waren bemüht, die Gerüchte zu zerstreuen, und ließen den Judenrat wissen, dass nichts geplant sei. Der Untergrund reagierte auf solche Umtriebe, indem er ein Flugblatt an die jüdische Bevölkerung veröffentlichte und davor warnte, dem Glauben zu schenken. Er erinnerte an den Sommer 1942, als ähnliche Informationen verbreitet worden waren. Vor allem aber war das Flugblatt ein Aufruf zum Widerstand: «Jüdische Massen! Die Stunde rückt näher. Du musst bereit sein, Widerstand zu leisten und dich nicht wie Schafe abschlachten zu lassen. Kein Jude muss einen Güterwagen besteigen. Wer keinen aktiven Widerstand leisten kann, sollte passiven leisten, das heißt sich verstecken.»[29]

Zur gleichen Zeit liefen in der ganzen Stadt Menschenjagden auf Polen, um diese zur Zwangsarbeit nach Deutschland zu verschleppen. Eine parallele Aktion im Getto war daher nicht zu erwarten. So traf das, was am 18. Januar 1943 passierte, die meisten Menschen und auch den Widerstand weitgehend überraschend. Morgens wurden die Arbeiter nicht aus dem Getto gelassen, sie sollten an den Toren warten. Außerhalb der Mauern waren Ansammlungen von SS und Polizei zu sehen, was sich im Getto schnell herumsprach. Bei einem Besuch in Warschau kurz zuvor hatte Himmler festgestellt, dass die von ihm angeordnete Verlegung der Arbeiter und Betriebe in den Distrikt Lublin noch nicht umgesetzt worden war. Daher hatte er seinen Befehl am 11. Januar erneuert und nun, eine Woche später, wollten seine Verbände ihn in die Tat umsetzen. Zunächst ging es ihnen aber darum, 8000 der zahlreichen Illegalen im Getto nach Treblinka zu deportieren.

Als die Truppen in das Getto vordrangen und die Menschen aus den Verstecken locken wollten, meldete sich niemand, so dass sie dazu übergingen, wahllos jeden von der Straße weg mitzunehmen, ohne den Dokumenten die geringste Beachtung zu schenken. Frühmorgens wurde Marcel Reich-Ranicki geweckt und sah draußen Hunderte Juden in einer Kolonne. Durchs Haus hallten die Kommandos, dass sich alle sofort auf der Straße einzufinden hätten, ansonsten würden sie erschossen. Eilig zogen er und seine Frau sich an und rannten hinaus. Nach einiger Zeit setzte sich die Menge, scharf bewacht von Gendarmen, in Bewegung. Zum Umschlagplatz war es nicht weit, daher war Eile geboten: «Ich gab Gustawa Jarecka, die mit ihren beiden Kindern in unserer Reihe stand, ein Zeichen, daß wir ausbrechen wollten und sie uns folgen solle. Sie nickte. Schon wollte ich fliehen, doch den tödlichen Schuß befürchtend, zögerte ich noch einen Augenblick.»[30] Seine Frau Tosia zögerte keine Sekunde, sondern zerrte ihn entschlossen mit sich aus der Reihe. Sie flüchteten in ein zerstörtes Haus, von dort in den Keller und schließlich in andere mit diesem verbundene Keller. Abends verließen sie ihr Versteck und verbargen sich in einem Gebäude des Judenrats, in dem vor allem alte Bücher und Unterlagen lagerten, mit denen sie den Zugang verbarrikadierten. Hier überstanden die beiden die nächsten Tage.

Am 18. Januar waren die verschiedenen Untergrundgruppen voneinander isoliert und konnten nicht miteinander in Kontakt treten; jede Einheit war auf sich gestellt und musste selbst entscheiden, was zu tun sei. «Es ging alles so schnell vor sich», erzählt Bernard Goldstein, «daß selbst organisierte Fabrikkampfgruppen von ihren versteckten Waffenlägern abgeschnitten und nicht in der Lage waren, Widerstand zu leisten.»[31] Die Überraschung war so groß, dass viele Widerstandskämpfer deportiert oder getötet wurden.

Dennoch schritten manche Gruppen zur Tat und suchten den Kampf. Bald schon mussten sie erkennen, dass ihnen für einen Straßenkampf die Mittel fehlten, dass er zu hohe Opfer forderte. Daher gingen sie, wie Marek Edelman sich erinnert, zum Partisanenkampf über.[32] Itzchak Zuckerman, der für die *He-Chaluz-Dror* im Kommando der ŻOB war, befand sich mit einer Kampfgruppe in der ul. Zamenhofa in unmittelbarer Nähe des Umschlagplatzes. Auch er beschloss, nicht die direkte Konfrontation auf den Straßen zu suchen, sondern aus den Häusern heraus eine Art Partisanenkrieg zu führen. «Diese Entscheidung», erinnert er sich nach dem Krieg in einem Ermittlungsverfahren, «stellte sich als richtig heraus, als ich plötzlich sah, daß die Deutschen in der Zamenhofa eine Jugendgruppe zum Umschlagplatz abführten, darunter Mordechai Anielewicz mit seinen Kämpfern.»[33]

Ob Anielewicz und seine Leute sich absichtlich unter die Menge gemischt haben oder aber auf dem Weg in einen Gefechtsstand von den Deutschen gefasst wurden, ist nicht ganz klar. Als sich aber die Kolonne dem Umschlagplatz näherte, griffen sie auf ein Signal hin die deutschen Truppen an; sie zündeten eine Handgranate und eröffneten das Feuer. Durch den Überrumpelungseffekt konnten sie wohl einige Deutsche treffen und dann die Flucht ergreifen, die SS-Leute fassten sich aber schnell wieder. Die meisten Mitglieder dieser Gruppe fingen und töteten sie. Anielewicz, der Vertreter der *Haschomer Hazair* im ŻOB-Kommando, konnte entkommen.

Ganz verborgen waren den Nationalsozialisten die Widerstandsvorbereitungen in den Monaten zuvor nicht geblieben, dennoch scheint die Verblüffung am 18. Januar und an den folgenden Tagen groß gewesen zu sein. Begeistert erinnert sich Bernard Goldstein noch nach dem Krieg: «Die Nazis waren überrascht. Juden, mit Gewehren kämpfend! Unmöglich! Etwas Derartiges war im Getto noch nie vorgekommen.»[34] Nach einigen weiteren Kämpfen am nächsten Tag konnten SS und Polizei immer weniger Menschen aufgreifen und zum Umschlagplatz bringen. Am 21. Januar schließlich brachen sie die «Aktion» ab; ungefähr 5000 Menschen hatten sie in diesen Tagen nach Treblinka deportiert, etwa 1200 Personen im Getto erschossen.

Die Wirkung dieser ersten direkten Erhebung gegen die Unterdrücker kann kaum überschätzt werden. Zwar waren der Wille und Zulauf zum Widerstand schon in den Monaten zuvor spürbar gestiegen, doch erst jetzt gab es das erste Anzeichen dafür, damit auch etwas erreichen zu können. «Zum ersten Mal», schreibt Marek Edelman unmittelbar nach dem Krieg, «bricht der Nimbus vom unantastbaren, allmächtigen Deutschen zusammen. Zum ersten Mal gewinnt die jüdische Bevölkerung die Überzeugung, es sei möglich, trotz der deutschen Stärke, etwas gegen die Absichten der Deutschen zu unternehmen.»[35] Bald kursierten Legenden, die die Stärke des Widerstands ins Unermessliche steigerten. Das Ansehen der Widerstandsgruppen stieg erheblich an. «In diesen Tagen und später empfand ich, daß die noch am Leben gebliebenen Juden in psychologischer Hinsicht optimistischer wurden.» Weiter erinnert sich Itzchak Zuckerman: «Während sie in den Tagen der großen Vernichtungsaktion völlig verzweifelt und hoffnungslos waren, glaubten sie nunmehr an die Aufrufe der Kampforganisation und wurden deren Verbündete im Kampf gegen die Deutschen.»[36]

Auch über die Grenzen des Gettos hinaus entfaltete der bewaffnete Widerstand eine große Wirkung. In Teilen des polnischen Untergrunds war die Anerkennung groß. Am 28. Januar hieß es im *Biuletyn Informacyjny*, der wichtigsten Untergrundzeitung: «Die heldenhafte Haltung derer, die in den traurigsten Momenten der jüdischen Realität nicht das Ehrgefühl verloren haben, weckt Respekt und ist eine schöne Seite in der Geschichte der polnischen Juden.»[37] Die bewaffnete Aktion hatte nun auch eine aktivere Unterstützung von außerhalb zur Folge. Zwar war es weiterhin schwierig, Waffen und Sprengstoff in ausreichender Menge zu bekommen, aber die Bereitschaft zu helfen war auf polnischer Seite erheblich gestiegen; schon Ende Januar gab es eine Waffenlieferung. Innerhalb des Gettos verschoben sich die Machtverhältnisse erheblich. Schon nach dem Sommer 1942 hatte der Judenrat deutlich an Einfluss verloren, nun aber schien er kaum noch existent. «Zu dieser Zeit», schätzt Marek Edelman die Situation ein, «übt die ŻOB im Getto die ungeteilte Macht aus. Sie ist die einzige Kraft und Macht, die über eine Autorität verfügt und von der Bevölkerung anerkannt wird.»[38]

Flucht und Versteck: Januar bis April 1943

Die folgenden Monate waren bestimmt von den Januar-Erfahrungen. Der Widerstand versuchte, seine Lehren daraus zu ziehen und sich besser zu organisieren, um auch auf Überraschungen schlagkräftig reagieren zu können. Für viele Menschen war diese erneute «Aktion» der Deutschen ein starkes Signal, sich zu wappnen – entweder durch ein noch besseres Versteck im Gettogebiet oder aber durch eine Flucht auf die «arische» Seite. Immer mehr sahen in Letzterem den einzigen Ausweg und waren nun bereit, die enormen Risiken, die damit verbunden waren, in Kauf zu nehmen. Viele waren bereits im Sommer 1942 geflohen, etliche von ihnen aber danach ins Getto zurückgekehrt, weil ihre Reserven aufgebraucht waren oder sie die Anspannung, ständig im Versteck oder unter Verleugnung ihrer Identität leben zu müssen, nicht mehr ausgehalten hatten.

Die mit einer Flucht verbundenen Schwierigkeiten waren erheblich. Es brauchte gute Kontakte zu Polen, bei denen man unterkommen konnte oder die einem trotz des enormen Risikos für sie selbst halfen. Zunächst einmal aber musste überhaupt ein sicherer Weg auf die andere Seite gefunden werden. War dies geschafft, lauerten auf Schritt und Tritt Gefahren. In der Nähe des Gettos warteten die sogenannten *Szmalcowniki*. Das waren

Polen, die sich an die Fersen flüchtender Juden hefteten, diese ausraubten oder erpressten. Nicht selten verfolgten sie ihre Opfer bis zum Versteck und kamen immer wieder, um Schweigegeld zu kassieren. Manche verrieten sie sofort, manche erst, nachdem sie alles aus ihnen herausgepresst hatten. Andere wiederum ließen es bei einer einmaligen Zahlung bewenden.

Wer außerhalb des Gettos nicht in einem Versteck leben wollte oder konnte, brauchte nicht nur gute Papiere, sondern musste vor allem entsprechend aussehen, also nicht ohne Weiteres als Jude erkennbar sein. Den Teufelskreis dieser Probleme beschreibt Krystyna Zywulska eindringlich: «Außer arischem Blut muß man auch noch Papiere haben. Einen Ausweis besitzen, der von den Besatzungsbehörden ausgestellt wurde. Um den Ausweis zu bekommen, muß man eine Geburtsurkunde vorlegen. Um eine Geburtsurkunde zu bekommen, muß man getauft sein. Um einen Ausweis zu bekommen, muß man eine Meldekarte haben. Um angemeldet zu sein, muß man irgendwo wohnen. Um irgendwo wohnen zu können, muß man einen Ausweis vorlegen. Ich könnte mir eine Anmeldung kaufen, aber ich habe kein Geld. Um Geld zu verdienen, müßte ich arbeiten. Um Arbeit zu bekommen, müßte ich einen Ausweis haben.»[39]

War all dies erfolgreich bewältigt, Papiere oder ein Versteck beschafft, hörten die Schwierigkeiten nicht auf. Die Menschen lebten in ständiger Angst vor der Entdeckung oder Enttarnung; eine unbedachte Äußerung, ein Ausdruck aus dem Jiddischen, vieles konnte sie verraten. Nach Möglichkeit mussten die alten Wohnviertel gemieden werden, da dort die Gefahr groß war, auf Bekannte zu treffen. Adina Blady Szwajgier, die am 25. Januar 1943 aus dem Getto geflohen war und auf der «arischen» Seite für den Widerstand arbeitete, schreibt über die ständige Angst: «So war also unser Alltag: Menschen, Probleme, unaufhörliches Herumhasten – und Angst. Schon damals hatten wir Angst. Die ganze Stadt, meine Stadt, in der ich aufgewachsen war, war fremd, feindselig, und hinter jeder Ecke, um die ich bog, konnte der Tod lauern.»[40] Überdies mussten sie mit Depressionen und mit der Monotonie im Versteck fertig werden. Gerade in dieser Zeit fingen viele damit an, ihre Erinnerungen niederzuschreiben und Tagebuch zu führen, wie zum Beispiel Frederick Weinstein.

Dennoch sahen viele in dem Schritt nach draußen ihre einzige Überlebenschance. Nach der Januar-Aktion entschloss sich zum Beispiel die Familie von Stefan Ernest zur Flucht aus dem Getto, da die Shops nicht mehr sicher waren. Versteckt im Getto zu leben schien ihnen dagegen nur einen langsamen Tod zu bedeuten.[41] Marcel Reich-Ranicki und seine Frau waren auch entschlossen, auf die andere Seite der Mauern zu gehen, doch kamen ihnen die Probleme noch unüberwindlich vor: «Ich hatte kein Geld und auch keine Freunde außerhalb des Gettos, und jeder – die Polen haben hierfür ein erstaunliches Gespür – erkannte in mir sofort einen Juden. Bei Tosia war es kaum besser.»[42]

Durch Zufall aber bot sich kurz nach der Januar-Aktion plotzlich eine Möglichkeit. Reich-Ranicki ließ beiläufig eine Bemerkung fallen, dass der Judenrat immer noch Geld an die Deutschen zahle und man eigentlich die Kasse überfallen müsse. Dies hörte ein Mitglied des Widerstands, das es weitergab. Kurz darauf war der Plan geboren, zu dem Reich-Ranicki die entscheidenden Informationen beisteuerte. Ende Januar wurde die Kasse überfallen, die Beute waren über 100 000 Złoty, von denen er und seine Frau einen Anteil erhielten.[43] Nun war ein gravierendes Hindernis zur Flucht aus dem Weg geräumt.

Kurz darauf erhielt er von einem Bekannten eine Adresse vertrauenswürdiger Polen, so dass sie nun auch eine erste Anlaufstation außerhalb des Gettos hatten. Jetzt war noch der Fluchtweg zu organisieren: Er bestach einen jüdischen Polizisten, damit dieser sie nachmittags, wenn die Arbeitertrupps zurückkehrten und die Lage am Tor unübersichtlicher war, unbehelligt passieren ließ. Obwohl der OD-Mann das Geld nicht, wie besprochen, mit einem deutschen Wachmann teilte, verlief der Plan reibungslos. Draußen aber hielten polnische Polizisten sie an, wiederum mussten sie sich freikaufen. Einige Tage brachten sie dann bei der polnischen Familie zu, deren Adresse sie im Getto erhalten hatten.

Aber auch dort waren sie vor Erpressern nicht sicher, so dass sie in der folgenden Zeit mehrfach das Quartier wechseln mussten.[44]

Auch Frederick Weinstein entschloss sich Anfang Februar zur seit Längerem vorbereiteten Flucht. Seine Arbeit bei «Ursus» hatte es ihm ermöglicht, Kontakte zu Polen zu knüpfen; bei einem von ihnen hatte er angefangen, ab September 1942 Geld zu deponieren. Nach den Ereignissen Mitte Januar fürchtete Weinstein, dass die endgültige Liquidierung des Gettos kurz bevorstünde. Als er am 7. Februar abends das Getto zur Nachtschicht verließ, stahl er sich mit einem Freund aus der Kolonne davon, sie wurden jedoch von zwei Polen verfolgt, die sie schließlich einholten und ausraubten. Nach endlos scheinendem Hin- und Herlaufen gelangten sie schließlich zu Fredericks Mutter, die schon länger mit falschen Papieren in der Stadt lebte.[45]

Nach zwei Tagen verließ sein Freund sie; nun lebte Weinstein in der kleinen Kellerwohnung mit seiner Mutter und seinem Vater, der wie er selbst auch keine Papiere hatte. Tagsüber, wenn die Mutter arbeitete, mussten die beiden Männer absolut still sein: «Wenn wir uns bewegten, schlichen wir auf Strümpfen, und wenn wir reden wollten, durften wir nur flüstern.»[46] Wenn Besuch von Nachbarn kam, mussten sich die beiden im Schrank verstecken und absolute Ruhe bewahren. So lebte die Familie in den nächsten anderthalb Jahren zusammen unter ständiger Anspannung.

Hotel Polski

Ein ganz anderes Los traf die Juden mit Staatsangehörigkeiten neutraler oder feindlicher Staaten. Zeitweise planten die Nationalsozialisten, sie gegen Deutsche in alliiertem Gewahrsam auszutauschen. Daher musste im Juli 1941 eine Liste dieser Personen erstellt werden. Am 17. Juli, kurz vor Beginn der Deportationen im Sommer 1942, verhaftete die Gestapo diese 715 Personen und brachte sie ins Pawiak-Gefängnis. Unter ihnen war auch Mary Berg, deren Mutter die US-amerikanische Staatsbürgerschaft besaß. Monatelang harrte sie in der Zelle aus. Von dort sah sie, was sich in Teilen des Gettos zutrug, hörte die zahlreichen Erschießungen unterhalb ihres Zellenfensters und war die ganze Zeit in Ungewissheit, was aus ihr würde. Immer wieder hieß es, ihre Ausreise, zunächst in ein Internierungslager in Deutschland, stünde kurz bevor. Doch erst am 17. Januar 1943 war es so weit: Mit ihrer Familie verließ sie das Gefängnis. Ein letztes Mal bot sich ihr auf der Fahrt zum Bahnhof der Anblick des Gettos: «Die Straßen des Gettos waren leer und tot. Trotz der Kälte waren die Fenster in vielen Häusern weit geöffnet und die Vorhänge flatterten im Wind. Drinnen konnte man umgeworfene Möbel sehen, kaputte Schranktüren, Kleidung und Wäsche lagen auf dem Boden. Die Plünderer und Mörder haben ihre Spuren hinterlassen.»[47] Sie wurde mit einem Zug nach Frankreich ins Lager Vittel gebracht und von dort später nach Amerika ausgetauscht. Noch während des Krieges veröffentlichte sie dort ihr Tagebuch.

Für viel Gesprächsstoff und Grund zu Spekulationen sorgte Ende 1942 die Ankündigung der Nationalsozialisten, sie würden Juden mit der Staatsangehörigkeit neutraler Staaten ausreisen lassen. Während die einen darin eine Falle witterten, in die versteckt lebende Juden gelockt werden sollten, sahen andere eine reelle Chance, der Vernichtung zu entkommen. In den folgenden Wochen und Monaten gab es einen schwunghaften Handel mit echten oder gefälschten Papieren vornehmlich der südamerikanischen Staaten. Die Passinhaber wurden im Hotel Polski an der ul. Długa 29 untergebracht; darunter befanden sich viele reiche Juden und so bekannte Persönlichkeiten wie Dawid Guzik, einer der Joint-Direktoren, und der Dichter Jizchak Katzenelson.

Das Hotel war nicht bewacht. Hella Rufeisen-Schüpper, die mit falschen Papieren auf der «arischen» Seite als Kurierin für den Widerstand aktiv war, beschreibt die Zustände: «Alle Räume waren bis zum Bersten mit Menschen gefüllt. Die Juden saßen auf ihrem Gepäck, auf den Treppen, in den Fluren herum und liefen nervös im Hof des Hotels auf und ab.»[48] Sie konnten sich nicht sicher sein, ob sie der erhofften Rettung einen Schritt näher gekommen waren oder in der Falle steckten. Viele hatten Papiere schon längst verstorbener Personen und bangten darum, ob sie damit die Kontrollen überstehen würden.

Als im Juli Lastwagen vorfuhren und deutsche Gendarmen das Hotel umzingelten, überkam manche Hotelbewohner die Panik und sie flohen. Kurz darauf, am 11. Juli 1943, wurden 600 Personen in das Konzentrationslager Bergen-Belsen gebracht, 400 kamen in das Pawiak-Gefängnis, wo ihre Dokumente überprüft wurden. Nur 94 von ihnen durften in den Zellen bleiben, alle anderen erschossen die Nationalsozialisten wenige Tage später.

Auch Hella Rufeisen-Schüpper, die sich Dokumente für Palästina besorgt hatte, kam im Juli nach Bergen-Belsen, wo sie bis April 1945 blieb und unter den zusehends schlechter werdenden Bedingungen dort litt. Die Warschauer Juden mit Dokumenten für Palästina organisierten sich; sie feierten gemeinsam Chanukka und hielten Sprachkurse ab. In der letzten Phase, als zahlreiche Häftlinge auf Todesmärschen aus anderen Lagern gekommen waren, glich Bergen-Belsen einem riesigen Sterbelager.[49]

Ein weiterer Transport nach Bergen-Belsen folgte Mitte Oktober 1943, außerdem einer mit 1800 Personen nach Auschwitz. Eine kleine Gruppe der zunächst nach Bergen-Belsen Deportierten erreichte im November 1943 das Lager Vittel im besetzten Frankreich. Von dort aus tauschten die Deutschen wenige Personen aus; später war dies nicht mehr möglich, da die südamerikanischen Staaten die Pässe nicht mehr anerkannten. Daher wurden die polnischen Juden im April und Mai 1944 von Vittel ins Konzentrations- und Vernichtungslager Auschwitz-Birkenau gebracht und überwiegend ermordet. Unter ihnen war auch der Dichter Jizchak Katzenelson. Er hatte am Gettoaufstand teilgenommen, war dann aber noch während der Kämpfe vom Widerstand mit falschen honduranischen Papieren rausgeschmuggelt worden. Über das Hotel Polski gelangte er nach Vittel. Dort schrieb er den «Großen Gesang vom ausgerotteten jüdischen Volk», ein langes Klagelied über das Leben, den Widerstand und die Ermordung der Warschauer Juden. In Flaschen vergraben, konnte das Manuskript der Nachwelt überliefert werden; in den neunziger Jahre übertrug Wolf Biermann es ins Deutsche. Katzenelson aber wurde in Auschwitz ermordet.[50]

Die Deportationen in den Distrikt Lublin

Unterdessen war im Getto keineswegs Ruhe eingekehrt. Nach den erfolglosen Versuchen im Herbst 1942 und im Januar 1943 setzte die SS nun die von Himmler befohlene Verlagerung der Shops und Arbeiter in den Distrikt Lublin mit Nachdruck um. Am 16. Februar befahl Himmler noch einmal, alle Betriebe mit ihren Arbeitern nach Lublin zu verlegen und anschließend das Getto abzureißen, nicht ohne vorher alles Brauchbare zu verwerten. Himmler schreibt dem Höheren SS- und Polizeiführer Krüger über das endgültige Ziel: «Auf jeden Fall muß erreicht werden, daß der für 500 000 Untermenschen bisher vorhandene Wohnraum, der für Deutsche niemals geeignet ist, von der Bildfläche verschwindet [...].»[51] Anfang Februar bereits wurden die Betriebsführer von Schultz und Többens vertraglich auf die Verlagerung ihrer Betriebe in die Arbeitslager festgelegt. Allerdings war das Misstrauen der jüdischen Belegschaften groß, so dass sich nach Aufrufen an sie kaum einer freiwillig meldete. Überdies startete der Untergrund eine Gegenpropaganda mit Warnungen. Zwischen Februar und April 1943 gingen dennoch mehrere Transporte mit mehr oder minder Freiwilligen in den Distrikt Lublin. Aus dem Betrieb von Schultz waren es von insgesamt 7000 Mitarbeitern fast 1500, die nach Trawniki kamen.

Mitte März 1943 ernannte Odilo Globocnik, der SS- und Polizeiführer im Distrikt Lublin, Walther Többens zum Bevollmächtigten für die Verlegung der Betriebe. Dieser lieferte sich in den folgenden Tagen und Wochen den sogenannten Plakatkrieg mit dem Untergrund. Am 20. März beispielsweise reagierte er, was äußerst ungewöhnlich war, mit einem Aushang auf einen Aufruf der Jüdischen Kampforganisation und beteuerte, dass «von einer

Aussiedlungsaktion nie eine Rede gewesen ist». Weiter appelliert er an die Arbeiter: «Jüdische Rüstungsarbeiter! Glaubt nicht denen, die Euch irreführen wollen. Sie wollen Euch verhetzen, damit dann die Folgen eintreten, die unvermeidlich sind. [...] Glaubt nur den deutschen Betriebsführern, sie wollen mit Euch zusammen die Produktion in Poniatowa und Trawniki durchführen. Nehmt Eure Frauen und Kinder mit, denn auch für sie ist gesorgt!»[52]

Doch alle Aufrufe, Mahnungen und freundliches Zureden halfen wenig. Die Zahl der Freiwilligen blieb gering und an eine geordnete Verlagerung war kaum zu denken. Dazu trugen auch Berichte von Flüchtlingen aus Lublin bei, die nach Warschau zurückkehrten. Sie erzählten von den Bedingungen in den Lagern: «Das ist schlimmer als Treblinka. Treblinka bedeutet den sofortigen Tod, die Arbeitslager ein langsames Sterben. Es sind nicht einmal Straflager, es sind Stätten, wo sie Menschen zugrunde richten», schreibt Eugenia Szajn-Lewin und fährt fort: «Man lebt dort in Hunger und Dreck, und man stirbt unter Folter und Kugeln.»[53]

Viele versuchten, der Verschleppung mit allen Mitteln zu entgehen. Eugenia Szajn-Lewin berichtet von einer Frau und ihren Kindern, die sechs Wochen lang auf dem Umschlagplatz ausgeharrt hatten, eine Zeit lang versteckt in einem defekten Klosett: «Sie musste die beiden die ganze Zeit hochhalten, weil ihr der Unrat bis an die Knie reichte. Die Kinder erstickten fast an den Gasen, aber sie hielt vier Stunden so mit ihnen durch – bis der letzte Zug abging. Sie dachte, sie würden ihr ganzes Leben nach Scheiße stinken.»[54] Schließlich entdeckten OD-Männer die drei und brachten sie zu anderen in einen Saal. Nach einiger Zeit konnte sich die Frau freikaufen.

Die Probleme der Deutschen, die Verlagerung der Arbeiter zu bewerkstelligen, belegt auch das aus dieser Zeit überlieferte Tagebuch von Fritz Schultz. Am 10. April erhielt er den Befehl, 1500 Arbeiter für Trawniki zu stellen. Er redete den Leuten gut zu und ordnete für den nächsten Tag eine Registrierung derjenigen, die dem Aufruf folgen wollten, an: «Ich mache ausdrücklich darauf aufmerksam, daß diese Registrierung auch zum Umzug verpflichtet und daß ich diejenigen, die sich lediglich registrieren lassen, um weiter das Essen beziehen zu können, den Umzug aber dennoch nicht mitmachen würden, feststellen und scharf zur Verantwortung ziehen werde.»[55]

Trotz aller Drohungen lief die Prozedur am nächsten Tag aus dem Ruder. In den Reihen der Arbeiter wurde verbreitet, dass Schultz machtlos sei und keine wirklichen Kontrollen durchführen könnte, wenn sich alle wegen des Essens registrieren ließen. Am Ende musste Schultz feststellen, «daß sich noch eine Anzahl mehr Menschen hatten registrieren lassen, als der Betrieb listenmäßig überhaupt aufwies».[56] Damit war die Registrierung ad absurdum geführt worden. Dennoch liefen die Vorbereitungen weiter; am 13. April traf schließlich der Zug ein, mit dem die Arbeiter weggebracht werden sollten. Am Ende aber gelang es nur, 448 statt der geplanten 1500 Menschen zu deportieren.[57] Eine ruhige und wohlorganisierte Verlagerung weiterer Arbeitskräfte in die Arbeitslager war danach undenkbar, da inzwischen die SS in Aktion getreten und im Getto ein offener Aufstand ausgebrochen war.

V. Das Ende

1. Die Kämpfe im Getto

Die Monate nach der Januar-Aktion hatte der Untergrund im Getto genutzt, um seine Strukturen und seine Ausstattung mit Waffen und Sprengstoff zielgerichtet auch auf eine überraschende Konfrontation mit den Deutschen vorzubereiten. Die Aktivisten bildeten kleine Kampfgruppen, die auch zusammenlebten, um jederzeit einsatzbereit zu sein. Sie übten den Umgang mit Waffen, produzierten Molotow-Cocktails, schufen ein Kommunikationsnetzwerk untereinander, legten gesicherte Bunker an und gruben Verbindungsdurchgänge zwischen einzelnen Kellern. So sollte ein Höchstmaß an Bewegungsfreiheit und Austauschmöglichkeiten während der Kampfhandlungen erreicht werden. Vor allem setzten die Mitglieder der Kampforganisation alles daran, weitere Waffen zu beschaffen. Bis Mitte April 1943 war jeder in der ŻOB bewaffnet.

In der Nacht vom 18. auf den 19. April war es schließlich so weit. Nachts um ein Uhr begannen Gendarmen damit, das Getto zu umstellen. Wie so oft legten die Nationalsozialisten den Beginn einer «Aktion» auf einen hohen jüdischen Feiertag – diesmal war es Pessach. Für die jüdischen Kämpfer kam das wenig überraschend, waren doch bereits in den Tagen zuvor deutsche Einheiten in der Stadt verstärkt worden. Noch in der Nacht informierten Kuriere die Bevölkerung und rieten ihr, die Verstecke aufzusuchen. Auch die Mitglieder der ŻOB waren kampfbereit. Simha Rotem beschreibt die ungeheure Anspannung in diesen Stunden, als er die schwer bewaffneten Deutschen und Ukrainer sah: «Plötzlich spürte ich, wie schwach wir waren. Wer waren wir, was galt unsere Widerstandskraft gegen Panzer und Panzerwagen? Wir hatten nur Pistolen und Handgranaten. Dennoch blieb mein Kampfgeist unerschüttert. Endlich kam die Zeit, mit ihnen abzurechnen.»[1]

Frühmorgens drangen die Einheiten ins Getto vor, um die aus ihrer Sicht bislang desaströs verlaufene Verlagerung der Arbeitskräfte nun mit brachialer Gewalt zwangsweise durchzuführen. Nach den Erfahrungen im Januar rechneten sie diesmal mit Widerstand. An der Ecke der ul. Nalewki mit der ul. Gęsia wurden sie unter starken Beschuss genommen. Zwei Stunden dauerten hier die Kämpfe, dann mussten sich die deutschen Truppen zurückziehen, zu hoch waren ihre Verluste, da sie in einer Kolonne einmarschiert waren und damit ein einfaches Ziel geboten hatten. Zur gleichen Zeit entbrannten in der Nähe des Umschlagplatzes, an der Kreuzung von ul. Zamenhofa und ul. Miła, Gefechte, bei denen die jüdischen Kämpfer einen deutschen Panzer in Brand setzen konnten. Nach nur einer halben Stunde traten die SS-Leute hier den Rückzug an. Ein erneuter Vorstoß am Nachmittag endete wiederum erfolglos, erneut waren die Deutschen gezwungen, das Getto zu verlassen. Dennoch führten andere Einheiten an diesem Tag Razzien durch und konnten 580 Menschen aufgreifen und zum Umschlagplatz bringen. Von außen versuchten Kräfte der polnischen Heimatarmee, wie es zuvor vereinbart worden war, in das Getto vorzudringen und den Aufständischen zu Hilfe zu kommen. Diese Aktion wurde von vielen Schaulustigen behindert und blieb erfolglos, allerdings wurden dabei mehrere Deutsche getötet. Im Getto waren an diesem Tag mindestens zwölf Deutsche und nur ein Widerstandskämpfer ums Leben gekommen. Dieser schier unglaubliche Erfolg löste am Abend eine wahrhafte Euphorie aus.

Am nächsten Tag rückten SS-Leute zum Shop der Bürstenmacher vor, um diesen zu räumen. Die Kampfeinheit dort hatte sich auf ihre Ankunft vorbereitet und eine Mine im Eingangsbereich platziert. Als die SS-Einheit weit genug auf das Gelände gekommen war, wurde die Mine gezündet. «Ich sah und konnte es nicht glauben», berichtet Simha Rotem, der dort stationiert war, «Deutsche Soldaten, die schreiend wegrannten, ihre Verletzten liegen ließen. Ich zog eine Handgranate und noch eine und warf sie. Auch meine Freunde schossen. Wir waren keine geübten Schützen, aber einige trafen wir. Die Deutschen flohen.»[2] Zwölf SS-Männer kamen bei der Explosion ums Leben. Nach kurzer Zeit kehrten die SS-Leute zurück, wieder kam es zu heftigen Schusswechseln. Doch jetzt hatten sie ihre Taktik geändert: Sie zündeten das Haus kurzerhand an, só dass sich die jüdischen Kämpfer bald daraus zurückziehen mussten.

Auch an anderen Stellen im Getto kam es zu Kämpfen. Die SS setzte nun Polizeihunde ein, um Verstecke und Bunker ausfindig zu machen. Mindestens neun spürte sie auf und verhaftete rund 500 Juden. Außerdem wurde der Strom für das Getto abgeschaltet. Doch auch an diesem Tag war die Bilanz für die Nationalsozialisten niederschmetternd. Ihre Verluste lagen bei rund 100 Mann, zahlreiche Waffen waren in die Hände des Widerstands gefallen.

In den nächsten Tagen kam es immer wieder zu vereinzelten direkten Kämpfen, allerdings zeigte sich nun die deutliche Übermacht der SS, die mit schwerem Gerät auffuhr. Überdies ordnete Jürgen Stroop, der nach einem Tag den bisherigen SS- und Polizeiführer ablöste und die Einheiten befehligte, an, systematisch die Häuser niederzubrennen, um die Menschen aus ihren Verstecken zu zwingen. Es war der SS nicht verborgen geblieben, dass unter dem Gettogebiet ein regelrechtes Labyrinth von Bunkern und Tunneln lag. Die ŻOB war zu einem Strategiewechsel gezwungen; nun sollte von den Bunkern aus ein Partisanenkrieg geführt werden.

Vladka Meed, die im Oktober 1942 als Verbindungsfrau des *Bund* nach draußen geschickt worden war und dort Waffen und Unterkünfte organisierte, musste dem Geschehen hilflos von außen zusehen. Aus dem Haus eines polnischen Kontaktmannes in der Nähe der Gettogrenze blickte sie hinüber: «Auf dem Balkon im zweiten Stockwerk eines brennenden Hauses stand eine Frau, die die Hände rang. Sie verschwand im Haus und kam einen Augenblick später wieder. Im Arm trug sie ein Kind, und sie schleppte ein Federbett hinter sich her, das sie auf den Bürgersteig hinunterwarf. [...] Das Kind fest im Arm, begann sie über das Geländer zu klettern. Unter einem Kugelschauer sackte sie zusammen. Das Kind fiel auf die Straße. Der leblose Körper der Frau blieb über das Geländer gebeugt liegen.»[3]

Am 23. April war Severin Z. mit vielen anderen gezwungen, sein Versteck zu verlassen, weil die SS das Haus in Brand gesetzt hatte. Die Deutschen und Ukrainer trieben die Menschen mit Schlägen in das alte Militärgefängnis an der ul. Zamenhofa. Unterwegs töteten sie diejenigen, die nicht mehr weiterkonnten. Am nächsten Tag kam die Menge zum Umschlagplatz und wurde später in einen Zug gepfercht, der sie nach Treblinka brachte. Dort fand, anders als im Sommer 1942, eine Selektion statt, bei der Arbeitskräfte ausgesondert und weiter in die Arbeitslager im Distrikt Lublin geschickt wurden.[4] Ähnlich erging es Hersz Wasser von *Oneg Schabbat*. Er fiel den Deutschen in die Hände und wurde auch in einen Zug nach Treblinka gezwungen. Auf dem Weg dorthin konnte er sich aus dem Waggon befreien und später nach Warschau zurückkehren.[5]

Kalman F., der nach dem Januar 1943 einen Bunker vorbereitet hatte, arbeitete im Shop von Schultz. Als der Aufstand ausbrach, zog er sich mit 20 anderen dorthin zurück. Stroops Verbände zündeten jedoch das Haus an, so dass die Menschen aus dem Versteck kommen mussten. Sie wurden zum Umschlagplatz gebracht und nach Treblinka deportiert. Kalman aber gelang unterwegs die Flucht. Er kam zurück nach Warschau, wo er in einem Arbeitskommando beim Flugplatz unterkommen konnte. Nach zwei Wochen wurde dieses jedoch aufgelöst und alle Arbeitskräfte über Majdanek in das Arbeitslager Budzyń geschickt.[6]

Die Lage im Getto wurde von Tag zu Tag aussichtsloser. «Es fehlten nicht nur Wasser und Lebensmittel», erinnert sich Marek Edelman, «sondern auch Munition.»[7] Am 23. April konnte Mordechai Anielewicz, der ŻOB-Kommandant im Getto, noch einen Brief an Itzchak Zuckerman in den «arischen» Teil schicken. Anielewicz schilderte nüchtern und illusionslos die Lage: «Nur wenige werden aushalten, die übrigen werden früher oder später vernichtet. Ihr Schicksal steht schon fest.» Doch ganz gleich, wie der Kampf enden würde, Anielewicz bereute das Zeichen, das mit dem bewaffneten Widerstand gesetzt worden war, nicht. «Sei gesund, mein Teurer», schließt er den Brief, «vielleicht sehen wir uns noch wieder. Die Hauptsache, daß mein Traum verwirklicht ist. Ich habe es erlebt, eine Widerstandsaktion im Warschauer Getto. In ihrer ganzen Pracht und Größe.»[8]

Wie die übrige Bevölkerung auch mussten die Kämpfer sich in die Bunker zurückziehen und diese wegen des Feuers und Rauchs häufiger wechseln. Das Leben im Bunker aber war nur schwer erträglich: Eine qualvolle Enge und Sauerstoffmangel wegen der vielen Menschen und des Feuers machten das stundenlange stille Ausharren in meist unbequemer Haltung fast unmöglich. Konflikte blieben in dieser Situation nicht aus. Eindringlich schildert Halina Birenbaum die Zeit im Bunker: «Es war eng und stickig. Wie in jedem Keller herrschten Moder- und Feuchtigkeitsgeruch, Schwüle und Finsternis. Von Anfang an waren mehr Personen im Bunker als vorgesehen. [...] Auf dem Weg zum Wasserkran oder zur Toilette trat man auf andere oder fiel über seine Nachbarn. Streit, Gezänk und Nichtigkeiten, Auseinandersetzungen, Schimpfworte und Beleidigungen nahmen kein Ende. Ermattet durch den Mangel an frischer Luft und das Fehlen auch der primitivsten Bequemlichkeit, gequält von dauernder Angst und Ungewissheit verloren die Menschen ihre Selbstbeherrschung. Der Bunker wurde zur wahren Hölle!»[9] Über drei Wochen harrte sie hier aus, bis sie schließlich verraten wurden. Sie wurden zum Muranowska Platz geführt, wo bereits andere versammelt waren. Die SS-Männer erschossen Alte, Kranke und kleine Kinder sofort, alle anderen brachten sie zum Umschlagplatz. Am nächsten Tag wurde Halina mit den anderen aus dem Bunker in einen Zug gepfercht und nach Majdanek deportiert.[10]

Nachdem die Lage im Getto aussichtslos geworden schien und kaum noch der direkte Kampf gesucht werden konnte, beriet Ende April das Kommando der ŻOB, was zu tun sei. Mordechai Anielewicz, Ziviah Lubetkin, Michal Rosenfeld und Hersz Berlinski sandten Verbindungsleute aus, die auf der «arischen» Seite Kontakt zum ŻOB-Kommandanten Itzchak Zuckerman aufnehmen sollten. Der Plan war nun, als Partisanen in die Wälder zu gehen. «Wir wollten den Kampf gegen die Deutschen unter anderen Bedingungen weiterführen», schreibt Simha Rotem.[11]

Gemeinsam mit Zygmunt Frydrych wurde er nach draußen geschickt, wo sie zu Vladka Meed, der Verbindungsfrau des *Bund* außerhalb des Gettos, gingen. Sie führte die beiden zu Zuckerman. Ihm schilderten sie die Lage der Kampforganisation. Organisierte Hilfe von draußen war kaum möglich, daher sollten private Kontakte genutzt werden.

Erst am 8. oder 9. Mai kehrte Rotem mit einem Rettungstrupp zurück ins Getto. Dort fand er allerdings manche Bunker verlassen oder zerstört vor. Sie wollten den Rückweg über die Abwasserkanäle antreten. Dort trafen sie auf zehn Kämpfer und harrten aus, bis er die weitere Flucht organisiert hatte. Am nächsten Tag kam ein Lastwagen zur verabredeten Stelle. Zusammen mit ein paar anderen «arisch» aussehenden Widerstandskämpfern sicherte Simha Rotem den Ausgang aus dem Kanal, aus dem nun nach und nach ihre Kameraden stiegen. «Ich erkannte niemanden unter den Herauskommenden», erinnert er sich an ihren Anblick, «Gestalten nicht aus dieser Welt, Geister ... Und dabei kannte ich sie alle!»[12]

Unterdessen fanden sich immer mehr Schaulustige ein. Rotem machte einen polnischen Polizisten aus, der in Richtung der nahen deutschen Wache ging. Kurz entschlossen trat er an ihn heran und erklärte ihm, dass hier eine Aktion des polnischen Untergrunds ablaufe und er besser kehrtmachen und so tun solle, als hätte er nichts bemerkt. Damit konnte er die Gefahr noch einmal abwenden. Nach mehr als einer halben Stunde schließlich schlossen sie den Kanaldeckel und fuhren durch die ganze Stadt in Richtung der

Wälder, wo die Geretteten in Sicherheit gebracht wurden. Dort verbrachten sie einige Zeit, unterstützt von einem polnischen Bauern, der in der Nähe lebte. Später verlegten sie sich in andere Wälder, zum Teil auch in konspirative Wohnungen in Warschau.[13]

Kurz vor dieser Rettungsaktion war den Deutschen im Getto ein empfindlicher Schlag gegen die Kampforganisation gelungen: Die Kommandantur der ŻOB mit Mordechai Anielewicz an der Spitze hatte sich einige Tage nach Beginn des Aufstands auch in einen Bunker zurückziehen und diesen mehrfach wechseln müssen, bis sie schließlich in der ul. Miła 18 unterkam. Am 8. Mai entdeckten SS-Leute diesen Bunker und blockierten fünf Ausgänge. Als sie die Menschen zum Aufgeben aufforderten, kamen einige hundert Zivilisten heraus, die Kämpfer aber blieben zurück. Dann ließen die Deutschen Gas ein, um sie zum Aufgeben zu zwingen; die meisten Mitglieder des Widerstands, darunter auch Anielewicz, nahmen sich das Leben, nur wenige konnten sich durch einen sechsten, noch unentdeckt gebliebenen Ausgang retten.[14] Hella Rufeisen-Schüpper, die den Bunker einen Tag vor seiner Entdeckung verlassen hatte, um auf die «arische» Seite zu wechseln, beschreibt, wie die Widerstandskämpfer in dem engen und stickigen Bunker versuchten, sich gegenseitig aufzurichten: «Wir diskutierten und versuchten auch, Witze zu machen. Wir redeten über Träume. Einer erzählte, er habe von Blumen geträumt, ein anderer von Obst. Jemand hatte vom Wald geträumt und ein vierter von Brot. Wir lachten über diese herrlichen Träume!»[15]

Das Getto außerhalb der Bunker glich in diesen Tagen einem brennenden Inferno. Zahlreiche Häuser brannten oder lagen schon in Schutt und Asche und hatten Menschen in Verstecken und Bunkern lebendig unter sich begraben. Nur wenige konnten in dieser Zeit auf die andere Seite fliehen. Eine Zeit lang boten die Abwasserkanäle noch einen Ausweg, doch blieb dies nicht lange unentdeckt. SS und Polizei gingen dazu über, die Ausgänge jenseits der Gettomauer zu blockieren und Gas in die Kanäle zu leiten, so dass einige qualvoll zu Tode kamen und auch dieser Weg verschlossen war.

Laut Stroop, der Himmler laufend informierte und dies später zu seinem berühmten sogenannten Stroop-Bericht zusammenfasste, wurden vom 20. April bis zum 16. Mai insgesamt 631 Bunker entdeckt und zerstört. Die dort angetroffenen Menschen wurden entweder sofort erschossen oder deportiert. Insgesamt ermordeten die deutschen Einheiten in diesen Wochen ungefähr 7000 Menschen im Getto, circa 7000 wurden nach Treblinka deportiert und 36 000 Personen kamen in Arbeitslager im Distrikt Lublin, wo die meisten von ihnen Anfang November 1943 während der sogenannten Aktion Erntefest erschossen wurden.

Zwar hatten die polnische Heimatarmee (Armia Krajowa) und auch die Volksgarde der Sozialisten (Gwardia Ludowa) Versuche unternommen, den Aufständischen im Getto von draußen zu Hilfe zu kommen, waren aber ansonsten dazu verdammt, der Vernichtung des Warschauer Gettos von außen hilflos zuzusehen. Es gab aber auch Organisationen und Polen, die dem Treiben durchaus mit einer gewissen Genugtuung zusahen. Es lässt sich heute nur schwer einschätzen, welche Haltung überwog. Aus den überlieferten Quellen aber gewinnt man den Eindruck, dass der Überlebenskampf des jüdischen Widerstands mit einer gewissen Bewunderung und überrascht aufgenommen wurde. Die polnische Untergrundpresse jedenfalls berichtete ausführlich von den Kämpfen im Getto, manchmal nicht ohne antisemitische Untertöne, meist aber voller Hochachtung und verbunden mit Aufrufen zu Hilfe und Solidarität; auch einen Aufruf der Jüdischen Kampforganisation an die Polen veröffentlichte sie.[16]

Symbolischer Schlusspunkt der Vernichtung des Warschauer Gettos war die Sprengung der großen Synagoge in der ul. Tłomackie am 16. Mai. Am gleichen Tag notierte Stroop in seinem Abschlussbericht: «Es gibt keinen jüdischen Wohnbezirk in Warschau mehr.»[17]

Das Gebiet, wo vor Kurzem noch das Getto gewesen war und Tausende Menschen gelebt und gearbeitet hatten, glich nach der blutigen Niederschlagung des Aufstands und der Deportation der meisten Menschen einer riesigen Trümmerwüste mitten in der Stadt. Hier errichteten die Nationalsozialisten Mitte Juli 1943 ein Konzentrationslager, das bis Anfang August 1944 bestand. Die SS brachte 300 nichtjüdische Häftlinge aus Lagern im Deutschen Reich her. Von Ende August bis Ende November 1943 kamen in vier Transporten aus Auschwitz noch weitere rund 3700 jüdische KZ-Häftlinge hinzu, darunter auch Max Mannheimer, der sich nach dem Krieg an den Anblick des Geländes im Oktober 1943 kurz nach seiner Ankunft erinnert: «Der Morgen bricht an. Es sieht alles so unheimlich aus. Ausgebrannte Häuser. Eine große Stille. Keine Menschenseele weit und breit. Wir treten an. Marschieren. Das Geklapper der zweitausend Holzpantinen hört sich gespenstisch an. Ihr Echo ist in dem heranbrechenden Tag besonders unheimlich.»[18]

Die Häftlinge holten aus den Ruinen alles, was sich als Baumaterial noch irgendwie verwerten ließ. Zwischen den Trümmern fanden die Arbeiter häufiger Gegenstände, die sie mitnahmen, um sie gegen Essbares einzutauschen. Auch ein Tagebuch aus der Zeit des Aufstands entdeckten sie. Doch nicht nur solche kleinen Schätze bargen die Trümmer. «Eines Tages finden wir Skelette», erinnert sich Mannheimer und erzählt weiter: «Vom Aufstand. Drei Erwachsene. Zwei Kinder. Verschüttet durch Einsturz. Oder vergiftet durch Rauch. Oder erschossen. Wir wissen es nicht. Wir sagen Kaddisch.»[19]

2. Leben im Versteck

Mit der Niederschlagung des Aufstands und der Deportation der überwiegenden Mehrheit der Warschauer Juden war die Geschichte des Gettos blutig beendet worden, allerdings lebten immer noch zahlreiche Juden entweder auf dem ehemaligen Gettogelände in den Ruinen, auf der «arischen» Seite mit falschen Papieren oder im Versteck. Die Schwierigkeiten, die es dabei zu überwinden galt, waren immens. Dennoch wagten relativ viele

Juden die Flucht aus dem Getto, in der überwiegenden Mehrheit während der Deportationen im Sommer 1942 oder danach. Wie viele insgesamt auf die «arische» Seite gingen, lässt sich nur schwer sagen. Aktuellen Schätzungen zufolge waren es 28000 Menschen, davon weit mehr Frauen als Männer und überwiegend Personen unter 40 Jahren. Ungefähr 11 600 von ihnen erlebten das Kriegsende.[20]

Sie alle waren auf Hilfe von außen angewiesen. Für die Rettung eines einzigen Juden oder einer Familie waren erheblich mehr polnische Helfer notwendig. Die Unterkünfte mussten häufiger gewechselt, Papiere und Lebensmittel beschafft werden. Die Unterstützung untergetauchter Juden war mit einem hohen Risiko verbunden, da auch die Helfer Denunziationen und damit in den meisten Fällen den Tod fürchten mussten.

Die Gefahrenlage verschärfte sich im Sommer 1944 noch einmal, als am 1. August der vom polnischen Untergrund von langer Hand geplante Aufstand in Warschau begann. Sowjetische Truppen waren bereits in Vororte Warschaus und bis in den Stadtteil Praga vorgedrungen, hieß es, so dass das Ende der deutschen Besatzungsherrschaft nahe schien. Die Heimatarmee, der militärische Arm der polnischen Exilregierung in London, und andere Untergrundverbände wollten in dieser Situation das Joch der Besatzung selbst abschütteln und der Roten Armee als souveräne Befreier gegenübertreten. Nach anfänglichen Erfolgen verlor die Heimatarmee aber immer mehr an Boden und musste schließlich am 1. Oktober kapitulieren.

Die meisten Widerstandsaktivisten aus dem Getto kämpften an der Seite der Polen gegen die Besatzer, Zuckerman hatte sie zum Kampf für die gemeinsame Sache aufgerufen. Viele gaben sich aber nicht als Juden zu erkennen, da es immer wieder zu antijüdischen Vorkommnissen bis hin zu Morden an Juden durch polnische Untergrundgruppen kam. Die kommunistische Volksarmee nahm eine ganze Einheit der Jüdischen Kampforganisation auf. Die meisten jüdischen Aktivisten kamen während des Aufstands ums Leben.

Mindestens 150 000 Warschauer Zivilisten starben. Die überlebende Bevölkerung wurde weitgehend aus der Stadt evakuiert, mindestens 100 000 als Zwangsarbeiter deportiert, Zehntausende kamen in ein Konzentrationslager. Die deutschen Truppen gingen auf Befehl Himmlers nach dem Aufstand an die systematische Zerstörung Warschaus und sprengten die meisten Häuser. Für die versteckt lebenden Juden war dies eine besonders schwierige Zeit; manche hatten sich wie Frederick Weinstein und sein Vater oder wie Simha Rotem der polnischen Zivilbevölkerung angeschlossen und die Stadt verlassen. Wer aber in der Stadt blieb, lebte in der ständigen Gefahr, von den deutschen Truppen entdeckt oder durch die Sprengungen lebendig begraben zu werden.

Viele untergetauchte Juden waren jedoch schon weitaus früher entdeckt worden. Emanuel Ringelblum hatte das Getto bereits Ende Februar/Anfang März 1943 verlassen. Gemeinsam mit seiner Frau Yehudit und seinem Sohn Uriel lebte er mit anderen in einem Versteck unter einem Gewächshaus in der ul. Grójecka 81, laut Bernard Goldstein «der bestkonstruierte und am sichersten getarnte Bunker von ganz Warschau».[21] Seine Dokumentationsarbeit setzte Ringelblum auch dort fort. Er schrieb Berichte und Essays, etwa über die polnisch-jüdischen Beziehungen im Krieg, und seine Sorge galt der Überlieferung des bereits Gesammelten; er gab die Anweisung, einen weiteren Teil des Archivs sicher zu verstecken. In zwei Milchkannen wurden weitere wichtige Dokumente der letzten Jahre Anfang März vergraben und sollten so den Krieg überdauern. Mehrfach suchte Ringelblum das Getto auf, so auch einen Tag vor Beginn des Aufstands. Dort wurde er von der «Aktion» der Deutschen überrascht, gefasst und in das Arbeitslager Trawniki deportiert. Lange blieb seine Familie vollkommen im Ungewissen über sein Schicksal. Im Juli 1943 traf eine Nachricht von ihm ein. Freunde organisierten daraufhin seine Befreiung. Im August kehrte er nach Warschau zu seiner Familie zurück. Über die Monate im Bunker schreibt er in seinem Tagebuch kaum etwas. Am 7. März 1944 entdeckte die deutsche Polizei nach einer Denunziation das Versteck. Sie erschoss die fast

40 Menschen, die dort so lange ausgeharrt und auf ihre Rettung gehofft hatten, und ihre polnischen Helfer.

Die Reich-Ranickis waren auch nach dem Wechsel ihrer Unterkunft weiteren Erpressungen ausgesetzt. Eines Tages, nach Ende des Gettoaufstands, suchte ein junger Mann sie in ihrem Zimmer auf, der lautstark ihr letztes Geld und andere Wertsachen von ihnen verlangte. Zwar wurde er friedlicher, nachdem er bekommen hatte, was er wollte, doch für Marcel Reich-Ranicki und seine Frau stand fest: «Wir durften hier nicht mehr übernachten, wir mußten fliehen – und zwar sofort.»[22] Allerdings fehlte es an Geld und einer Anlaufstation.

Am Tag darauf kehrte der Mann, der im gleichen Haus wohnte, zurück, diesmal nur, um sich zu unterhalten. Einen Tag später kam er wieder; nun erzählte er beiläufig von seinem Bruder, der mit seiner Frau und zwei Kindern in einem Haus am Stadtrand wohnte. Wenn sie Geld hätten, meinte er, könnten sie sicher bei ihm unterkommen, denn sein Bruder sei ein Volksdeutscher. Ihn würde bestimmt niemand verdächtigen, Juden bei sich zu beherbergen. In seiner Verzweiflung ging Reich-Ranicki darauf ein und bat den Nachbarn, mit seinem Bruder zu sprechen. Er könne in der Zwischenzeit Geld beschaffen.

Bolek, der Bruder, war der Idee gegenüber aufgeschlossen, wollte sich vorher aber ein Bild von jenem machen, den er verstecken sollte. Getarnt als Eisenbahnarbeiter, der von der Arbeit zurückkehrt, legte Reich-Ranicki die gefährliche Strecke zurück und kam unbehelligt zum Haus des Bruders. Nach kurzer Unterhaltung war die Sache beschlossen: Er konnte dort unterkommen, während Tosia noch eine Zeit lang mit falschen Papieren als Dienstmädchen arbeitete, bis auch sie nachkommen musste.

«Tagsüber», erzählt Reich-Ranicki in seinen Erinnerungen vom Alltag im Versteck, «waren wir in einem Keller, einem Erdloch oder auf dem Dachboden versteckt, nachts haben wir für Bolek gearbeitet: Wir fertigten mit den primitivsten Mitteln Zigaretten an – Tausende, Zehntausende.»[23] Tosia und er hungerten und litten ständig unter Todesangst. Gebannt verfolgten sie in der

Zeitung den Kriegsverlauf, der für Deutschland immer ungünstigere Wendungen annahm. Irgendwann ergab es sich, dass Reich-Ranicki beim Zigarettenherstellen eine Geschichte erzählen sollte. «Von diesem Tag an», berichtet er, «erzählte ich täglich, sobald es dunkel geworden war, dem Bolek und seiner Genia allerlei Geschichten – stundenlang, wochenlang, monatelang. Sie hatten nur einen einzigen Zweck: die beiden zu unterhalten. Je besser ihnen eine Geschichte gefiel, desto besser wurden wir belohnt: mit einem Stück Brot, mit einigen Mohrrüben.»[24]

So hielten sie es monatelang auf engem Raum miteinander aus, wirklich sicher waren sie jedoch nicht. Immer wieder mal wurden Bolek oder seine Frau wankelmütig und wollten die lebensgefährliche Situation beenden, einer ließ sich dann aber doch vom anderen überzeugen, nicht aufzugeben. Brenzlig wurde es noch einmal, als der Warschauer Aufstand ausgebrochen war und in der Nähe eine Verteidigungslinie errichtet werden sollte. Boleks Haus sollte wie andere Häuser in der Gegend auch gesprengt werden. So kurz vor der Rettung schien plötzlich alles umsonst gewesen zu sein. Zu der Sprengung kam es aber nicht mehr, wahrscheinlich war dies durch den schnellen Rückzug bald obsolet geworden. Anfang September geriet die Umgebung kurz zwischen die Fronten. Dann klopfte ein russischer Soldat an die Tür, der Krieg war nun für die beiden vorbei, vor allem auch das Leben im Versteck, die ständige Angst vor der Entdeckung. Am Tag darauf verließen sie Bolek und seine Familie.[25]

Nach dem Warschauer Aufstand lebten in den Ruinen der fast menschenleeren Stadt noch einige hundert Juden versteckt – vor der Niederschlagung der Erhebung waren es Schätzungen zufolge etwa 17000 gewesen. Immer noch waren deutsche Truppen in der Stadt, Polizei und SS auf Patrouille. Die «Robinson Crusoes», wie diese Menschen in den Ruinen auch genannt werden, mussten daher dauernd den Ort wechseln, tagelang im Bunker ausharren, den sie, wenn überhaupt, nur im Schutze der Dunkelheit kurze Zeit verlassen konnten, um in den Trümmern nach Lebensmittelresten zu suchen.

Berühmt geworden ist vor allem die Geschichte von Władysław Szpilman. Er war Mitte Februar 1943 aus dem Getto geflohen und hatte mit Hilfe früherer Kollegen vom Rundfunk Unterkünfte finden können. Als der Warschauer Aufstand ausbrach, beschoss ein Panzer das Haus, in dem er versteckt war, und setzte es in Brand und der kranke und geschwächte Szpilman musste einen neuen Unterschlupf finden. Den Tag über lag er im Versteck. «Nur einmal, gegen Mittag», erzählt er, «streckte ich die Hand nach dem Zwieback und dem Becher Wasser aus und stärkte mich in sparsam bemessenen Portionen.»[26] Im Kopf ging er Kompositionen und Bücher durch, um bei Verstand zu bleiben; nachts machte er sich auf Nahrungssuche in den verlassenen Häusern und Ruinen.

Eines Tages überraschte ihn Wilm Hosenfeld, ein deutscher Offizier, bei einem dieser Gänge in einem Haus, in das das Wehrmachtskommando einziehen wollte. Die beiden kamen ins Gespräch. Als Szpilman sich als Jude zu erkennen gegeben hatte, bot der regimekritische Hosenfeld ihm an, ihn aufs Land in Sicherheit zu bringen. Szpilman aber lehnte ab. Gemeinsam fanden sie ein neues, besseres Versteck. In den folgenden Wochen lebte Szpilman dort, und wann immer er konnte, versorgte Hosenfeld ihn mit Lebensmitteln. Mitte Dezember kam er zum letzten Mal mit größeren Essensvorräten, da er die Stadt verließ. «Jetzt war ich so einsam wie wohl sonst kein anderer Mensch auf der Welt», erinnert sich Szpilman an die nun folgenden Wochen. «Denn als Defoe seinen ‹Robinson Crusoe› schuf, den Typ des idealen Einsamen, ließ er ihm doch die Hoffnung auf die Begegnung mit einem anderen Menschen. […] Ich aber mußte fliehen, falls die mich jetzt umgebenden Menschen sich näherten, mußte mich in Todesangst verstecken. Wenn ich leben wollte, mußte ich einsam sein, ganz und gar einsam.»[27] Mitte Januar 1945 traf er auf polnische Soldaten und war endlich frei.

Bernard Goldstein entschloss sich nach dem Ende des Warschauer Aufstands gemeinsam mit anderen, in der Stadt zu bleiben. Sie legten sich einen Bunker an, wo die ungefähr zwanzig Menschen die nächsten Monate verbrachten: «Der Bunker war geräumig, und es gab Bettstellen für alle. Wir lebten in Gemeinschaft. Jeder gab, was er an Lebensmitteln hatte, zur allgemeinen Verwendung. Wenn wir sparsam mit unseren Mitteln umgingen, würden sie, so rechneten wir aus, uns wenigstens zwei Wochen reichen.»[28] Aufgaben wurden verteilt: Kochdienst, Wachdienst, um rechtzeitig herannahende Deutsche zu bemerken, die Bewachung der Lebensmittelvorräte und vieles mehr.

Bald schon änderte sich die Lage im Bunker; die Wasservorräte gingen zur Neige und die Lebensmittelversorgung wurde zusehends schlechter, auch wenn sie manchmal Glücksfunde in den Ruinen machten. «Streitigkeiten brachen aus», schreibt Goldstein und erzählt weiter: «Die Köche wurden beschuldigt, daß sie zu viel aßen, und man forderte ärgerlich ihre Ablösung. Vor Hunger bekamen wir oft heftige Kopfschmerzen.»[29] Die Lage spitzte sich zunehmend zu, Konflikte gehörten zum Alltag und eskalierten.

Nach einiger Zeit entdeckten Deutsche den Bunker, doch die Gruppe konnte sich rechtzeitig in einen Tunnel, der ihnen als Notausgang dienen sollte, retten und dort den Tag über ausharren. Abends in der Dunkelheit mussten sie feststellen, dass ihr Versteck vollkommen geplündert war. Sie mussten sich einen neuen Unterschlupf suchen. Als im Dezember der erste Schnee fiel, verschärfte sich die Situation für die «Robinson Crusoes» noch einmal. Ihre Verstecke zu verlassen war nun kaum möglich, da die Spuren im Schnee sie hätten verraten können. Im Januar 1945 schließlich kam die Erlösung. Die regelmäßig ausgesandten Beobachter kehrten am 16. Januar mit der Nachricht zurück, dass sowjetische Soldaten die Stadt befreit hatten: «Unter Freudentränen umarmten und küßten wir einander. Dann krochen wir endlich aus unseren Löchern heraus ans Tageslicht.»[30]

Epilog

Irena Grocher, die die letzten Monate im Bunker zugebracht hatte, schreibt am 19. Januar 1945 in ihr Tagebuch: «Um ein Uhr nachts ging ich aus dem Bunker in die freie Welt. Ich hatte ein seltsames Gefühl. Ich sollte eigentlich glücklich sein; ich sollte vor Freude springen. Wir haben gekämpft, am Leben zu bleiben, die ganze Zeit für diesen Moment, in dem uns gesagt würde, dass die Deutschen fort sind, dass wir leben dürfen. Warum bin ich nicht richtig glücklich? Alles, was ich fühle, ist, dass mein Herz gefroren ist. Ich bin unglücklich wegen all derer, die ich verloren habe. Und was wird als Nächstes, wie wird mein Weg in Zukunft sein, ganz allein in einer fremden Welt?»[1]

Diese Ungewissheit herrschte bei fast allen Überlebenden. Oft standen sie ganz alleine da, hatten alle Familienangehörigen und viele Freunde verloren; alles, was sie einst besessen hatten und was ihr Leben ausgemacht hatte, war ihnen genommen. Auch nach dem Krieg machten viele negative Erfahrungen mit polnischen Antisemiten, manche wurden ausgeraubt, Heimkehrer verprügelt und aus ihren alten Wohnungen, wenn diese noch existierten, vertrieben. An einigen Orten kam es zu Pogromen gegen die Überlebenden; der bekannteste fand 1946 in der zentralpolnischen Stadt Kielce statt und löste eine große Emigrationswelle polnischer Juden aus. Über das besiegte und von den Alliierten besetzte Deutschland, wo viele von ihnen noch Monate oder Jahre in Lagern für die sogenannten Displaced Persons zubrachten, wanderten sie aus, in die Vereinigten Staaten, nach Australien und vor allem nach Palästina. Dorthin zog es auch die meisten der überlebenden Widerstandskämpfer wie Simha Rotem oder Itzchak Zuckerman. Zuckerman lebte in Israel zusammen mit anderen Gettokämpfern in einem Kibbuz zusammen, wo sie 1949 das Ghetto Fighter's House gründeten, in dem Material vor allem über den jüdischen Widerstand gesammelt und ausgestellt wurde. Damit knüpften sie direkt an die Dokumentationsbemühungen noch während des Krieges an. In Israel heirateten er und Ziviah Lubetkin. Große Bekanntheit auch über Israel hinaus erlangte vor allem Zuckerman durch seine Aussage im Eichmann-Prozess zu Beginn der sechziger Jahre, in dem auch Ziviah Lubetkin aussagte. Sie starb 1976, Zuckerman 1981. Zehn Jahre später wurden seine Erinnerungen veröffentlicht. Manche aber blieben im zerstörten Polen und versuchten, sich dort eine neue Existenz aufzubauen. Władysław Szpilman begann nach Kriegsende direkt wieder beim Polnischen Rundfunk, wo er schließlich die Musikabteilung leiten sollte. Vor allem aber wurde er in Polen und weit darüber hinaus als Komponist und Konzertpianist bekannt. 2001, ein Jahr nach Szpilmans Tod, feierte die Verfilmung seines Lebens während der deutschen Besatzung durch Roman Polanski weltweit große Erfolge in den Kinos und wurde mit mehreren Oscars prämiert.

Auch Marek Edelman blieb bis zu seinem Lebensende in Polen. 1945 veröffentlichte er mit gerade einmal 26 Jahren seine Erinnerungen. Edelman zog ins weitgehend unzerstörte Łódź, wo er Medizin studierte und anschließend als Kardiologe arbeitete. Er überdauerte die antisemitische Kampagne des kommunistischen Regimes 1968, in deren Folge zahlreiche Juden zur Emigration genötigt wurden. In den siebziger Jahren engagierte er sich in der polnischen Oppositionsbewegung und schloss sich in den achtziger Jahren der Solidarność an, für die er im Sommer 1989 an den berühmten Gesprächen am Runden Tisch teilnahm und bis 1993 im ersten frei gewählten Sejm als Abgeordneter saß. In den folgenden fast zwanzig Jahren bis zu seinem Tod 2009 gehörte er zu den meistgeachteten Persönlichkeiten Polens und wurde für sein vielfältiges Engagement mit zahlreichen Preisen ausgezeichnet. Seine Zeit als Widerstandskämpfer im Warschauer

Getto ist der breiteren Öffentlichkeit vor allem durch Hanna Kralls Buch «Schneller als der liebe Gott», das auf Gesprächen mit Edelman beruht, bekannt geworden.

Marcel Reich-Ranicki und seine Frau blieben bis 1958 in Polen. Er arbeitete zunächst in Schlesien für die polnische Geheimpolizei und anschließend von 1948 bis 1949 an der polnischen Botschaft in London. 1950 wurde er aus dem Dienst entlassen, aus der Polnischen Vereinigten Arbeiterpartei ausgeschlossen und für einige Wochen inhaftiert. Danach arbeitete er als Lektor in einem Verlag, schrieb Beiträge über Literatur für Zeitungen und war zeitweise beim Rundfunk. Zwischenzeitlich wurde ihm ein Publikationsverbot auferlegt. 1958 nutzte er eine Reise in die Bundesrepublik, um dort zu bleiben. Reich-Ranicki wurde, nach anfänglich schwierigen Jahren, später ein bekannter Literaturkritiker in der Presse und durch seine Sendung «Das literarische Quartett» ab Ende der achtziger Jahre zum populärsten Literaturkritiker in der Bundesrepublik. 1999 veröffentlichte er mit großem Erfolg seine Erinnerungen, in denen er ausführlich die Leidenszeit von sich und seiner Frau im Warschauer Getto schildert. Seine Frau Teofila arbeitete in der Bundesrepublik als Grafikerin und übersetzte mehrere Bücher. Im Jahr 2000 veröffentlichte sie eine Gedichtsammlung Erich Kästners mit den Illustrationen, die sie im Warschauer Getto dazu angefertigt hatte. Im gleichen Jahr publizierte sie gemeinsam mit Hanna Krall ein Buch mit Aquarellen über das Leben im Warschauer Getto. Im Frühjahr 2011 starb Teofila Reich-Ranicki.

Die meisten Menschen, die im Warschauer Getto litten, haben den Krieg nicht überlebt. Sie starben entweder noch im Getto an Hunger, Entkräftung oder Krankheiten, wurden dort von Deutschen erschossen oder nach Treblinka deportiert und dort in den Gaskammern ermordet. Die meisten derjenigen, die im Frühjahr 1943 in die Arbeitslager im Distrikt Lublin gebracht worden waren, tötete die SS im November 1943. Genaue Zahlen der Opfer und der Überlebenden sind nur schwer zu ermitteln. Insgesamt lebten etwa 500 000 Menschen im Warschauer Getto; mindestens 300 000 deportierte die SS nach Treblinka, rund 75 000 in den Distrikt Lublin in die Arbeitslager. Tausende wurden während der Deportationen im Sommer 1942, im Januar 1943 und während des Aufstands im April 1943 auf dem Gettogebiet erschossen, außerdem zahlreiche einzelne Bewohner an nahezu jedem Tag, den das Getto existierte. Ein Viertel der Bevölkerung, ungefähr 100 000 Menschen, starb im Getto einen qualvollen Hungertod oder an den Folgen der grassierenden Epidemien. Überlebt haben nur wenige tausend Juden.

Nur die wenigsten der zitierten Tagebuchschreiber überlebten; Chaim Kaplan kam wahrscheinlich Ende 1942 ums Leben, Eugenia Szajn-Lewin starb im September 1944. Die jüdischen Widerstandskämpfer kamen vielfach im Gettoaufstand ums Leben oder bei späteren Kämpfen auf der «arischen» Seite, vor allem im Warschauer Aufstand. Fast alle Chronisten des Ringelblum-Kreises – Abraham Lewin, Israel Lichtenstein, David Graber und viele mehr – erlebten die Befreiung nicht mehr. Einzig Hersz Wasser und seine Frau Bluma sowie Rachel Auerbach überlebten den Krieg – und ein Großteil der versteckten Dokumente des Untergrundarchivs überdauerte.

Nahezu der gesamte westlich der Weichsel gelegene Bereich Warschaus war eine Trümmerwüste, das ehemalige Gettogebiet schon seit der Niederschlagung des Gettoaufstands im Frühjahr 1943. So kommt es fast schon einem Wunder gleich, dass Mitte September 1946 die Arbeit eines Suchtrupps zu einem erfolgreichen Ende kam. Unter Anleitung von Hersz Wasser konnte in der ul. Nowolipki ein Teil des Untergrundarchivs geborgen werden: In zehn Blechkisten verpackt, hatten die Dokumente überdauert, die die Mitarbeiter von *Oneg Schabbat* mit viel Engagement in mühevoller Arbeit unter Einsatz ihres Lebens zusammengetragen hatten. Später kamen weitere Zeugnisse, in Milchkannen gepackt, ans Tageslicht. Damit hat sich die Hoffnung Ringelblums und seiner Mitstreiter erfüllt, von der Ringelblum im Frühjahr 1944 in einem Brief an einen Freund geschrieben hat: «Falls keiner von uns überlebt, soll wenigstens das bleiben.»[2]

Anmerkungen

Eine Anmerkung vorweg: Sämtliche Übersetzungen im Text wurden von den Verfassern angefertigt, ohne dass dies jeweils gekennzeichnet wurde.

Zur Entlastung des Anmerkungsapparates sind nur Zitate und direkte Verweise belegt, die sonstige benutzte Literatur ist mit einem Kommentar im Quellen- und Literaturverzeichnis aufgeführt.

Zur besseren Lesbarkeit wurde die Schreibweise des Wortes «Getto» auch in Zitaten vereinheitlicht.

I. Vor dem Getto

1 Döblin: Reise, S. 74.
2 Ebd., S. 74–80.
3 Goldstein: Sterne, S. 23 f.
4 Reich-Ranicki: Leben, S. 159.
5 Ebd., S. 163.
6 Zit. nach Kassow: Vermächtnis, S. 165.
7 Kaplan: Buch, S. 22 (Eintrag vom 1. 9. 1939).
8 Ebd., S. 27 (Eintrag vom 4. 9. 1939).
9 Ringelblum: Stosunki, S. 45.
10 Reich-Ranicki: Leben, S. 178.
11 Kaplan: Buch, S. 48 (Eintrag vom 2. 10. 1939).
12 Reich-Ranicki: Leben, S. 183.
13 VEJ 4/12, S. 88–92.
14 Im besetzten Polen gab es verschiedene Bezeichnungen für den Judenratsvorsitzenden (Ältester, Präses, Obmann). In Warschau hieß dieser offiziell kurzzeitig «Präsident des Ältestenrats der Jüdischen Kultusgemeinde in Warschau», nach Einrichtung des Judenrats dann «Der Obmann des Judenrats».
15 Czerniaków: Warschauer Getto, S. 4 (Eintrag vom 23. 9. 1939).
16 Ebd., S. 10 (Eintrag vom 15. 10. 1939).
17 Musial: Zivilverwaltung, S. 114 f.
18 Kaplan: Buch, S. 61 (Eintrag vom 16. 10. 1939).
19 Czerniaków: Warschauer Getto, S. 19 (Eintrag vom 28. 11. 1939).
20 Ebd., S. 91 (Eintrag vom 8. 7. 1940).

21 Reich-Ranicki: Leben, S. 245 f.
22 Kaplan: Buch, S. 232 (Eintrag vom 17. 9. 1940).
23 Ebd., S. 66 (Eintrag vom 25. 10. 1939).
24 Ebd., S. 75 (Eintrag vom 5. 11. 1939).
25 Documenta occupationis VI, S. 520 ff.
26 Ringelblum: Kronika, S. 118 (Eintrag von Ende März 1940).
27 Ebd., S. 129 (Eintrag vom 20.4.–1. 5. 1940).
28 Kaplan: Buch, S. 95 (Eintrag vom 3. 12. 1939).
29 Czerniaków: Warschauer Getto, S. 22 (Eintrag vom 3. 12. 1939).
30 Ringelblum: Kronika, S. 69 (Eintrag vom 2./3. 1. 1940).
31 Weinstein: Aufzeichnungen, S. 108.
32 Czerniaków: Warschauer Getto, S. 32 f. (Einträge vom 12. u. 26. 1. 1940).
33 Kaplan: Buch, S. 52 (Eintrag vom 5. 10. 1939).
34 Reich-Ranicki: Leben, S. 184.
35 Ebd., S. 186.
36 Czerniaków: Warschauer Getto, S. 23 (Eintrag vom 9. 12. 1939).
37 Ebd., S. 45 (Einträge vom 24.–27. 2. 1940).
38 Ebd., S. 13 (Eintrag vom 2. 11. 1939).
39 Weinstein: Aufzeichnungen, S. 116 f.
40 Ebd., S. 120–123.
41 Ringelblum: Kronika, S. 101 (Eintrag vom 9./12./15./16. 3. 1940).
42 Czerniaków: Warschauer Getto, S. 54 (Eintrag vom 24. 3. 1940).
43 Kaplan: Buch, S. 161 (Eintrag vom 28. 3. 1940).
44 Ringelblum: Kronika, S. 116 (Eintrag vom 30. 3. 1940).
45 Ebd., S. 141 (Eintrag vom 21. 5. 1940).
46 APW, KŻDM 6.
47 Czerniaków: Warschauer Getto, S. 110 (Eintrag vom 5. 9. 1940).
48 Ebd., S. 123 (Eintrag vom 15. 10. 1940).
49 Ebd., S. 123 (Eintrag vom 16. 10. 1940).
50 Ebd., S. 58 (Eintrag vom 4. 4. 1940).
51 Ebd., S. 58 f. (Einträge vom 1. u. 4. 4. 1940).
52 Ringelblum: Kronika, S. 137 (Eintrag vom 2.–9. 5. 1940).
53 Czerniaków: Warschauer Getto, S. 86 u. 88 (Einträge vom 29. 6. u. 1. 7. 1940).
54 Verordnung über Aufenthaltsbeschränkungen im Generalgouvernement, 13. 9. 1940, in: Documenta occupationis VI, S. 540 f.
55 Der Beauftragte des Chefs des Distrikts Warschau, Bekanntmachung betr.: Das Verhalten der jüdischen Bevölkerung im Stadtbereich Warschau, 8. 10. 1940, in: Mitteilungsblatt der Stadt Warschau, Nr. 37 (54), 10. 10. 1940, S. 1 f.
56 Faschismus – Getto – Massenmord, S. 102–104.
57 Czerniaków: Warschauer Getto, S. 122 (Eintrag vom 12. 10. 1940).
58 Goldstein: Sterne, S. 60.
59 Ringelblum: Kronika, S. 178 (Eintrag vom 23./24. 10. 1940).
60 Grynberg: Words, S. 25.

61 Goldstein: Sterne, S. 60 f.
62 Czerniaków: Warschauer Getto, S. 125 (Eintrag vom 26. 10. 1939).
63 Kaplan: Buch, S. 264 (Eintrag vom 10. 11. 1940).
64 Ebd., S. 267 (Eintrag vom 17. 11. 1940).

II. Im Getto

1 Der Begriff «arisch» für das Stadtgebiet außerhalb des Gettos wird in den Tagebüchern und Berichten sowohl von Polen als auch von Juden benutzt und hat sich vor allem auch in der Erinnerungsliteratur nach Kriegsende als fester Terminus etabliert.
2 Czerniaków: Warschauer Getto, S. 115 (Eintrag vom 20. 9. 1940).
3 Ringelblum: Kronika, S. 267 (Eintrag vom 17. 4. 1941).
4 Bryskier: Żydzi, S. 43.
5 Ringelblum: Kronika, S. 282 (Eintrag vom 6.–11. 5. 1941).
6 Goldstein: Sterne, S. 65.
7 Ringelblum: Kronika, S. 305 (Eintrag 2. Augusthälfte 1941).
8 Engelking/Leociak: The Warsaw Ghetto, S. 228.
9 Ringelblum: Kronika, S. 471. Der Text Ringelblums über die Geschichte von *Oneg Schabbat* ist gedruckt ebd., S. 470–494. Einige der folgenden Informationen sind diesem Text entnommen.
10 Ringelbum: Kronika, S. 479.
11 Wasser: Daily Entries.
12 Huberband: Kiddush Hashem.
13 Lewin: Cup.
14 Reich-Ranicki: Leben, S. 215 f.
15 Zit. nach Kassow: Vermächtnis, S. 226.
16 Opoczyński: Reportaże.
17 Archiwum Ringelbluma Bd. 4.
18 Ringelblum: Kronika, S. 270–274 (Eintrag vom 26. 4. 1941).
19 Ebd. S. 275 (Eintrag vom 26. 4. 1941).
20 Czerniaków: Warschauer Getto, S. 143 (Eintrag vom 5. 5. 1941).
21 Bericht vom 12. 6. 1941, abgedruckt in: Kermish: Documents, S. 270–276, Zitat S. 273.
22 Czerniaków: Warschauer Getto, S. 149 (Eintrag vom 17. 5. 1941).
23 Ebd., S. 157 (Eintrag vom 3. 6. 1941).
24 Bauman: Mädchen, S. 65.
25 Berg: Diary, S. 29 (Eintrag vom 22. 11. 1940).
26 Wasser: Daily Entries, S. 219 (Eintrag vom 8. 12. 1940).
27 Faschismus – Getto – Massenmord, Dok. Nr. 84, S. 128 f.
28 Szpilman: Überleben, S. 49.
29 Gutman: Jews, S. 64 f.
30 Berg: Diary, S. 31 (Eintrag vom 15. 12. 1940); siehe auch ebd., S. 44.

31 Zahlen nach Engelking/Leociak: Warsaw Ghetto, S. 416 und S. 434.
32 APW, KŻDM 13.
33 Czerniaków: Warschauer Getto, S. 198 (Eintrag vom 23. 10. 1941).
34 Szereszewska: Memoirs, S. 34.
35 Sakowska: Etappe, S. 125.
36 Berg: Diary, S. 39 (Eintrag vom 5. 2. 1941).
37 APW, KŻDM 13. Siehe auch Czerniaków: Warschauer Getto, S. 229 (Eintrag vom 20. 2. 1942). Adler: Warsaw Ghetto, S. 257 f., berichtet ebenfalls von einem derartigen Fall.
38 Czerniaków: Warschauer Getto, S. 163 (Eintrag vom 24. 6. 1941).
39 Reich-Ranicki: Leben, S. 212.
40 Kaplan: Buch, S. 304 (Eintrag vom 13. 3. 1941).
41 Adler: Warsaw Ghetto, S. 258.
42 Plieninger: Briefe, S. 21 (Brief vom 1. 9. 1941).
43 APW, KŻDM 13.
44 Szpilman: Überleben, S. 69.
45 Reich-Ranicki: Leben, S. 212.
46 Sophie Lewiathan: Der Krieg von innen: AŻIH, 302/231, Bl. 32.
47 Kaplan: Buch, S. 281 (Eintrag vom 18. 1. 1941).
48 Ringelblum: Kronika, S. 307 und 327 (Einträge vom 26. 8. 1941 und vom Oktober 1941).
49 Kirman: Gnade, S. 167 f.
50 Four letters from the Warsaw Ghetto, S. 488 (Brief vom 20. 10. 1941).
51 Wasser: Daily Entries, S. 253 (Eintrag vom 27. 1. 1941).
52 Plieninger: Briefe, S. 27 (Brief vom 24. 11. 1941).
53 Czerniaków: Warschauer Getto, S. 212 (Eintrag vom 28. 12. 1941).
54 APW, KŻDM 13.
55 Sophie Lewiathan: Der Krieg von innen: AŻIH, 302/231, Bl. 33.
56 Berg: Diary, S. 147 (Eintrag vom 27. 5. 1942).
57 Grynberg: Words, S. 39.
58 Goldstein: Sterne, S. 53.
59 Zit. nach Kassow: Vermächtnis, S. 397 f.
60 Zit. nach ebd., S. 400.
61 Goldstein: Sterne, S. 53.
62 Gombiński (Mawult): Wspomnienia, S. 36.
63 Bauman: Mädchen, S. 103.
64 Kaplan: Buch, S. 273 (Eintrag vom 3. 12. 1940).
65 Birenbaum: Hoffnung, S. 14.
66 Bauman: Mädchen, S. 101.
67 Lensky: Physician, S. 89 f.
68 VEJ 4/306, S. 666.
69 Ringelblum: Kronika, S. 281 (Eintrag vom 6.–11. 5. 1941).
70 Zit. nach Kassow: Vermächtnis, S. 406.

71 Czerniaków: Warschauer Getto, S. 209 (Eintrag vom 6. 12. 1941).
72 Szac-Wajnkranc: Feuer, S. 383.
73 VEJ 4/244, S. 537.
74 Wasser: Daily Entries, S. 265 (Eintrag vom 28. 4. 1941).
75 Szpilman: Überleben, S. 64.
76 Lensky: Physician, S. 42.
77 VEJ 4/232, S. 528.
78 Zuckerman: Surplus, S. 99.
79 Kassow: Vermächtnis, S. 304 f.
80 Berg: Diary, S. 77 f. (Eintrag vom 29. 7. 1941).
81 Wasser: Daily Entries, S. 233 und 235 (Eintrag vom 27. 12. 1940).
82 Lensky: Physician, S. 93.
83 Sophie Lewiathan: Der Krieg von innen: AŻIH, 302/231, Bl. 33.
84 Lewin: Cup, S. 281 (Eintrag vom 21. 5. 1942).
85 Zit. nach Sakowska: Menschen, S. 74.
86 Berg: Diary, S. 61 f. (Eintrag vom 12. 6. 1941).
87 Zit. nach Sakowska: Menschen, S. 77.
88 Kurzer Bericht ueber die Taetigkeit der J. S. S., spaeter J. U. S. 1939–1944: YIVO, RG 532, Box 2, Bl. 3.
89 Kaplan: Buch, S. 270 (Eintrag vom 29. 11. 1940).
90 Ebd., S. 308 f. (Eintrag vom 22. 3. 1941).
91 Adler: Warsaw Ghetto, S. 56 f.
92 AŻIH, 302/21, Bl. 4.
93 Zit nach Kassow, S. 378. Zu den Hauskomitees siehe Berichte aus dem Untergrundarchiv, in: Archiwum Ringelbluma, Bd. 5, Dok. 20–24, S. 176–191, zur Rolle von Frauen im Getto ebd., Dok. 25–26, S. 194–291.
94 Goldstein: Sterne, S. 21 f.
95 Czerniaków: Warschauer Getto, S. 151 (Eintrag vom 21. 5. 1941).
96 Ebd., S. 194 (Eintrag vom 14. 10. 1941).
97 Ringelblum: Kronika, S. 307 (Eintrag vom 26. 8. 1941).
98 APW, KŻDM, sygn. 13.
99 Zit. nach Caumanns/Esch: Fleckfieber, S. 241.
100 Hirszfeld: Story, S. 196.
101 Opoczyński: Reportaże, S. 59–85; Lensky: Physician, S. 102 f.
102 Blady Szwajgier: Erinnerung, S. 47.
103 Die Untersuchungen liegen in einer englischen Übersetzung publiziert vor: Winick (Hrsg.): Hunger Disease.
104 Blady Szwajgier: Erinnerung, S. 37.
105 Ebd., S. 40.
106 Ebd., S. 53.
107 Goldstein: Sterne, S. 55.
108 Ringelblum: Kronika, S. 302 (Eintrag vom August 1941).
109 Czerniaków: Warschauer Getto, S. 145 (Eintrag vom 8. 5. 1941).

110 Ebd., S. 266 (Eintrag vom 14. 6. 1942).
111 Kermish: Documents, S. 476–478, hier S. 476.
112 Zit. nach Kassow: Vermächtnis, S. 414.
113 Ringelblum: Kronika, S. 247 (Eintrag vom 18. 3. 1941).
114 VEJ 4/271, S. 588.
115 Lensky: Physician, S. 96 f.
116 Bauman: Mädchen, S. 70 f.
117 APW, KŻDM 56.
118 Wdowinski: And we are not saved, S. 48.
119 Hirszfeld: Story, S. 238.
120 Korczak: Tagebuch, S. 98 (Eintrag vom 15. 7. 1942).
121 Berg: Diary, S. 46 (Eintrag vom 4. 4. 1941).
122 Hirszfeld: Story, S. 239.
123 Zit. nach Engelking/Leociak: Warsaw Ghetto, S. 321.
124 Berg: Diary, S. 40–45 (Einträge vom 17.–25. 2. 1941), S. 78 (Eintrag vom 31. 7. 1941), S. 93–95 (Eintrag vom 28. 9. 1941).
125 Adler: Warsaw Ghetto, S. 261.
126 Szereszewska: Memoirs, S. 28.
127 Hirszfeld: Story, S. 200 f.
128 David: Ein Stück Himmel, S. 261.
129 Kassow: Vermächtnis, S. 391 f.
130 Czerniaków: Warschauer Getto, S. 264 (Eintrag vom 7. 6. 1942).
131 Zylberberg: Diary, S. 51–54.
132 Wasser: Daily Entries, S. 263 (Eintrag vom 26. 2. 1941).
133 AŻIH, 211/1079, Bl. 46.
134 Kaplan: Buch, S. 292 (Eintrag vom 27. 2. 1941).
135 Czerniaków: Warschauer Getto, S. 240 (Eintrag vom 4. 4. 1942).
136 Berg: Diary, S. 59 (Eintrag vom 12. 6. 1941).
137 APW, KŻDM 13.
138 Archiwum Ringelbluma, Bd. 5, Dok. Nr. 18, S. 169–173, hier S. 170.
139 Ringelblum: Kronika, S. 377 (Eintrag vom 19. 5. 1942).
140 Kaplan: Buch, S. 309 (Eintrag vom 23. 3. 1941).
141 Wasser: Daily Entries, S. 212 (Eintrag vom 3. 12. 1940).
142 Ebd., S. 243 (Eintrag vom 10. 1. 1941).
143 Lensky: Physician, S. 80–84, Zitat S. 84.
144 Blady Szwajgier: Erinnerung, S. 42 f.
145 Ringelblum: Kronika, S. 388 (Eintrag vom Mai 1942).
146 Zit. nach Corni: Ghettos, S. 146.
147 Wasser: Daily Entries, S. 215 (Eintrag vom 3. 12. 1940).
148 Reich-Ranicki: Leben, S. 222.
149 Czerniaków: Warschauer Getto, S. 242 (Eintrag vom 11. 4. 1942).
150 Berg: Diary, S. 114 (Eintrag vom 14. 12. 1941).
151 Bauman: Mädchen, S. 88.

152 Berg: Diary, S. 56 (Eintrag vom 5. 6. 1941).
153 Reich-Ranicki: Leben, S. 222.
154 Ebd., S. 225–230, Zitat S. 228.
155 Ringelblum: Kronika, S. 260.
156 Szpilman: Überleben, S. 64.
157 Wasser: Daily Entries, S. 216 (Eintrag vom 3. 12. 1940).
158 Szpilman: Überleben, S. 66.
159 Ebd.
160 Berg: Diary, S. 47 f. (Einträge vom 9. 4. 1941 und 20. 4. 1941).
161 Bauman: Mädchen, S. 102 f.
162 Berg: Diary, S. 104 (Eintrag vom 29. 10. 1941).
163 Hirszfeld: Story, S. 233.
164 Zywulska: Tanz, Mädchen, S. 20 f.
165 Ringelblum: Kronika, S. 351 (Eintrag vom 8. 1. 1941). Der Name ist auch im Original deutsch.
166 Zit. nach Engelking/Leociak: Warsaw Ghetto, S. 589.
167 Szlengel: Toten, S. 21.
168 Zit. nach Engelking/Leociak: Warsaw Ghetto, S. 556 f.
169 Adler: Warsaw Ghetto, S. 265.
170 Berg: Diary, S. 101 f. (Eintrag vom 29. 10. 1941).
171 Hersz Wasser: Yiddish Culture Organization «YIKOR», Warsaw Ghetto, 1940–1942, zit. nach Kermish: Documents, S. 442–445.
172 Zit. nach Sakowska: Etappe, S. 142 f.
173 Zylberberg: Diary, S. 36 f., Zitat S. 37.
174 Berg: Diary, S. 24, 35 f., 36, 46 f., 83, 199.
175 Edelman: Miłość.
176 Bauman: Mädchen, S. 82 f. und S. 100–104.
177 Ebd., S. 302 f.
178 Four letters from the Warsaw Ghetto, S. 492 (Brief vom 25. 6. 1942).
179 Reich-Ranicki: Leben, S. 217.
180 Ebd., S. 218.
181 Birenbaum: Hoffnung, S. 18.
182 Four letters from the Warsaw Ghetto, S. 487 (Brief vom 9. 6. 1941).
183 Lensky: Physician, S. 73.
184 Adler: Warsaw Ghetto, S. 262.
185 Wdowinski: And we are not saved, S. 52.
186 Kaplan: Buch, S. 278 (Eintrag vom 26. 11. 1940).
187 Huberband: Kiddush Hashem, S. 208 f.
188 Kaplan: Buch, S. 304 (Eintrag vom 13. 3. 1941).
189 Grynberg: Words, S. 48.
190 Zylberberg: Diary, S. 30 f.
191 Ebd., S. 31.
192 Berg: Diary, S. 111 f. (Eintrag vom 11. 12. 1941).

193 Wasser: Daily Entries, S. 236 f. (Eintrag vom 30. 12. 1940).
194 Ringelblum: Kronika, S. 327 (Eintrag vom Oktober 1941).
195 Zylberberg: Diary, S. 47–49, Zitat S. 49.
196 Zit. nach Sakowska: Etappe, S. 142 f.
197 Czerniaków: Warschauer Getto, S. 228 (Eintrag vom 16. 2. 1942).
198 Berg: Diary, S. 144 (Eintrag vom 8. 5. 1942).
199 Die Postkarten sind dokumentiert in Archiwum Ringelbluma, Bd. 1.
200 Der Bericht ist abgedruckt in Sakowska: Etappe, S. 159–185.
201 Lewin: Cup, S. 120 (Eintrag vom 6. 6. 1942).
202 Ringelblum: Kronika, S. 395 f. (Eintrag vom 26. 6. 1942).
203 Czerniaków: Warschauer Getto, S. 244 (Eintrag vom 18. 4. 1942).
204 Ebd., S. 245 (Eintrag vom 20. 4. 1942).
205 Szpilman: Überleben, S. 74.
206 Berg: Diary, S. 136 (Eintrag vom 28. 4. 1942).
207 Ringelblum: Kronika, S. 377 (Eintrag vom 19. 5. 1942).
208 Grynberg: Words, S. 46 f.
209 Lewin: Cup, S. 70 (Eintrag vom 12. 5. 1942).
210 Ebd., S. 73 (Eintrag vom 16. 5. 1942).
211 Berg: Diary, S. 150 f. (Eintrag vom 5. 7. 1942).
212 Kaplan: Buch, S. 336 f. (Eintrag vom 30. 5. 1942). Siehe auch Lewin: Cup, S. 106 f. (Eintrag vom 30. 5. 1942).
213 Kaplan: Buch, S. 341 (Eintrag vom 7. 6. 1942).
214 AŻIH, Ring I 521 (alt: 437), Bl. 1. Siehe auch Kaplan: Buch, S. 342 f. (Eintrag vom 9. 6. 1942).
215 Czerniaków: Warschauer Getto, S. 249 (Eintrag vom 1. 5. 1942).
216 Siehe etwa Lewin: Cup, S. 75–112. Gut 60 Minuten dieser Filmaufnahmen sind überliefert und Bestandteil des Films «Geheimsache Ghettofilm» der israelischen Regisseurin Yael Hersonski.
217 Kaplan: Buch, S. 359 (Eintrag vom 27. 6. 1942).
218 Czerniaków: Warschauer Getto, S. 270 (Eintrag vom 28. 6. 1942).
219 Hirszfeld: Story, S. 261 f. Hirszfeld datiert diese Sitzung allerdings im Nachhinein auf den 1. Juli.
220 Wdowinski: And we are not saved, S. 57.
221 Czerniaków: Warschauer Getto, S. 276 (Eintrag vom 8. 7. 1942).
222 Kaplan: Buch, S. 377 (Eintrag vom 19. 7. 1942).
223 Ebd., S. 377–380 (Einträge vom 20., 21. und 22. 7. 1942).

III. Vernichtung

1 Czerniaków: Warschauer Getto, S. 281 (Eintrag vom 18. 7. 1942).
2 Ebd., S. 282 (Eintrag vom 19. 7. 1942).
3 Reich-Ranicki: Leben, S. 234.
4 Ebd., S. 238.

5 Kaplan: Buch, S. 380 (Eintrag vom 22. 7. 1942).
6 Birenbaum: Hoffnung, S. 19.
7 Reich-Ranicki: Leben, S. 241.
8 Kermish: Documents, S. 691–693.
9 Czerniaków: Warschauer Getto, S. 284 (Eintrag vom 22. 7. 1942).
10 Ebd., S. 285 (Eintrag vom 23. 7. 1942).
11 Reich-Ranicki: Leben, S. 250.
12 Kaplan: Buch, S. 386 f. (Eintrag vom 26. 7. 1942).
13 Ringelblum: Kronika, S. 409 (undatierter Eintrag).
14 Krall: Gott, S. 19.
15 Goldstein: Sterne, S. 102; Edelman: Ghetto, S. 47 f.
16 Szpilman: Überleben, S. 88.
17 Kaplan: Buch, S. 384 f. (Einträge vom 23. u. 26. 7. 1942).
18 Szajn-Lewin: Aufzeichnungen, S. 10.
19 Berg: Diary, S. 166 (Eintrag vom 22. 7. 1942).
20 Sakowska: Menschen, S. 249.
21 Weinstein: Aufzeichnungen, S. 281.
22 Birenbaum: Hoffnung, S. 20.
23 Szpilman: Überleben, S. 91.
24 Birenbaum: Hoffnung, S. 21.
25 Ebd., S. 24. Zum Folgenden ebd., S. 27–35.
26 Ebd., S. 29.
27 Ebd., S. 31.
28 Ebd., S. 32.
29 Ebd., S. 35.
30 Szpilman: Überleben, S. 103.
31 Ebd., S. 104.
32 Zit. nach Kassow: Vermächtnis, S. 18 f.
33 Kermish: Documents, S. 696–700, Zitat S. 700.
34 Kaplan: Buch, S. 398 (Eintrag vom 31. 7. 1942).
35 Szajn-Lewin: Aufzeichnungen, S. 25.
36 Lewin: Cup, S. 155 (Eintrag vom 14. 8. 1942).
37 Szajn-Lewin: Aufzeichnungen, S. 33.
38 Ebd., S. 17.
39 Szpilman: Überleben, S. 93 f.
40 Ebd., S. 94.
41 Berg: Diary, S. 169 (Eintrag vom August 1942).
42 Zit. nach: Engelking/Leociak: Getto, S. 717.
43 Blady Szwajgier: Erinnerung, S. 65.
44 Ebd., S. 70.
45 Birenbaum: Hoffnung, S. 39–45.
46 Weinstein: Aufzeichnungen, S. 278.
47 Ebd., S. 300.

48 Lewin: Cup, S. 162 (Eintrag vom 21. 8. 1942).
49 Szajn-Lewin: Aufzeichnungen, S. 36.
50 Der SS- und Polizeiführer des Distrikts Warschau, Bekanntmachung, betr.: Todesstrafe für Unterstützung von Juden, die die jüdischen Wohnbezirke unbefugt verlassen haben, 5. 9. 1942, abgedruckt in: Faschismus- Getto-Massenmord, S. 318.
51 Szajn-Lewin: Aufzeichnungen, S. 43 f.
52 Birenbaum: Hoffnung, S. 46–54.
53 Reich-Ranicki: Leben, S. 260.
54 Goldstein: Sterne, S. 131 f.
55 Reich-Ranicki: Leben, S. 266.

IV. Im «Rest-Getto»

1 Goldstein: Sterne, S. 141.
2 Rotem: Kazik, S. 30.
3 Szajn-Lewin: Aufzeichnungen, S. 65.
4 Ebd., S. 65 f.
5 Weinstein: Aufzeichnungen, S. 301.
6 Lewin: Cup, S. 183 (Eintrag vom 21. 9. 1942).
7 Ringelblum: Kronika, S. 423 (Eintrag vom 5. 12. 1942).
8 Weinstein: Aufzeichnungen, S. 303 (November 1942).
9 Ringelblum: Kronika, S. 414 (Eintrag vom 15. 10. 1942).
10 Szajn-Lewin: Aufzeichnungen, S. 70 f.
11 Berg: Diary, S. 188 f. (Eintrag vom 5. 10. 1942).
12 Szpilman: Überleben, S. 92 f.
13 Szajn-Lewin: Aufzeichnungen, S. 68.
14 Birenbaum: Hoffnung, S. 57.
15 Ringelblum: Kronika, S. 431 (Eintrag vom 14. 12. 1942).
16 Szajn-Lewin: Aufzeichnungen, S. 68.
17 Ringelblum: Kronika, S. 425 (Eintrag vom 5. 12. 1942).
18 Szajn-Lewin: Aufzeichnungen, S. 70.
19 Zit. nach Sakowska: Etappe, S. 228.
20 Ebd., S. 227.
21 Ron: Erinnerungen, S. 51.
22 Ringelblum: Kronika, S. 422 (Eintrag vom 5. 12. 1942).
23 Kermish: Documents, S. 588.
24 Grynberg: Words, S. 225 f.
25 Ringelblum: Kronika, S. 411 (Eintrag vom 15. 10. 1942).
26 Lewin: Cup, S. 233 (Eintrag vom 4. 1. 1943).
27 Ebd., S. 235 (Eintrag vom 7. 1. 1943).
28 Ebd., S. 240 f. (Eintrag vom 15. 1. 1943).
29 Zit. nach Kermish: Documents, S. 589.

30 Reich-Ranicki: Leben, S. 270.
31 Goldstein: Sterne, S. 165.
32 Edelman: Ghetto, S. 61 f.
33 Zit. nach Scheffler/Grabitz: Ghetto-Aufstand, S. 24.
34 Goldstein: Sterne, S. 165.
35 Edelman: Ghetto, S. 62.
36 Zit. nach Scheffler/Grabitz: Ghetto-Aufstand, S. 25.
37 Biuletyn Informacyjny Nr. 4, 28. 1. 1943, in: Biuletyn Informacyjny, S. 1237.
38 Edelman: Ghetto, S. 64.
39 Zywulska: Mädchen, S. 76.
40 Blady Szwajgier: Erinnerung, S. 128.
41 Grynberg: Words, S. 306.
42 Reich-Ranicki: Leben, S. 272.
43 Ebd., S. 272–274.
44 Ebd., S. 276–278.
45 Weinstein: Aufzeichnungen, S. 314.
46 Ebd., S. 315.
47 Berg: Diary, S. 209 (Eintrag vom 17. 1. 1943).
48 Rufeisen-Schüpper: Abschied, S. 195.
49 Ebd., S. 200–221.
50 Katzenelson: Gesang.
51 Befehl Himmlers an den Höheren SS- und Polizeiführer in Krakau, 16. 2. 1943, abgedruckt in: Faschismus–Getto–Massenmord, S. 349.
52 Aufruf von Walther C. Többens «An die jüdischen Rüstungsarbeiter des jüdischen Wohnbezirks!», abgedruckt in: Grabitz/Scheffler: Spuren, S. 187.
53 Szajn-Lewin: Aufzeichnungen, S. 86.
54 Ebd., S. 87.
55 Tagebuch von Fritz Emil Schultz, abgedruckt in: Grabitz/Scheffler: Spuren, S. 193 (Eintrag vom 10. 4. 1943).
56 Ebd., S. 194 (Eintrag vom 11. 4. 1943).
57 Ebd., S. 194 (Einträge vom 12.–14. 4. 1943).

V. Das Ende

1 Rotem: Kazik, S. 48.
2 Ebd., S. 49.
3 Meed: Deckname, S. 186.
4 Aussage von Severin Z., abgedruckt in: Scheffler/Grabitz: Ghetto-Aufstand, S. 34 f.
5 Kassow: Vermächtnis, S. 247.
6 Scheffler/Grabitz: Ghetto-Aufstand, S. 99 f.
7 Edelman: Ghetto, S. 74.

8 Brief von Mordechai Anielewicz an Itzchak Zuckerman, 23.4. 1943, abgedruckt in: Faschismus–Getto–Massenmord, S. 518 f. Zitate S. 519.
9 Birenbaum: Hoffnung, S. 63.
10 Ebd., S. 65–74.
11 Rotem: Kazik, S. 56.
12 Ebd., S. 71.
13 Ebd., S. 71–77.
14 Lubetkin: Tage, S. 19 f.
15 Rufeisen-Schüpper: Abschied, S. 173.
16 Abgedruckt in: Szapiro: Wojna, S. 170.
17 Stroop-Bericht.
18 Mannheimer: Tagebuch, S. 94.
19 Ebd., S. 96.
20 Paulsson: City, S. 199–230.
21 Goldstein: Sterne, S. 208.
22 Reich-Ranicki: Leben, S. 278.
23 Ebd., S. 282 f.
24 Ebd., S. 286.
25 Ebd., S. 278–294.
26 Szpilman: Überleben, S. 163.
27 Ebd., S. 177.
28 Goldstein: Sterne, S. 231.
29 Ebd., S. 232.
30 Ebd., S. 246.

Epilog

1 Zit. nach Grynberg: Words, S. 404.
2 Zit. nach Kassow: Vermächtnis, S. 16.

Bildnachweis

Bundesarchiv	S. 90 Bild 1011-270-0298-12, Fotograf: Amthor
Stadtarchiv München	S. 18
USHMM	S. 69 Courtesy of Leopold Page Photographic Collection, 104 © Archiwum Dokumentacji Mechanicznej, 111, 116
Yad Vashem	S. 53, 76 © Willi George, 80

Quellen- und Literaturverzeichnis

Unveröffentlichte Quellen

Archiwum Żydowskiego Instytutu Historycznego, Warszawa [Archiv des Jüdischen Historischen Instituts, Warschau] AŻIH

211 Żydowska Samopomoc Społeczna/Jüdische Soziale Selbsthilfe
301 Relacje/Berichte
302 Pamiętniki/Tagebücher und Berichte
Ring I/Ring II/Ringelblum-Archiv

Archiwum m. st. Warszawy [Stadtarchiv Warschau] APW

KŻDM Komisarz Żydowskiej Dzielnicy Mieszkaniowej/Der Kommissar für den jüdischen Wohnbezirk

Archiv des YIVO (Institute for Jewish Research), New York

RG 532 Michał Weichert Papers

Veröffentlichte Quellen und Erinnerungen

Adler, Stanisław: In the Warsaw Ghetto, 1940–1943, Jerusalem 1982.
Archiwum Ringelbluma. Bd. 1: Listy o Zagładzie, Warszawa 1997.
Archiwum Ringelbluma. Bd. 2: Dzieci – tajne nauczanie w getcie warszawskim, Warszawa 2000.
Archiwum Ringelbluma. Bd. 4: Życie i twórczość Geli Seksztajn, Warszawa 2011.
Archiwum Ringelbluma. Bd. 5: Getto Warszawskie, Warszawa 2011.
Baumann, Janina: Als Mädchen im Warschauer Ghetto. Ein Überlebensbericht, Ismaning bei München, 1986.
Berg, Mary: The Diary of Mary Berg. Growing up in the Warsaw Ghetto, Oxford 2007.
Birenbaum, Halina: Die Hoffnung stirbt zuletzt, Frankfurt a. M. 1995.

Biuletyn Informacyjny. Część II: Przedruk roczników 1942–1943. Przegląd Historyczno-Wojskowy. Nr Specjalny 2 (195), Warszawa 2002.
Blady Szwajgier, Adina: Die Erinnerung verläßt mich nie. Das Kinderkrankenhaus im Warschauer Ghetto und der jüdische Widerstand, München 1993.
Bryskier, Henryk: Żydzi pod swastyką czyli getto w Warszawie w XX wieku. Pamiętnik, Warszawa 2006.
Czerniaków, Adam: Im Warschauer Getto. Das Tagebuch des Adam Czerniaków 1939–1942, München 1986.
David, Janina: Ein Stück Himmel. Ein Stück Erde. Ein Stück Fremde, München [2]2010.
[Documenta occupationis VI]: Pospieszalski, Karol Marian (Hrsg.): Hitlerowskie «prawo» okupacyjne w Polsce. Część II: Generalnia Gubernia. Wybór dokumentów i próba syntezy, Poznań 1958.
Döblin, Alfred: Reise in Polen, München [3]2000.
Edelman, Marek: Das Ghetto kämpft, Berlin 1993.
Edelman, Marek: I była miłość w getcie, Warszawa 2009.
Ernest, Stefan: O wojnie wielkich Niemiec z Żydami Warszawy 1939–1943, Warszawa 2003.
Faschismus – Getto – Massenmord. Dokumentation über Ausrottung und Widerstand der Juden in Polen während des zweiten Weltkrieges, hrsg. vom Jüdischen Historischen Institut Warschau, Berlin 1960.
Four letters from the Warsaw Ghetto, in: Commentary 31 (1961), S. 486–492.
Ghetto. Berichte aus dem Warschauer Ghetto 1939–1945 von J. Bernstein, L. Goldin, Ch. Goldstein, J. Kirman, J. Perle, M. Scheinkind, S. Skalow, A. Wilcz und I. Winnik, Berlin 1966.
Goldkorn, Dorka: Wspomnienia uczestniczki powstanie w getcie warszawkim, Warszawa 1951.
Goldstein, Bernard: Nur die Sterne sind Zeugen. Der Untergang der polnischen Juden, München 1965.
Gombiński, Stanisław (Jan Mawult): Wspomnienia policjanta z warszawskiego getta. Hrsg. von Marta Janczewska, Warszawa 2010.
Grupinska, Anka: Im Kreis. Gespräche mit jüdischen Kämpfern, Frankfurt a. M. 1993.
Grynberg, Henryk (Hrsg.): Words to outlive us. Voices from the Warsaw Ghetto, New York 1993.
Hosenfeld, Wilm: «Ich versuche jeden zu retten». Das Leben eines deutschen Offiziers in Briefen und Tagebüchern, München 2004.
Huberband, Rabbi Shimon: Kiddush Hashem. Jewish Religious and Cultural Life in Poland during the Holocaust, hrsg. von Jeffrey S. Gurock, Robert S. Hirt, Hoboken/New York 1987.
Ivánka, Aleksander: Wspomnienia skarbowca 1927–1945, Warszawa 1964.
Kaplan, Chaim A.: Buch der Agonie. Das Warschauer Tagebuch des Chaim A. Kaplan, hrsg. von Abraham I. Katsh. Frankfurt a. M. 1967.

Katzenelson, Jizchak: Großer Gesang vom ausgerotteten jüdischen Volk. Dos lied vunem ojsgehargetn jidischn volk, München 1996.
Kermish, Joseph (Hrsg.): To live with Honor and die with Honor! ... Selected Documents from the Warsaw Ghetto Underground Archives «O.S.» [«Oneg Shabbath»], Jerusalem 1986.
Kirman, Josef: Die Gnade eines stillen Todes, in: Ghetto (1966), S. 167–172.
Korczak, Janusz: Tagebuch aus dem Warschauer Ghetto 1942, Göttingen [2]1996.
Krall, Hanna: Schneller als der liebe Gott, Frankfurt a. M. 1980.
Landau, Ludwig: Kronika lat wojny i okupacji. Tom 1: Wrzesień 1939 – listopad 1940, Warszawa 1962.
Lewin, Abraham: A Cup of Tears. A Diary of the Warsaw Ghetto, London 1990.
Lubelska, Wanda: Listy z getta, Warszawa 2000.
Lubetkin, Ziviah: Die letzten Tage des Warschauer Gettos, Berlin/Potsdam 1949.
Makower, Henryk: Pamiętnik z getta warszawskiego, październik 1940-styczeń 1943, opracaowała i uzupełniała Noemi Makowerowa, Wrocław u. a. 1987.
Mannheimer, Max: Spätes Tagebuch. Theresienstadt – Auschwitz – Warschau – Dachau, Zürich 2009.
Margolis-Edelman, Alina: Als das Ghetto brannte. Eine Jugend in Warschau, Berlin 2000.
Meed, Vladka: Deckname Vladka. Eine Widerstandskämpferin im Warschauer Ghetto, Hamburg 1999.
Opoczyński, Perec: Reportaże z warszawskiego getta, Warszawa 2009.
Perle, Jehoszua, Die Vernichtung des Warschauer Judentums, in: Ghetto (1966), S. 187–226.
Plieninger, Konrad: «Ach, es ist alles ohne Ufer ...». Briefe aus dem Warschauer Ghetto, Göppingen 1996.
Präg, Werner, u. Jacobmeyer, Wolfgang (Hrsg.): Das Diensttagebuch des deutschen Generalgouverneurs in Polen 1939–1945, Stuttgart 1975.
Reich-Ranicki, Marcel: Mein Leben, Stuttgart 1999.
Reich-Ranicki, Teofila/Krall, Hanna: Es war der letzte Augenblick. Leben im Warschauer Getto. Aquarelle und Texte, Stuttgart/München 2000.
Ringelblum, Emanuel: Kronika getta warszawskiego. Wrzesień 1939 – styczeń 1943, hrsg. von Artur Eisenbach, Warszawa 1983.
Ringelblum, Emanuel: Polish-Jewish Relations During the Second World War, New York 1976.
Ron, Shmuel: Die Erinnerungen haben mich nie losgelassen. Vom jüdischen Widerstand im besetzten Polen, Frankfurt a. M. 1998.
Rotem, Simha: Kazik. Erinnerungen eines Ghettokämpfers, Berlin 1995.
Rufeisen-Schüpper, Hella: Abschied von Mila 18. Als Ghettokurierin zwischen Krakau und Warschau, Köln 1998.

Sakowska, Ruta: Die zweite Etappe ist der Tod. NS-Ausrottungspolitik gegen die polnischen Juden, gesehen mit den Augen der Opfer. Ein historischer Essay und ausgewählte Dokumente aus dem Ringelblum-Archiv 1941–1943, Berlin 1993.
Scheffler, Wolfgang, u. Grabitz, Helge: Der Ghetto-Aufstand Warschau 1943 aus Sicht der Täter und Opfer in Aussagen vor deutschen Gerichten, München 1993.
[Stroop-Bericht] «Es gibt keinen jüdischen Wohnbezirk in Warschau mehr». Stroop-Bericht. Darmstadt 1976.
Szac-Wajnkranc, Noëmi: Im Feuer vergangen, in: Im Feuer vergangen. Tagebücher aus dem Ghetto, München 1963, S. 17–149.
Szajn-Lewin, Eugenia: Aufzeichnungen aus dem Warschauer Ghetto. Juli 1942 bis April 1943, Leipzig 1994.
Szereszewska, Helena: Memoirs from Occupied Warsaw 1940–1945, London/Portland 1997.
Szlengel, Władysław: Was ich den Toten las. Gedichte aus dem Warschauer Getto, Leipzig/Weimar 1990.
Szpilman, Władysław: Das wunderbare Überleben. Warschauer Erinnerungen, München 1998.
Turkow, Jonas: Azoi iz es geven ... Churbn Warshe, Buenos Aires 1948.
VEJ: Die Verfolgung und Ermordung der europäischen Juden durch das nationalsozialistische Deutschland 1933–1945, hrsg. von Susanne Heim u. a., Bd. 4: Polen September 1939 – Juli 1941. Bearbeitet von Klaus-Peter Friedrich unter Mitarbeit von Andrea Löw, München 2011.
Weinstein, Frederick: Aufzeichnungen aus dem Versteck. Erlebnisse eines polnischen Juden 1939–1946, hrsg. von Barbara Schieb u. Martina Voigt, Berlin 2006.
Weiser, Piotr (Wiss. Redaktion): Patrzyłam na usta ... Dziennik z warszwskiego getta, Karków/Lublin 2008.
Winick, Myron (Hrsg.): Hunger Disease. Studies by the Jewish Physicians in the Warsaw Ghetto, New York et al. 1979.
Wspomnienia pracownika gminy i Judenratu w Warszawie (wrzesień – październik 1939), in: BŻIH Nr. 2 (98) 1976, S. 97–102.
Zuckerman, Itzhak: A Surplus of Memory. Chronicle of the Warsaw Ghetto Uprising, Berkeley 1993.
Zylbergerg, Michael: A Warsaw Diary 1939–1945, London 2005.
Zywulska, Krystyna: Tanz, Mädchen ... Vom Warschauer Ghetto nach Auschwitz. Ein Überlebensbericht, München 1994.

Literatur

In diesem Verzeichnis ist nur die tatsächlich für diese Arbeit verwendete Literatur aufgeführt. Es erhebt daher keinen Anspruch auf Vollständigkeit. Aufsätze haben wir in der Regel nicht aufgeführt, da dies den Rahmen dieses Verzeichnisses gesprengt hätte – nur wenn wir aus ihnen zitiert haben, finden sie sich hier. Insbesondere sind zahlreiche Aufsätze, etwa wichtige polnische Artikel, die im Biuletyn des Jüdischen Historischen Instituts in Warschau erschienen sind, mit wenigen Ausnahmen nicht genannt. Eine ausgezeichnete Bibliografie findet sich in Engelking/Leociak: Warsaw Ghetto. Auf dieses Standardwerk, das seit 2009 in einer englischen Übersetzung zugänglich ist, gehen viele Informationen in unserem Buch zurück. Sämtliche Aspekte des Gettolebens sind dort ausführlich und zuverlässig dargestellt. Weiterhin seien dem deutschen Leser vor allem Sakowska: Menschen und Kassow: Vermächtnis ans Herz gelegt. Sowohl über das Innenleben des Warschauer Gettos als auch über das Untergrundarchiv, dessen Texte und Protagonisten, haben wir aus diesen beiden Büchern viel gelernt. Von Israel Gutman, der selbst das Warschauer Getto überlebt hat, liegen außerdem zwei in diesem Zusammenhang zentrale Werke in englischer Übersetzung vor, und zwar Gutman: Jews und Gutman: Ringelblum. Letzteres versammelt ausgezeichnete Aufsätze zum Untergrundarchiv, die im Verzeichnis nicht eigens aufgeführt sind. Über den jüdischen Widerstand informieren neben den Erinnerungen der überlebenden Kämpfer vor allem Ainsztajn: Widerstand und Gutmans genannte Monografie.

Ainsztajn, Reuben: Jüdischer Widerstand im deutschbesetzten Osteuropa während des Zweiten Weltkriegs, Oldenburg 1993.

Bartoszewski, Władysław, u. Polonsky, Antony (Hrsg.): The Jews in Warsaw. A History, Oxford 1991.

Browning, Christopher: Die Entfesselung der «Endlösung». Nationalsozialistische Judenpolitik 1939–1942, München 2003.

Caumanns, Ute, u. Esch, Michael G., Fleckfieber und Fleckfieberbekämpfung im Warschauer Ghetto und die Tätigkeit der deutschen Gesundheitsverwaltung 1941/42, in: Geschichte der Gesundheitspolitik in Deutschland, hrsg. von Wolfgang Woelk und Jörg Vögele, Berlin 2002, S. 225–262.

Corbach, Dieter: Köln und Warschau sind zwei Welten – Amalie Banner – Leiden unter dem NS-Terror, Köln 1993.

Engelking, Barbara, u. Grabowski, Jan: «Żydów łamiących prawo należy karać śmiercą!». «Przestępczość Żydów w Warszawie 1939–1942, Warszawa 2010.

Engelking, Barbara, u. Leociak, Jacek: The Warsaw Ghetto. A Guide to the Perished City, New Haven/London 2009.

Engelking, Barbara, u. Libionka, Dariusz: Żydzi w Powstańczej Warszawie, Warszawa 2009.

Fuks, Marian: Żydzi w Warszawie. Życie codzienne, wydarzenia, ludzie, Poznań 1992.

Grabitz, Helge, u. Scheffler, Wolfgang: Letzte Spuren. Ghetto Warschau, SS-Arbeitslager Trawniki, Aktion Erntefest, Berlin [2]1993.

Grabowski, Jan: «Ja tego Żyda znam!» Szantażowanie Żydów w Warszawie 1939–1943, Warszawa 2004.

Gutman, Israel: The Jews of Warsaw 1939–1943. Ghetto, Underground, Revolt, Bloomington 1982.
Gutman, Israel (Hrsg.): Emanuel Ringelblum. The Man and the Historian, Jerusalem 2010.
Haska, Agnieszka: «Jesten Żydem, chcę wejść». Hotel Polski w Warszawie, 1943, Warszawa 2006.
Kassow, Samuel D.: Ringelblums Vermächtnis. Das geheime Archiv des Warschauer Ghettos, Reinbek 2010.
Kopka, Bogusław: Das KZ Warschau. Geschichte und Nachwirkungen, Warszawa 2010.
Kulski, Julian: Zarząd Miejski w Warszawie 1939–1944, Warszawa 1964.
Kurzman, Dan: Der Aufstand. Die letzten Tage des Warschauer Ghettos, München 1979.
Lehnstaedt, Stephan: Okkupation im Osten. Besatzeralltag in Warschau und Minsk 1939–1944, München 2010.
Lustiger, Arno: Zum Kampf auf Leben und Tod. Vom Widerstand der Juden 1933–1945, Köln 1994.
Mark, Bernard: Der Aufstand im Warschauer Ghetto. Entstehung und Verlauf, Berlin (Ost) 1957.
Mix, Andreas: Warschau – Stammlager, in: Benz, Wolfgang, und Distel, Barbara (Hrsg.): Der Ort des Terrors. Geschichte der nationalsozialistischen Konzentrationslager. Band 8. München 2008, S. 91–126.
Musial, Bogdan: Deutsche Zivilverwaltung und Judenverfolgung im Generalgouvernement. Eine Fallstudie zum Distrikt Lublin 1939–1944, Wiesbaden 1999.
Paulsson, Gunnar S.: Secret City. The Hidden Jews of Warsaw 1940–1945, New Haven 2002.
Podolska, Aldona: Służba porządkowa w getcie warszawskim w latach 1940–1943, Warszawa 1996.
Roland, Charles G.: Courage Under Siege. Starvation, Disease and Death in the Warsaw Ghetto, New York 1992.
Roth, Markus: Herrenmenschen. Die deutschen Kreishauptleute im besetzten Polen – Karrierewege, Herrschaftspraxis und Nachgeschichte, Göttingen [2]2009.
Sakowska, Ruta: Menschen im Ghetto. Die jüdische Bevölkerung im besetzten Warschau 1939–1943, Osnabrück 1999.
Szapiro, Paweł (Hrsg.): Wojna żydowsko-niemiecka. Polska prasa konspiracyjna 1943–1944 o powstaniu w getcie Warszawy, London 1992.
Szarota, Tomasz: Warschau unter dem Hakenkreuz, Paderborn 1986.
Szarota, Tomasz: U progu zagłady. Zajścia antyżydowskie i pogromy w okupowanej Europie. Warszawa, Paryż, Amsterdam, Antwerpia, Kowno, Warszawa 2000.

Tomaszewski, Jerzy: Auftakt zur Vernichtung. Die Vertreibung polnischer Juden aus Deutschland im Jahre 1938, Osnabrück 2002.
Trunk, Isaiah: Judenrat. The Jewish Councils in Eastern Europe under Nazi Occupation, Lincoln 1996.
Tuszyńska, Agata: Oskarżona: Wiera Gran, Kraków 2011.
Urynowicz, Marcin: Adam Czerniaków 1880–1942. Prezes getta warszawskiego, Warszawa 2009.
Wulf, Joseph: Vom Leben, Kampf und Tod im Ghetto Warschau, Bonn [2]1960.

Personenverzeichnis